北京外国语大学"双一流"建设重大标志性科研项目（2020）成果

"妇女、和平与安全"研究丛书

李英桃　主编

联合国妇女、和平与安全

文本的追溯

WOMEN,

PEACE AND SECURITY

IN

UNITED NATIONS

Tracing United Nations Documents

赵 源　著

社会科学文献出版社

SOCIAL SCIENCES ACADEMIC PRESS (CHINA)

"妇女、和平与安全"研究丛书序言（一）

袁　明[*]

　　每一个人，都在参与自己所处时代的实践，在这一点上，古人和今人没有什么区别。但是带着性别意识并自觉投身于和平与安全的实践，让世界更美好，则是今人不同于古人的地方，这在女性身上体现得更为突出。我们说起"现代性"时，女性议题是绕不过去的。女性议题一定是一个未来议题。

　　我在担任联合国基金会中国理事期间，接触到大量关于女性问题的计划、报告和项目，其覆盖面相当广阔，包括健康、教育、反暴力，甚至清洁炉灶等等。参与并领导这些活动的，也大多为女性。我至今仍记得，联合国秘书长古特雷斯履新之后，很快任命了一批助手，其中有一位女性"青年联络者"，她来自斯里兰卡，目光坚定而自信。我们了解到，在不到两周的时间里，她已经在网络上组织起几百万名志愿者，一问她的年龄，得知才26岁。这样的例子还有很多，可见世界的进步。

---

* 袁明，1945年生，北京大学燕京学堂院长，北京大学国际关系学院教授，博士生导师。

生活是最好的教科书。当下肆虐世界的新冠肺炎疫情，提醒我们必须注意人类进步途中的艰险和困难。在联合国大会纪念北京世界妇女大会25周年高级别会议上，习近平主席有这样一段特别表述："妇女是人类文明的开创者、社会进步的推动者，在各行各业书写着不平凡的成就。我们正在抗击新冠肺炎疫情，广大女性医务人员、疾控人员、科技人员、社区工作者、志愿者等不畏艰险、日夜奋战，坚守在疫情防控第一线，用勤劳和智慧书写着保护生命、拯救生命的壮丽诗篇。……正是成千上万这样的中国女性，白衣执甲，逆行而上，以勇气和辛劳诠释了医者仁心，用担当和奉献换来了山河无恙。"[1]这一伟大的当代实践，值得研究并大书特书，这也是中国女性研究者的时代责任。

这个未来议题，应当是跨学科的。未来的女性研究若只在政治学单一领域内开展，发展的空间会很有限。只有突破学科樊篱，从多个视角来观察和推动，才能真正把女性研究这个大题目做出世界水平和中国味道来。我想这也正是这套丛书的意义所在。

是为序。

2020 年 11 月 2 日

1.《习近平在联合国成立75周年系列高级别会议上的讲话》，人民出版社，2020，第19～20页。

"妇女、和平与安全"研究丛书序言（二）

裘援平[*]

人类社会已经进入全球化时代，各国相互依存、利益交融的"地球村"形成，国际社会生态链、产业链、供应链连为一体，世界呈现一损俱损、一荣俱荣的局面。全球化时代的和平与安全问题，越来越具有全球性和普遍性，即便是原有的传统安全问题，也须用全球化思维寻求解决之道。

我们看到，领土主权和海洋权益争端仍然是最敏感的安全问题，全球和区域大国的战略角逐仍在持续，各类矛盾引发的局部冲突和产生的热点问题不断，意识形态和政治制度偏见挥之不去，集团对峙、军事结盟和冷战热战等旧时代的痼疾仍然存在。与此同时，国家群体乃至整个人类共同面临的非传统安全问题大量产生，越来越成为各国和国际安全的核心问题。21世纪以来发生的几次世界性危机，涉及人类公共卫生健康、国际经济金融安全和大规模杀伤性武器扩散，再加上气候变化、自然灾害、饥饿贫困、跨国犯罪、

---

[*] 裘援平，1953年生，法学博士，博士生导师，现任全国政协常委、港澳台侨委员会副主任，曾任国务院侨务办公室主任、中央外事办公室常务副主任等职务。

恐怖主义、网络安全、人口激增和大量迁徙以及能源资源和粮食安全等问题，对人类社会构成前所未有的威胁和挑战。而应对这些挑战的全球治理及相关机制，已然滞后于时代的发展变化，也受到旧安全观的限制。国际社会正是在应对共同挑战的过程中，积蓄着全球治理和国际合作的力量，凝聚着对构建人类命运共同体的共识。

妇女是人类社会的创造者、世界文明的开创者、全球进步的推动者，是捍卫国际和平与安全、推动世界经济发展的重要力量。妇女自身和妇女事业的发展，离不开和平安宁的国际环境。2000年联合国安理会通过的第1325（2000）号决议及其后续决议，关注那些受武装冲突不利影响的人，包括难民和各国的流离失所者，特别是妇女和儿童；指出妇女在预防和解决冲突及建设和平方面有着重要作用，亟须将性别观念纳入维护和平行动的主流。当前，在不稳定和不确定的国际形势下，第1325（2000）号决议的重要性更加凸显，将决议及其后续决议的承诺变成现实，仍是联合国和世界各国的重要任务之一。

2020年，正值联合国第四次世界妇女大会《北京宣言》和《行动纲领》通过25周年、第1325（2000）号决议通过20周年，中国国家主席习近平在联合国大会纪念北京世界妇女大会25周年高级别会议上的讲话中强调，保障妇女权益必须上升为国家意志，加强全球妇女事业合作。[1]在2020年10月联合国举行的妇女、和平与安全问题公开辩论会上，中国常驻联合国代表也强调，应该继续支持妇女在和平与安全领域发挥重要作用，呼吁为"妇女、和平与

1.《习近平在联合国成立75周年系列高级别会议上的讲话》，人民出版社，2020，第21页、22页。

安全"议程注入新动力。妇女、和平与安全研究要为此做出应有的贡献。

作为北京外国语大学"双一流"建设重大标志性科研项目成果，"妇女、和平与安全"研究丛书是中国第一套"妇女、和平与安全"议程研究丛书。丛书内容涵盖联合国，中、俄、英、法等联合国安理会常任理事国，以及欧洲、亚洲和非洲各类国际关系行为体在人类追求和平与安全的历史进程中，推动妇女、和平与安全的努力，落实第1325（2000）号决议、推动性别平等的具体实践。

丛书的出版在三个方面对中国国际关系研究做出贡献：第一，深化中国妇女、和平与安全理论研究；第二，丰富中国的联合国和区域国别研究；第三，为中国落实"妇女、和平与安全"议程提供决策参考和对策建议。丛书的出版也展现出北京外国语大学在该领域的研究优势。

在祝贺丛书出版的同时，期待北京外国语大学的研究团队在妇女、和平与安全研究领域取得更优异的成绩，为中国国际关系研究做出更大贡献，为中国落实"妇女、和平与安全"议程提供有价值的国际经验和切实的对策建议。

2020 年 12 月 4 日

"妇女、和平与安全"研究丛书总论

和平与安全是全人类孜孜以求的共同目标,妇女解放与性别平等是各国妇女运动持续奋斗的方向。冷战结束后,国际社会推进全球性别平等、实现和平与安全的历史进程中有两个具有里程碑意义的事件。一是1995年9月4~15日,中国北京承办的联合国第四次世界妇女大会(以下简称北京"世妇会")通过了全球妇女运动的未来发展蓝图——《北京宣言》和《行动纲领》,"妇女与武装冲突"被列为《行动纲领》的第五个重大关切领域;二是2000年10月31日,联合国安全理事会第4213次会议通过关于妇女、和平与安全的第1325(2000)号决议[以下简称"第1325(2000)号决议"]。从2000年至2019年,联合国安理会已经先后通过10个相关决议,形成以第1325(2000)号决议及其后续决议为基础的"妇女、和平与安全"议程(Women, Peace and Security Agenda, WPS Agenda),该议程也成为一个重要的国际规范框架。目前,落实"妇女、和平与安全"议程已成为以联合国为代表的国际社会的共识和各国政府对国际社会的郑重承诺。

"妇女、和平与安全"研究丛书,是一套以"妇女、和平与安全"议程为切入点的学术研究丛书,它是中国学者以学术研究参与落实"妇女、和平与安全"议程、致力于建构人类命运共同体的行动的组成部分，具有较强的学术价值和实践意义。

一 "妇女、和平与安全"议程的发展历程

北京《行动纲领》第五个重大关切领域"妇女与武装冲突"有六个具体战略目标（见表总-1），包括妇女参与和保护、以非暴力方式解决冲突、和平文化、裁军等核心内容。

表总-1 北京《行动纲领》重大关切领域 E "妇女与武装冲突"

战略目标 E.1.	增进妇女在决策阶层参与解决冲突并保护生活在武装冲突和其他冲突状态或外国占领下的妇女
战略目标 E.2.	裁减过分的军事开支并控制军备供应
战略目标 E.3.	推动以非暴力方式解决冲突并减少冲突状态下侵犯人权情事
战略目标 E.4.	促进妇女对培养和平文化的贡献
战略目标 E.5.	保护、援助和培训难民妇女、其他需要国际保护的流离失所妇女和国内流离失所妇女
战略目标 E.6.	援助殖民地和非自治领土的妇女

资料来源：笔者根据《行动纲领》内容整理。详见第四次世界妇女大会、'95北京非政府组织妇女论坛丛书编委会编《第四次世界妇女大会重要文献汇编》，中国妇女出版社，1998，第230~242页。

第1325（2000）号决议则有四个支柱，即参与（participation）、保护（protection）、预防（prevention）和救济与恢复（relief and recovery）。该决议及其后续决议的内容逐步集中在"参与"和"性暴力"两个主要方面（见表总-2）。前者强调促进妇女积极有效地参与和平缔造与和平建设，其中作为基础性决议的第1325（2000）号决议承认冲突对妇女的影响以及她们在预防和解决冲突方面的作用，并呼吁妇女平等参与和平缔造工作；后者则以2008年通过的安理会第1820（2008）号决议为代表，目的是防止并解决与冲突有关的性暴力，特别是针对妇女的性暴力问题。

表总-2　"妇女、和平与安全"议程中十个决议的主题分类（2000～2019）

参与	第1325（2000）号决议、第1889（2009）号决议、第2122（2013）号决议、第2242（2015）号决议、第2493（2019）号决议
性暴力	第1820（2008）号决议、第1888（2009）号决议、第1960（2010）号决议、第2106（2013）号决议、第2467（2019）号决议

资料来源：笔者自制。

2013年，联合国消除对妇女歧视委员会（The United Nations Committee on the Elimination of Discrimination against Women）通过《关于妇女在预防冲突、冲突及冲突后局势中的作用的第30号一般性建议》（以下简称《第30号一般性建议》）。[1]《第30号一般性建议》的提出标志着"妇女、和平与安全"议程成为《消除对妇女一切形式歧视公约》（The Convention on the Elimination of All Forms of Discrimination against Women, CEDAW，以下简称《消歧公约》）这一保护妇女人权的国际公约的组成部分。与2000年10月31日通过的第1325（2000）号决议所实现的"人权问题安全化"相对应，该议程在13年之后经历了"安全问题人权化"的螺旋式上升过程。安理会决议具体且有针对性，安理会每年可能通过多项决议，有的决议甚至相互矛

---

1. 消除对妇女歧视委员会：《关于妇女在预防冲突、冲突及冲突后局势中的作用的第30号一般性建议》，2013年11月1日，http://docstore.ohchr.org/SelfServices/FilesHandler.ashx?enc=6QkG1d%2fPPRiCAqhKb7yhsldCrOlUTvLRFDjh6%2fx1pWCVoI%2bcjImPBg0gA%2fHq5Tl4Q7URju9YH%2f2f2xuJ0WgKghff98wYIvWK3cAe9YKwpHXdmnqMDPpxmJrYrFP1OVJY，最后访问日期：2021年2月17日。

盾；而公约则是普遍、稳定、长期的国际法，具有更精准、更规范的特点。《第30号一般性建议》使关于妇女、和平与安全的第1325（2000）号决议通过《消歧公约》固定下来。[1]

2015年9月25日，联合国大会通过《改变我们的世界：2030年可持续发展议程》（Transforming Our World: The 2030 Agenda for Sustainable Development，以下简称《2030议程》），确定了17个可持续发展目标。目标16为"创建和平、包容的社会以促进可持续发展，让所有人都能诉诸司法，在各级建立有效、负责和包容的机构"，包括12个具体目标。[2]目标16不仅针对妇女，它在涵盖"妇女、和平与安全"议程的具体内容的同时，所涉及人群更广、范围更大，除了消除一切形式的暴力，还包括一系列国家治理问题。从1995年《行动纲领》的重大关切领域"妇女与武装冲突"发展到《2030议程》的"创建和平、包容的社会"目标，"妇女、和平与安全"议程始终处于中心位置。

2020年8月28日，安理会在"联合国维和行动"主题下，通过了第2538（2020）号决议。[3]这是"妇女、和平与安全"议程的最新发展。

二 落实"妇女、和平与安全"议程与构建"人类命运共同体"

---

1. 李英桃、金岳嵘：《妇女、和平与安全议程——联合国安理会第1325号决议的发展与执行》，《世界经济与政治》2016年第2期。

2. 联合国大会：《改变我们的世界：2030年可持续发展议程》，2015年10月21日，https://www.unfpa.org/sites/default/files/resource-pdf/Resolution_A_RES_70_1_CH.pdf，最后访问日期：2021年2月17日。

3. 联合国安理会第2538（2020）号决议，http://undocs.org/zh/S/RES/2538(2020)，最后访问日期：2021年2月17日。

2013年3月，中国国家主席习近平首次在国际场合向世界阐释："人类生活在同一个地球村里，生活在历史和现实交汇的同一个时空里，越来越成为你中有我、我中有你的命运共同体。"[1] 2013年9月7日，习近平在哈萨克斯坦纳扎尔巴耶夫大学首次提出共建"丝绸之路经济带"的构想。他在《弘扬人民友谊 共创美好未来》的重要演讲中指出："为了使我们欧亚各国经济联系更加紧密、相互合作更加深入、发展空间更加广阔，我们可以用创新的合作模式，共同建设'丝绸之路经济带'。这是一项造福沿途各国人民的大事业。"[2]

2013年10月，习近平应邀在印度尼西亚国会发表重要演讲。他指出："东南亚地区自古以来就是'海上丝绸之路'的重要枢纽，中国愿同东盟国家加强海上合作，使用好中国政府设立的中国—东盟海上合作基金，发展好海洋合作伙伴关系，共同建设21世纪'海上丝绸之路'。中国愿通过扩大同东盟国家各领域务实合作，互通有无、优势互补，同东盟国家共享机遇、共迎挑战，实现共同发展、共同繁荣。"[3] 构建"人类命运共同体"是中国为人类未来发展提供的全球治理的中国方案，共建"丝绸之路经济带"和21世纪"海上丝绸之路"的"一带一路"倡议是推动构建"人类命运共同体"的重要途径，其核心理念是"和平、发展、合作、共赢"，打造政治互信、经济融合、文化包容的利益共同体、命运共同体和责任共同体，为和平与安全的实现提供了有

1. 习近平：《顺应时代前进潮流 促进世界和平发展——在莫斯科国际关系学院的演讲》，《人民日报》（海外版）2013年3月25日，第2版。

2. 习近平：《弘扬人民友谊 共创美好未来——在纳扎尔巴耶夫大学的演讲》，《习近平谈治国理政》，外文出版社，2014，第289页。

3. 习近平：《中国愿同东盟国家共建21世纪"海上丝绸之路"》，《习近平谈治国理政》，外文出版社，2014，第293页。

力支撑和保障。

"人类命运共同体"的提出是对马克思和恩格斯"自由人联合体"思想的继承和发展，是对中国优秀传统文化、新中国外交理论和实践的总结和升华，是人类走向共同繁荣的伟大事业，也是人类实现性别平等的必由之路。其中，性别平等是构建"人类命运共同体"的核心原则。[1]实现性别平等同样在中国的对内、对外政策和未来构想中占有重要地位。

2015年9月27日，国家主席习近平在纽约联合国总部出席全球妇女峰会，并发表题为《促进妇女全面发展　共建共享美好世界——在全球妇女峰会上的讲话》的重要讲话。他在讲话中指出："环顾世界，各国各地区妇女发展水平仍然不平衡，男女权利、机会、资源分配仍然不平等，社会对妇女潜能、才干、贡献的认识仍然不充分。现在全球8亿贫困人口中，一半以上是妇女。每当战乱和疫病来袭，妇女往往首当其冲。面对恐怖和暴力肆虐，妇女也深受其害。时至今日，针对妇女的各种形式歧视依然存在，虐待甚至摧残妇女的事情时有发生。"习近平特别指出，要"创造有利于妇女发展的国际环境。妇女和儿童是一切不和平不安宁因素的最大受害者。我们要坚定和平发展和合作共赢理念，倍加珍惜和平，积极维护和平，让每个妇女和儿童都沐浴在幸福安宁的阳光里"。[2]

2020年以来，人类应对新冠肺炎疫情的努力昭示着，一个健康有序的世界是维护和平与安全的重要基础，而妇女在其中扮演着重要角色。2020年10

---

1. 李英桃：《构建性别平等的人类命运共同体：关于原则与路径的思考》，《妇女研究论丛》2018年第2期。

2.《习近平在联合国成立70周年系列峰会上的讲话》，人民出版社，2015，第9页、第11页。

月1日，习近平在联合国大会纪念北京世界妇女大会25周年高级别会议上发表演讲。他强调了妇女在维护世界和平与安全中的重要作用："妇女是人类文明的开创者、社会进步的推动者，在各行各业书写着不平凡的成就。我们正在抗击新冠肺炎疫情，广大女性医务人员、疾控人员、科技人员、社区工作者、志愿者等不畏艰险、日夜奋战，坚守在疫情防控第一线，用勤劳和智慧书写着保护生命、拯救生命的壮丽诗篇。……正是成千上万这样的中国女性，白衣执甲，逆行而上，以勇气和辛劳诠释了医者仁心，用担当和奉献换来了山河无恙。"[1]

在此背景下推动落实"妇女、和平与安全"议程，完全符合时代发展趋势，充分体现了中国对国际社会的郑重承诺，是构建"人类命运共同体"的题中应有之义和重要组成部分。

三　"妇女、和平与安全"议程研究的关键问题与核心概念

本研究丛书是以"妇女、和平与安全"议程为切入点，进行更为广泛、深入的探讨，而并非仅关注"妇女、和平与安全"议程本身。

奠定"妇女、和平与安全"议程基础的安理会第1325（2000）号决议回顾和重申了大量联合国文件，较早的《联合国宪章》第四十一条"如采取措施时考虑到对平民可能产生的影响，铭记妇女和女孩的特殊需要，以便考虑适当的人道主义豁免规定"；1949年的《关于战时保护平民的日内瓦公约》及其1977年的《附加议定书》、1951年的《关于难民地位公约》及其1967年的《议定书》、1979年的《消歧公约》及其1999年的《任择议定书》、

1.《习近平在联合国成立75周年系列高级别会议上的讲话》，人民出版社，2020，第19～20页。

1989年的《联合国儿童权利公约》及其2000年5月25日的《任择议定书》；还有《国际刑事法院罗马规约》的有关规定，以及《北京宣言》和《行动纲领》的承诺和题为"2000年妇女：二十一世纪两性平等、发展与和平"的联合国大会第二十三届特别会议成果文件中的承诺，特别是有关妇女和武装冲突的承诺[1]等。对这些国际法基础的溯源表明，尽管妇女、和平与安全问题于2000年才被纳入安理会决议，但其源头却远在2000年之前，有着更为深远的历史背景。

（一）关于妇女与性别平等

"妇女、和平与安全"议程除了关注妇女和女童，还关注男童及其他在武装冲突中受到不利影响的人群，如难民和其他流离失所者。联合国文书在历史演进过程中逐步形成了稳定的"平等"定义。1975年第一次世界妇女大会通过的《关于妇女的平等地位和她们对发展与和平的贡献的宣言》（以下简称《墨西哥宣言》）指出："男女平等是指男女的尊严和价值的平等以及男女权利、机会和责任的平等。"[2] 1985年第三次世界妇女大会通过的《提高妇女地位内罗毕前瞻性战略》（以下简称《内罗毕战略》）指出："平等不仅指法律平等和消除法律上的歧视，而且还指妇女作为受益者和积极推动者参加发展的平等权利、责任和机会平等。"[3] 联合国大会于1979年通过的《消

1.联合国安理会第1325（2000）号决议，S/RES/1325(2000)，2000年10月31日安全理事会第4213次会议通过，https://undocs.org/zh/S/RES/1325(2000)，最后访问日期：2021年2月17日。

2.《一九七五年关于妇女的平等地位和她们对发展与和平的贡献的墨西哥宣言》，E/CONF.66/34，载联合国新闻部《联合国与提高妇女地位（1945—1995）》，联合国新闻部，1995，第229页。

3.《提高妇女地位内罗毕前瞻性战略》，A/CONF.116/28/Rev.1(85.IV.10)，载联合国新闻部编《联合国与提高妇女地位（1945—1995）》，联合国新闻部，1995，第349页。

歧公约》阐述了平等、发展与和平的关系:"确信一国的充分和完全的发展,世界人民的福利以及和平的事业,需要妇女与男子平等充分参加所有各方面的工作。"[1]

(二)和平的界定

在国际关系研究和社会生活中,人们对和平的理解往往是"没有战争"。杰夫·贝里奇(Geoff Berridge)在《外交词典》中指出,和平"在国际法术语中指没有战争或武装冲突的状态"。[2]雷蒙·阿隆(Raymond Aron)的观点是:国际政治与国内政治有本质的区别,战争与和平的交替是国际关系的核心问题,和平是"敌对政治单元之间暴力持续中断"的状况。[3]《女性主义和平学》一书中梳理了传统国际关系研究对和平的理解:这就意味着只要战争和其他有组织的直接暴力不存在,和平就建立了。[4]《内罗毕战略》对和平的界定为:"和平不仅指国家和在国际上没有战争、暴力和敌对行动,而且还要在社会上享有经济和社会正义、平等、所有各项人权和基本自由。""和平还包括一整套活动,反映出人们对安全的关注以及国家、社会团体和个人之间互相信任的默契。和平既保卫自由、人权和民族和个人的尊严,又体现对他人的善意和鼓励对生命的尊重。"[5]在借鉴约翰·加尔通(Johan Galtung)、刘成等学者的

---

1. 联合国:《消除对妇女一切形式歧视公约》,A/RES/34/180,1979年12月18日,https://www.un.org/zh/documents/view_doc.asp?symbol=A/RES/34/180,最后访问日期:2021年2月17日。

2.〔英〕杰夫·贝里奇、艾伦·詹姆斯:《外交词典》,高飞译,北京大学出版社,2008,第213页。

3. Raymond Aron, *Peace and War: A Theory of International Relations*(Garden City: Doubleday & Company, 1966), p. 151.

4. 李英桃:《女性主义和平学》,上海人民出版社,2012,第15页。

5.《提高妇女地位内罗毕前瞻性战略》,A/CONF.116/28/Rev.1(85.IV.10),载联合国新闻部编《联合国与提高妇女地位(1945—1995)》,联合国新闻部,1995,第348~349页。

研究成果的基础上，《女性主义和平学》将和平分为消极和平和积极和平两个部分，使其呈现出既包括"没有战争"的传统和平界定，又能体现其逐步深化和不断扩展的过程性，进而提出了一个基于中国历史与国情的对和平的理解（见表总-3）。

表总-3 一个中国女性主义学者的和平定义

消极和平		积极和平	
传统和平概念→	传统和平概念的拓展→	传统和平概念的进一步拓展	
没有有组织的直接暴力	没有无组织的直接暴力	没有阻碍实现人的最大潜能和福祉的结构暴力	没有使直接暴力和间接暴力合法化的文化暴力
没有国际、国内战争与暴力冲突深↓化以及与之相伴的强奸、性暴力等行为	没有杀害、伤害、强奸、殴打和源自传统文化、习俗等的其他暴力	让每个人都充分享有政治、社会、经济、文化、生态、健康与发展权等基本权利，消除基于性别、族群、财富、身体状况、年龄、相貌等的社会不公正。倡导并逐渐建立社会性别平等的和平文化，充分发挥教育、大众传媒和网络媒体的作用	

资料来源：李英桃：《女性主义和平学》，上海人民出版社，2012，第402页。

这一对和平的理解一方面超越了内政与外交的边界，更多的是以人为中心考虑和平问题，尤其关注妇女、儿童和各类弱势群体在日常生活中的切身问题；另一方面，将个人与集体的关系纳入此概念框架，充分考虑到中国等发展中国家在国家与个人关系上的不同见解，重视识别国家与国家之间的差异性。

（三）对安全的理解

安全是与人类生存密不可分的大问题，与人类生活联系极为密切。关于安全的论述可见于亚伯拉罕·马斯洛（Abraham Harold Maslow）对于安全需求（safty needs）的诠释。安全需求包括安全（security）、稳定、依赖、保护、免于恐惧、免于焦虑和混乱，以及对结构、秩序、法律和界限的需求，对保护者的要求等。[1]

安全虽为政治学的核心概念，但学术界对其并无统一界定，其中最常见的是美国学者阿诺德·沃尔弗斯（Arnold Wolfers）的观点。在其1962年出版的《纷争与协作：国际政治论集》中专门设有讨论国家安全问题的部分。沃尔弗斯指出：安全是一种价值，一个国家可以或多或少地拥有安全，用或高或低的手段来追求安全。这种价值与权力、财富这两个在国际事务中极为重要的价值有共通之处。财富用以衡量一个国家所拥有物质的数量，权力用以衡量一个国家对其他国家行为的控制能力，而安全则在客观上用以衡量已获得价值免受威胁的程度，在主观上用以衡量没有对这一价值受攻击的恐惧的程度。[2]此观点即"客观无威胁、主观无恐惧"。

联合国开发计划署在1994年发布的《人类发展报告》中提出了"人的安全"（human security）概念，指出对普通人来说，安全象征着保护他们免受疾病、饥饿、失业、犯罪、社会冲突、政治迫害和环境危机的威胁。[3]基于前人

---

1. Abraham H. Maslow, *Motivatiion and Personality*, Harper & Row, 1970, p. 39.

2. Arnold Wolfers, *Discord and Collaboration: Essays on International Politics*, Baltimore: The Johns Hopkins Press, 1962, p150.〔美〕阿诺德·沃尔弗斯：《纷争与协作：国际政治论集》，于铁军译，世界知识出版社，2006，第133页。

3. UNDP, *Human Development Report 1994*, http://hdr.undp.org/sites/default/files/reports/255/hdr_1994_en_complete_nostats.pdf，最后访问日期：2021年2月17日。

的研究，中国非传统安全研究学者余潇枫认为，安全的"完整表述是：身体无伤害，心理无损害，财产无侵害，社会关系无迫害，生存环境无灾害"。[1]女性主义[2]学者提出了内容丰富、主体多样、领域宽广、层次复杂的安全概念。从安全的主体来说，既有传统的主权国家，也有包括男子和妇女在内的个人，既要关注国家安全、个人安全，也要考虑全人类的共同安全；从涉及领域来说，既不能忽视国家的军事安全，也要考虑到经济、环境安全以及个人安全；从行为主体之间的相互关系来看，既要加强合作，也不可能用合作完全代替竞争。可以说，传统安全和非传统安全是相辅相成、相互补充的有机整体，它们不应该被视为割裂的甚至是对立的部分。[3]

与对和平的理解一致，这种对安全的理解也超越了内政与外交的范畴，是一种以人为中心来考虑安全问题的路径。在讨论和平与安全概念的关系时可发现，在传统的和平定义之中，没有战争即和平，但和平不一定意味着安全；随着和平概念的扩展，没有战争并不意味着实现了和平，积极和平是一个逐步接近的目标。安全也是如此，两者相互渗透、相互交织，在"妇女、和平与安全"议程中这两者密不可分地联系在一起。

---

1. 余潇枫：《总体国家安全观引领下的"枫桥经验"再解读》，《浙江工业大学学报》（社会科学版）2018年第2期。

2. 英文Feminism在国内学术界有"女权主义"和"女性主义"这两种主要译法，除引用外，本套丛书采用"女性主义"的译法。

3. 李英桃：《"小人鱼"的安全问题》，《世界经济与政治》2004年第2期。

（四）评估"妇女、和平与安全"议程落实情况的指标体系

第1325（2000）号决议通过后，安理会于2004年10月28日通过主席声明，表示"欢迎会员国为在国家一级执行第1325（2000）号决议所作的努力，包括制订国家行动计划（National Action Plan, NAP），并鼓励会员国继续致力于这些执行工作"。[1] 2005年10月27日，安理会再次通过主席声明"吁请会员国通过制订国家行动计划或其它国家级战略等办法，继续执行第1325（2000）号决议"。[2] 尽管并非强制性要求，但制订国家行动计划已成为一个衡量联合国会员国执行"妇女、和平安全"议程的重要指标。

2009年通过的安理会关于妇女、和平与安全的第1889（2009）号决议提出："请秘书长在6个月内提交一套用于全球一级监测安理会第1325（2000）号决议执行情况的指标供安全理事会审议。"[3] 根据决议要求，《2010年妇女与和平与安全秘书长的报告》附有一整套指标体系，其中包括预防、参与、保护、救济和恢复四个方面的17个大目标，内含26项共35个具体目标。[4] 这35个具体目标主要仍围绕冲突地区设计，但参与、保护部分涉及范围较广，也都超越了冲突中或冲突后重建国家的范围。

---

1. "安全理事会主席的声明"，S/PRST/2004/40，2004年10月28日，https://www.un.org/chinese/aboutun/prinorgs/sc/sdoc/04/sprst40.htm，最后访问日期：2021年2月17日。

2. "安全理事会主席的声明"，S/PRST/2005/52，2005年10月27日，https://www.un.org/en/ga/search/view_doc.asp?symbol=S/PRST/2005/52&Lang=C，最后访问日期：2021年2月17日。

3. 联合国安理会第1889（2009）号决议，S/RES/1889(2009)，http://www.un.org/en/ga/search/view_doc.asp?symbol=S/RES/1889(2009)&Lang=C，最后访问日期：2021年2月17日。

4. 联合国安理会：《2010年妇女与和平与安全秘书长的报告》（S/2010/498），http://undocs.org/ch/S/2010/498，最后访问日期：2021年2月18日。

在第1325（2000）号决议通过20周年前夕，联合国秘书长安东尼·古特雷斯（António Guterres）在2019年10月提交的《妇女与和平与安全秘书长的报告》中敦促联合国各实体、会员国、区域组织和其他行为体携手采取行动：

> 通过有针对性的数据收集、联合分析、战略规划，以及提高可见度，使领导层对落实妇女与和平与安全议程负责；协助、促进、确保妇女有意义地参与和平进程、和平协定的执行以及所有和平与安全决策进程；公开谴责侵犯人权和歧视行为，防止一切形式的性别暴力，包括针对女性人权维护者的暴力；增加维持和平特派团和国家安全部门中女军警的人数和影响力；保障妇女有机会获得经济保障和资源；为妇女与和平与安全议程提供资金，并资助妇女建设和平者。[1]

除了联合国系统制定的相关评价指标，学术机构和民间组织也编制了独立的评价体系。乔治城大学妇女、和平与安全研究所（Georgetown University's Institute for Women, Peace & Security）与奥斯陆和平研究所（Peace Research Institute of Oslo）一起，借助普遍认可的国际数据来源，编制的妇女、和平与安全指数（Women, Peace, and Security Index, WPS Index）包括包容（Inclusion）、公正（Justice）和安全（Security）三个维度。[2]其中，

---

1. 联合国安理会：《妇女与和平与安全秘书长的报告》，2019年10月9日，https://digitallibrary.un.org/record/3832713/files/S_2019_800-ZH.pdf，最后访问日期：2021年2月17日。

2. 乔治城大学妇女、和平与安全研究所位于乔治城的沃尔什外交学院内，由美国前全球妇女问题大使梅兰妮·韦维尔（Melanne Verveer）负责。该研究所致力于促进一个更加稳定、和平和公正的世界，着重关注妇女在预防冲突和建设和平、经济增长、应对气候变化和暴力极端主义等全球威胁方面发挥的重要作用。国际学术界对该机构和奥斯陆和平研究所共同设计的这一指标体系较为认可，但也存在对其指标选择的疑问。"Women, Peace, and Security Index," http://giwps.georgetown.edu/the-index/, accessed February 17, 2021.

"包容"维度设有"议会""手机使用""就业""金融包容性""教育"五个指标；"公正"维度有"歧视性规范""男孩偏好""法律歧视"三个指标；"安全"维度下设"亲密伴侣暴力""社区安全""有组织暴力"三个指标。[1]

不同指标体系中的具体内容差异表明国际社会对评估"妇女、和平与安全"议程落实情况的认识的发展变化，也表明不同指标体系之间存在一定的张力。这种张力具体体现在不同行为体对于落实"妇女、和平与安全"议程的不同理解和落实行动中。

（五）"妇女、和平与安全"议程的意义与代表性研究成果

关于"妇女、和平与安全"议程的重要意义，国际社会和学术界有很多分析和评价。澳大利亚学者莎拉·戴维斯（Sara E. Davies）和雅基·特鲁（Jacqui True）指出，在我们生活的世界里，暴力冲突的规模在扩大，严重程度在增加，而且所有证据都表明，这些冲突对妇女和女童的人权不仅影响恶劣，而且其恶劣程度正在加剧。在这一关键时刻，"妇女、和平与安全"议程能够保护妇女免受冲突的伤害，促进她们从冲突和不安全中得以恢复，带来知识和社会转变的潜力。[2]中国学者李英桃、金岳嵘认为，第1325（2000）号决议的通过，无论是对于全球性别平等运动发展还是对于联合国安理会改革都具有标志性意义。从将妇女、和平与安全议题纳入安理会议程，到第1325（2000）号决议和后续一系列决议通过，再到各国制订国家行动计划以及在联

---

1. GIWPS, "Women, Peace, and Security Index," 2019, http://giwps.georgetown.edu/the-index/, accessed February 17, 2021.

2. Sara E. Davies, Jacqui True, "Women, Peace, and Security A Transformative Agenda?" in Sara E. Davies, Jacqui True, eds., *The Oxford Handbook of Women, Peace, and Security*, New York: Oxford University Press, 2019, p. 22.

合国系统、联合国和平行动中实践决议精神,这一进程清晰地展示了女性主义理念是如何成为国际规范的。[1]"妇女、和平与安全"议程也是2030年全球可持续发展议程不可或缺的组成部分。

在主流国际关系研究领域,性别议题长期受到忽视,很少被纳入学术讨论。20世纪70、80年代,女性主义国际关系理论逐步发展起来,国际妇女运动和学术研究的发展共同推动了国际社会理念与实践的变化。维护国际和平与安全是联合国的主要目的,联合国安理会对维护世界和平与安全负有主要责任。联合国安理会第1325(2000)号决议的通过标志着通常被归类为人权或经济社会问题的性别议题正式提上联合国安理会的议事日程,成为国际安全问题,其在国际政治舞台上的重要性得以强化。这一进程反过来又推动了相关学术研究的发展。2000年以来,国际学术界涌现了一批研究"妇女、和平与安全"议程的学者,例如前文已提到的莎拉·戴维斯、雅基·特鲁,还有斯瓦尼·亨特(Swanee Hunt)、劳拉·J.谢泼德(Laura J. Shepherd)、J.安·蒂克纳(J. Ann Tickner)、托伦·L.崔吉斯塔(Torunn L. Tryggestad)、马德琳·里斯(Madeleine Rees)、路易丝·奥尔森(Louise Olsson)、克里斯蒂娜·钦金(Christine Chinkin)、阿努拉德哈·蒙德库(Anuradha Mundkur)、尼古拉·普拉特(Nicola Pratt)、劳拉·索伯格(Laura Sjoberg)、罗尼·亚历山大(Ronni Alexander)等;相关研究成果丰硕,包括专著、论文、研究报告等。到2020年6月,安理会先后共发布了6份研究报告,牛津大学出版社于2019年出版了《牛津妇女、和平与安全手册》(*The Oxford Handbook of Women, Peace, and*

---

1. 李英桃、金岳嵘:《妇女、和平与安全议程——联合国安理会第1325号决议的发展与执行》,《世界经济与政治》2016年第2期。

Security)。[1] 同期，拉特里奇出版社出版了《社会性别与安全拉特里奇手册》（ *The Rougledge Handbook of Gender and Security* ）。[2] 目前，“妇女、和平与安全”议程已成为能够跻身于主流国际关系研究的最主要的性别研究议题，同时，它也是与女性主义学术联系最紧密的“高级政治”议题。相较之下，中国学术界对此议题的研究仍非常有限。

当今世界正面临百年未有之大变局。[3] 2020年是联合国成立75周年、第四次世界妇女大会召开25周年的重要年份。对于“妇女、和平与安全”议程来说，2020年也是关键的一年。[4] 在这样一个特殊的时间节点，加强对“妇女、和平与安全”议程这一具有实践推动力和学术前沿性的课题的研究，无论是对中国的全球政治研究、联合国研究和性别研究，还是对更好地推动落实“妇女、和平与安全”议程的区域、国别实践，都具有巨大的学术价值和重要的现实意义。

四　“妇女、和平与安全”研究丛书的整体设计与主要特点

“妇女、和平与安全”研究丛书是北京外国语大学“双一流”建设重大标志性科研项目（项目编号：2020SYLZDXM033）成果。该选题顺应人类对于和平、安全与性别平等的不懈追求，为重大全球治理与可持续发展议题，符

---

1. Sara E. Davies, Jacqui True, eds., *The Oxford Handbook of Women, Peace, and Security*, New York: Oxford University Press, 2019.

2. Caron E., Gentry, Laura J. Shepherd and Laura Sjoberg, eds., *The Rougledge Handbook of Gender and Security*, Routedge, 2019.

3.《习近平谈治国理政》第3卷，外文出版社，2020，第460页。

4. 联合国安理会：《与冲突有关的性暴力秘书长的报告》，2020年6月3日，https://digitallibrary.un.org/record/3868979/files/S_2020_487-ZH.pdf，最后访问日期：2021年2月17日。

合构建人类命运共同体的基本价值导向，是国际组织、区域和国别研究的重要生长点，与北京外国语大学"双一流"学科建设目标相吻合。

首先，"妇女、和平与安全"议程关系到联合国系统、各区域和联合国所有会员国，覆盖范围广，涉及行为体的层次、数量都很多。根据国际发展和国内研究状况，本项目确定聚焦联合国系统、重要区域、联合国安理会常任理事国和其他相关国家，分析各行为体所持有的立场和采取的措施，探讨其在落实"妇女、和平与安全"议程中的最佳实践及这些实践为中国落实"妇女、和平与安全"议程带来的参考价值。根据妇女争取自由与和平国际联盟（Women's International League for Peace and Freedom）的统计，截至2021年4月，全世界已有92个国家制订了本国落实安理会第1325（2000）号决议的国家计划，占全部联合国会员国的近48%。[1]

其次，"妇女、和平与安全"研究丛书兼具研究主题集中、研究对象层次多样和丛书内容具有开放性的特点。鉴于"妇女、和平与安全"议程涉及联合国、区域、国家等不同层次的行为主体，"妇女、和平与安全"研究丛书的最终成果将是一个具有开放性质的丛书系列。随着研究的深入和团队的扩大，其研究主题将逐步深化，涵盖范围也将逐步拓展。丛书第一期的研究对象主要包括联合国这一最重要的国际组织、欧洲和非洲、联合国安理会的五个常任理事国，以及德国和日本这两个在国际舞台上扮演重要角色的国家。除此之外，第一期成果还包括联合国和中国关于"妇女、和平与安全"议程的两本重要文件汇编。

---

1. WILPF, "National-Level Implementation," as of August 2020, http://www.peacewomen.org/member-states, accessed May 18, 2021.

最后，"妇女、和平与安全"研究丛书有助于推进国内相关研究。目前，国内学术界对"妇女、和平与安全"议程的研究尚不充分，《女性主义国际关系学》和《女性主义和平学》是国内出版的少数设有专门章节讨论妇女、和平与安全问题的教材、专著。其中，《女性主义和平学》系统梳理了国内外关于性别与和平问题的历史与理论，立足中国本土，提出了具有中国特色的性别平等、和平与安全的理论。该书是国内学术界的代表性著作，荣获2015年第七届高等学校科学研究优秀成果奖（人文社会科学）三等奖。这两部著作的作者多来自北京外国语大学。国内还有少量学术论文发表于相关专业刊物，如《妇女、和平与安全议程——联合国安理会第1325号决议的发展与执行》[1]《英国妇女和平与安全国家行动计划探析》[2]《联合国安理会1325号决议框架下的德国国家行动计划探析》[3]《法国和平安全合作中的女权主张及其实施》[4]《联合国安理会第1325号决议对妇女在联合国和平行动中的影响研究——以非洲地区为例》[5]等，作者也主要来自北京外国语大学。这些作者多已会集到本项目团队中。在每一本书的撰写团队中，都有既精通英语又精通对象国或地区的语言的作者，能够用对象国或地区的语言进行研究。这种突出的国别和区域

---

1. 李英桃、金岳嵘：《妇女、和平与安全议程——联合国安理会第1325号决议的发展与执行》，《世界经济与政治》2016年第2期。

2. 田小惠：《英国妇女和平与安全国家行动计划探析》，《当代世界与社会主义》（双月刊）2015年第1期。

3. 张晓玲：《联合国安理会1325号决议框架下的德国国家行动计划探析》，《当代世界与社会主义》（双月刊）2015年第1期。

4. 李洪峰：《法国和平安全合作中的女权主张及其实施》，《当代世界与社会主义》（双月刊）2015年第1期。

5. 么兰：《联合国安理会第1325号决议对妇女在联合国和平行动中的影响研究——以非洲地区为例》，《武警学院学报》2017年第7期。

研究专业、语言双重优势，为研究的前沿性和信息的准确性提供了保障。

因此，作为北京外国语大学"双一流"建设重大标志性科研项目，"妇女、和平与安全"研究丛书的立项与成果出版将丰富国际学术界关于"妇女、和平与安全"议程的研究，推动中国学者在这一领域的深耕。丛书中的每一部成果都将探讨与和平、安全与性别平等议题密切相关的历史背景、该议题的当代发展和未来趋向，及其与"妇女、和平与安全"议程之间的具体联系。

在设计和论证"妇女、和平与安全"研究丛书各卷具体内容时，项目组就写作要求达成了以下相对统一的意见。

第一，将"妇女、和平与安全"议程作为本丛书每一卷成果的切入点，但并不意味着每卷内容都局限于探讨对象国、区域和组织落实该议程过程中的立场、行动或相关内容。

第二，尽可能地将每卷主题置于具有历史纵深感的宏阔时空背景下，通过回顾人们对和平、安全与性别平等的具体理解，为讨论落实"妇女、和平与安全"议程的当下行动提供历史文化和政治制度环境。

第三，在寻求历史连续性的同时，兼顾当代各个行为体落实"妇女、和平与安全"议程实践的共性与个性，凸显差异性，体现多样性。对于性别平等、和平与安全含义理解上的差异，以及概念内部存在的紧张关系，可能正是体现本研究价值的知识生发点。

第四，鼓励各卷作者充分挖掘每一研究对象的具体特点，分析其历史、社会文化特质和个人因素对落实"妇女、和平与安全"议程情况的直接、间接和潜在影响。

　　"妇女、和平与安全"议程是实现国际和平与安全，促进妇女发展和性别平等，构建性别平等的人类命运共同体的一项综合工程。作为一个开放的研究项目，在可预见的将来，"妇女、和平与安全"研究丛书的覆盖面将进一步扩大，对其普遍性和独特性的探索势必更加深入。让我们一起开展面向未来的学术研究，切实推动实现全球与地方的和平、安全、妇女发展与性别平等，为构建人类命运共同体而贡献微薄的力量。

李英桃

2021 年 3 月

目 录

导　论

第一节　联合国"妇女、和平与安全"议程的渊源

第二次世界大战结束后，深受两次世界大战之苦的国家为避免后世再遭战祸，建立了以维护国际和平与安全为主要目的之一的联合国。联合国在和平与安全领域发挥着核心作用。自1945年建立到20世纪90年代前，联合国的和平与安全工作主要处理的是国家之间的领土争端等传统安全问题。进入90年代后，随着国际形势变化和全球化深入发展，安全问题更加复杂化、多元化，以恐怖主义、跨国犯罪、毒品走私、传染性疾病等为代表的非传统安全威胁因素增多，国家内部武装冲突更加频繁，安全问题的影响也不再局限于单个国家和局部地区，而是"牵一发而动全身"，成为国际社会共同关注的焦点。在这样的背景下，和平与安全的内涵也得到拓展，实现了从"国家安全"到"人的安全"、从"消极和平"到"积极和平"的转变，妇女视角逐渐被纳入和平与安全议题，保护冲突地区妇女和儿童在内的平民、促进妇女参与成为联合国的关注重点。

"妇女、和平与安全"议程的提出与联合国面临的和平与安全威胁的转变

息息相关。20世纪90年代，联合国面临的主要的和平与安全威胁发生变化。第一，非传统安全威胁因素增加，恐怖主义、传染性疾病、核武器扩散、人口贩卖、性暴力等因素构成了新的全球性威胁，和平与安全事业面临着前所未有的巨大挑战。第二，发生在国家内部的各类种族和宗教冲突以及因分裂势力或政治动乱导致的国内冲突数量上升，联合国的工作重点从处理国家间冲突转变为处理国内冲突。第三，在波斯尼亚战争、卢旺达内战、科索沃战争等冲突中，平民的各种悲惨遭遇引起了国际社会的同情和重视，安理会也越来越重视武装冲突对人的伤害，将其视为对和平与安全的威胁。应对人道主义危机、保护基本人权成为联合国在和平与安全领域的重要任务。第四，妇女和儿童的安全问题更加突出。在冲突中，妇女和儿童往往是最大的受害者，除了基本生活需求无法保障外，手无寸铁的他们极易被武装双方作为向对方示威的"武器"，遭受随意监禁、殴打以及强奸等暴力行为。在冲突后，政治话语权的缺失、就业市场的歧视、传统观念的阻碍、教育机会的稀缺等一系列因素也导致妇女难以走出危机，她们相比男性会受到更持久的伤害。

面对已然变化的安全局势，联合国的传统安全概念发生了变化。1993年，联合国开发计划署在《人类发展报告》中首次提及"人的安全"，指出新的人的安全观"应该被重新定义为人的安全，而不是国土安全"[1]。1994年的《人类发展报告》正式提出了以人为中心的"人的安全"概念。根据该报告论述，人的安全主要包括两个方面：一方面指饥饿、疾病以及政府镇压等长期威胁下的人的安全，另一方面指在家庭、职场和社区等日常生活中的突发性伤害

---

1. UNDP, Human Development Report 1993, http://hdr.undp.org/en/reports/global/hdr 1993, 最后访问日期：2020年8月18日。

影响下人的安全。报告列举了人类面临的七大安全问题，即经济安全、粮食安全、健康安全、环境安全、人身安全、社群安全及政治安全。在人身安全领域，报告列举了一系列有关妇女遭受的安全威胁，尤其是性暴力侵害的相关数据，指出"妇女是人身威胁的最大受害者。社会中的妇女既没有安全可言，也没有得到和男性同等的待遇"[1]。

"人的安全"概念的提出意味着联合国开始将人权与主权并重，"'人的安全'被纳入联合国'和平与安全'范畴，对'人的安全'构成的威胁亦构成对《联合国宪章》第七章所涉及的'国际和平与安全'之威胁"[2]。这一认定对联合国的各项工作具有深远的影响：一方面，这意味着当严重侵犯人权和违反国际人道主义法的情况发生时，按照《联合国宪章》的规定，联合国具有采取强制性措施以保护受害者的权利与义务；另一方面，这为更多相关议题，如武装冲突中的妇女和儿童、防止性剥削和性侵犯、地雷行动等，被纳入联合国相关机构的工作范围提供了思想基础和理论依据。

除了"人的安全"外，还存在强调国际安全威胁的解除需要全球范围通力合作的"共同安全""全球安全"等其他非传统安全概念，这些新概念共同组成了联合国的新安全观。[3]整合后的新安全观取代了以国家安全为核心的传统安全观，为研究妇女所面临的社会、政治、经济等各方面威胁提供了更加全面的分析框架。随着非传统安全概念受到全世界越来越多个人、组织和国家

---

1. UNDP, Human Development Report 1994, http://hdr.undp.org/en/content/human-development-report-1994, 最后访问日期：2020 年 8 月 18 日。

2. 李东燕：《联合国与国际和平与安全的维护》，《世界经济与政治》2015 年第 4 期。

3. 李东燕：《联合国的安全观与非传统安全》，《世界经济与政治》2004 年第 8 期。

的重视，继承与发展了"人的安全"理念的"妇女、和平与安全"议程也更容易获得理解与支持。

和平的概念和内涵也得到了进一步拓展。传统的和平概念与战争、暴力形成对立，一般认为，没有战争和暴力行为发生的状态就是和平。二战后，出于对战争的反思和持久和平的构想，"和平学"开始形成。"和平学之父"约翰·加尔通（Johan Galtung）的和平研究以暴力为导向，他认为暴力对人类的影响体现在"人类在实际生活中的肉体和精神上的自我实现程度低于他们本可能达到的水平"，并在此基础上提出了"直接暴力"、"结构暴力"、"文化暴力"、"积极和平"与"消极和平"等概念，得到了国际和平研究领域学者们的普遍认可。"直接暴力"是指造成人的肉体伤害和痛苦的战争或冲突，是个人的、有形的和看得见的暴力。"结构暴力"是指源于政治、司法、经济、社会等制度层面的、无形的不公平对人造成的不公平境遇。相比"直接暴力"，"结构暴力"更能揭示暴力行为的深层次原因和评估各方面影响，对和平状况的评估也更全面。1996年提出的"文化暴力"概念指文化体系内部的习俗伦理、宗教教义、意识形态、刻板印象等，它们能促使行为者实施直接暴力或助长结构暴力，通常被用来合理化前两种暴力的产生。暴力概念的延伸导致了和平概念的延伸。加尔通认为，无战争状态下以及消除直接暴力后的和平只能算作消极和平，积极和平不仅要消除直接暴力，也要消除造成社会非正义的结构暴力，通过建立稳定的社会结构和制度改革等手段消除滋生暴力的因素，实现持久的和平。[1]

---

1. Johan Galtung, "Violence, Peace, and Peace Research," *Journal of Peace Research*, Vol. 6, No. 3, 1969, pp. 167 - 191.

和平学的"暴力三角"理论为探究性别平等问题提供了新的视角。妇女面临的暴力侵害除了显而易见的战争、强奸、家庭暴力等直接暴力外，还包括不公正的社会制度导致的结构暴力，以及为针对妇女的结构暴力和直接暴力提供存在的合理性表达的文化暴力。有学者指出，针对女性的暴力根源在于人类社会以父权制为特征的等级制度。"父权制是一种针对女性的暴力三角机制"，"这种男性占统治地位的制度在文化上被合法化，常常体现于男性对女性的直接暴力"，因此父权制下的不平等是造成性别不平等的根本原因之一。[1]和平学也倡导以非暴力的方式"转变冲突"、实现和平，这在联合国的"和平文化"运动中得到了体现。1999年，联合国大会通过了《和平文化宣言和行动纲领》，大力推广"致力于和平解决冲突"的"和平文化"，确立了建设"和平文化"的八大行动领域，呼吁各国政府、国际组织和民间社会积极采取行动。[2]在性别平等方面，该纲领要求促进经济、社会和政治决策领域的性别平等，消除对妇女一切形式的歧视和暴力，推动妇女更积极参与冲突的预防和解决等。在一些非洲冲突国家，联合国和民间组织通过宣传和平文化，培养了当地妇女参与和平进程的意识，一些妇女组织以自己特有的方式，参与了推进和解与谈判的进程。[3]

从女性主义的视角来看，妇女与和平也有着千丝万缕的联系。第一，在理论上，女性主义和和平学都反对对妇女的各种形式的压迫，两者都批判父权社会中男性对女性的控制和女性从属地位。当今社会，妇女仍旧承受着来

---

1. 刘成:《和平学视域下的性别平等权》,《西南政法大学学报》2018年第4期。
2.《和平文化宣言和行动纲领》, A/RES/53/243, https://digitallibrary.un.org/record/285677/files/A_RES_53_243-ZH.pdf, 最后访问日期：2020年8月18日。
3. 李东燕:《联合国与国际和平与安全的维护》,《世界经济与政治》2015年第4期。

自性别、阶级、种族、宗教、战争、传统观念等多方面的压迫，因此任何消除对妇女压迫的社会运动都可以称为女权运动，这与延伸后的和平内涵契合。由于战争中的妇女遭受着"最为极端的压迫"[1]，随时都面临着受伤及死亡的威胁，因此女性主义者强烈反对战争对妇女的伤害，多数支持从社会内部消除性别不平等和针对妇女的直接暴力、结构暴力以及文化暴力的积极和平理念。第二，在现实中，妇女既是战争与暴力的受害者，也是和平与安全事业的推动者。战争对妇女的影响是多方面且长期持续的，除了战争中的生理和心理创伤外，战后妇女仍面临着饥饿、疾病、性暴力、社会歧视、被排斥在和平重建进程之外等难题。尽管面临重重困难，妇女依然作为战斗者、维和人员、社区建设者、非政府组织成员等积极寻求参与和平谈判、建设和平、维持和平和和平重建进程并做出了巨大贡献。联合国妇女署的一项研究发现，有妇女参与的和平协定持续15年的概率比没有妇女参与的高35%，可见妇女的参与对建设持久的积极和平必不可少。

综上可知，妇女、和平与安全概念经历了一个不断演进的过程，是"人权问题安全化"和"安全问题人权化"的表现。[2]在这个过程中，人的安全打破了国家安全概念下妇女被边缘化的僵局，强调了妇女的主体作用，推动了妇女进入国际政治视野。在父权制下，妇女承受着直接暴力、结构暴力和文化暴力"三座大山"的压迫，女性主义和和平学都致力于消除对妇女的结构性压迫，改变造成男女不平等的社会结构，实现可持续的积极和平。总之，没

---

1. Warren, Karen J., and Duane L. Cady, "Feminism and Peace: Seeing Connections," *Hypatia*, Vol. 9, No. 2, 1994, pp. 4–20.

2. 李英桃、金岳嶔：《妇女、和平与安全议程——联合国安理会第1325号决议的发展与执行》，《世界经济与政治》2016年第2期。

有妇女就不会有真正的和平与安全，联合国在保护冲突地区妇女和女童的基本人权的同时，要发挥妇女在和平进程和冲突后重建中的参与和领导作用，将性别观点切实纳入和平与安全工作。

第二节　联合国提高妇女地位的历程

自建立以来，联合国保持着对妇女问题的高度重视，多次就提高妇女地位、促进两性平等做出规定与表态。从1945年联合国成立到2000年1325号决议的提出，联合国为提高妇女地位所做出的主要努力可大致分为三个时间段，分别为从1945年到1970年、从1970年到1995年以及从1995年到2000年。在第一个时间段内，包括联合国在内的国际社会致力于通过不断完善立法保障妇女在政治、劳动、公民、教育和经济等方面的权利。第二阶段从1970年到1995年。直到60年代末期，联合国才开始改变做法，将妇女纳入全球发展和变革的进程，这一转折正式开始于1970年通过的《提高妇女地位国际协调行动纲领》，延续到1975年的"国际妇女年"和联合国促进妇女发展的十年（1976～1985）。联合国在这段时间里先后于1975年、1980年和1985年分别在墨西哥首都墨西哥城、丹麦首都哥本哈根和肯尼亚首都内罗毕召开了三次世界妇女大会，在平等、发展与和平的主题下以国际合作的方式逐步探索提高妇女地位的途径。在这一阶段，妇女开始被视为性别平等事业的积极推动者与参与者。第三阶段则以在北京举办的第四次世界妇女大会为开端，它的召开代表着世界对性别平等和妇女地位等妇女问题的关注达到了前所未有的高度，同时它在性别平等方面取得的空前进展也得到了世界的认可和有效落实。

一 对妇女权利的法律保障（1945～1969）

对妇女权利的保护早在联合国成立之前就开始了。联合国成立前国际联盟根据《凡尔赛和约》于1920年成立，其设有附属机构国际劳工组织。1946年，国际劳工组织成为联合国的一个专门机构。在国际联盟成立之后的20多年里，许多妇女非政府组织通过国际劳工组织对国际联盟成员施加压力，要求其在健康、教育、维持和平、裁军等关键议题上保护妇女权利。这代表着提高妇女地位的最初努力。在这个过程中，各方意识到，要提高妇女地位，必须建立起完善的法律机制和制度体系。为了保护妇女劳动权益，国际劳工组织在1919年通过了《保护生育公约》《（妇女）夜间工作公约》，1935年通过了《（妇女）地下工作公约》。联合国成立后，在这些公约的基础上进一步通过了1951年的《同酬公约》及《对男女工人同等价值的工作付予同等报酬公约》、1958年的《消除就业和职业歧视公约》、1962年的《职业训练公约》、1964年的《就业政策公约》及1965年的《职工与家庭责任公约》等。

保护妇女基本人权是《联合国宪章》规定的基本原则和目标。此后，联合国在1948年通过的《世界人权宣言》中重申性别平等是一项基本人权。1952年，联合国通过了《妇女参政权公约》，首次在法律上确认妇女平等享有参加选举和担任公职的政治权利。1966年通过的《经济、社会、文化权利国际公约》和《公民权利和政治权利国际公约》重申了《妇女参政权公约》的基本内容，并对妇女享有的权利做出了更加明确的规定，如超过法定婚配年龄方可结婚、未经男女双方自由和完全同意不能缔结婚约等。1968年的联合国国际人权会议通过了《德黑兰宣言》，该宣言提出妇女应积极参与社会及经济发展，继续要求消除对妇女的歧视，并且将生育权确认为基本人权。所有这些公约和宣言都将保护妇女基本人权纳入对盟约国的法律约束，引导了政府间保护妇女基本人权的一致行动。1979年联合国大会通过了《消除对妇女一切形式歧视公约》，宣布"对妇女的歧视，其作用为否认或限制妇女与男子平等之权利，实属根本不公平且构成侵犯人格尊严的罪行"。[1]

在联合国成立初期，妇女地位基本被视为法律层面的问题，联合国通过立法手段逐步承认并扩大了妇女在劳动、政治、经济、教育等领域的权利。但是，在这一时期，联合国没有认识到造成性别不平等的很大一部分原因在于妇女的地位和作用不受认可，她们在参与决策过程中被边缘化的问题、在一些国家的主流文化中被污名化的问题以及面临的性暴力问题没有被正式纳入联合国议程。

二　世界妇女大会与"联合国妇女十年"（1970～1995）

1970年，联合国在《提高妇女地位国际协调行动纲领》中指出，应在教育、培训与就业、妇幼保健及公共生活方面促进妇女融入发展进程，标志着以联合国为代表的国际社会正式确认妇女参与发展对提高妇女地位的重要意义。1975年是世界妇女史上促进性别平等事业发展的标志性年份，这一年既是联合国确定的"国际妇女年"，也是联合国第一次世界妇女大会的召开之年。第一次世界妇女大会在墨西哥首都墨西哥城召开，共聚集了来自133个国家和地区的1800多名代表，是世界历史上首次专门以妇女问题为主题的世界性政府间会议，联合国各会员国首次为促进性别平等共聚一堂，出谋划策，扫除障碍。这次妇女大会通过了《墨西哥宣言》和《世界行动计划》，提出将1976年至1985年这10年定为"联合国妇女十年"，主题为"联合国妇女十年：平等、发展与

1.《消除对妇女一切形式歧视公约》，A/RES/34/180, https://undocs.org/pdf? symbol=zh/A/RES/34/180，最后访问日期：2020年6月14日。

和平"。《墨西哥宣言》特别强调妇女在维护世界和平与发展方面发挥着至关重要的作用，妇女不仅是不平衡的社会发展和武装冲突的受害者，更是世界和平与发展进程的积极推动者。为确保她们充分融入社会发展，参与促进并维护全方位和平，必须扫除有关性别平等的一切障碍，尤其要保证妇女平等参与决策进程。《世界行动计划》制定了一整套综合性的提高妇女地位的十年指导方针。为了敦促签署国政府在国家、区域和国际等各层面采取必要措施，计划设置了5年内必须完成的14个最低目标，包括妇女参与辩论和制定准则、享有平等的受教育权、降低妇女失业率、促进妇女参与各级决策机构等，并计划在5年后的第二次世界妇女大会上对最低目标的执行情况进行评估。

1980年的第二次世界妇女大会，也称"联合国妇女十年中期会议"，在丹麦首都哥本哈根召开。大会首先对第一次世界妇女大会制定的"联合国妇女十年"目标的实现情况进行审查和评估。大会发现，尽管各方取得了一定进展，但受政治意愿不足、对妇女为社会做出的贡献缺乏认可、妇女在决策层的人数不足、财政来源有限等因素影响，各国促进性别平等的行动并未收到理想效果。为了帮助妇女有效行使法律赋予她们的权利，大会在《联合国妇女十年后半期行动纲领》中建议联合国机构和各签署国从医疗保健、就业和教育三大领域入手，以实现《世界行动计划》所制定的后五年目标。此次大会还举行了《消除对妇女一切形式歧视公约》的签字仪式。该公约于1979年通过，综合了国际上公认的关于妇女权利的各项原则，并且对联合国的各会员国具有法律约束力，为保护妇女人权提供了国际法依据，因此它被国际社会视为"妇女权利宪章"。

1985年在肯尼亚首都内罗毕召开的第三次世界妇女大会（又称"审查和

评价联合国妇女十年成就会议")上，与会代表审查了联合国及其会员国对平等、发展与和平的总目标以及医疗保健、就业和教育三个领域分目标的实现情况，确认妇女十年的目标仍有一部分尚未实现。在深入总结了"联合国妇女十年"在提高妇女地位方面所取得的成就并分析了存在的问题后，他们一致通过了被国际公认为是提高妇女地位的纲领性文件的《到2000年提高妇女地位内罗毕前瞻性战略》（简称《内罗毕战略》）。《内罗毕战略》之所以被称为纲领性文件，是因为它为各国实现平等、发展与和平的总目标提供了具体的行动方案指导，并且充分考虑到了世界各国妇女在政治、经济、社会和文化等各个方面的具体需求。值得注意的是，《内罗毕战略》首次将对妇女的暴力行为列为关注领域，积极采取措施消除性暴力。此外，与会代表还深入研究了性别不平等现象长期存在的文化原因，结果发现，两性不平等长期存在的原因在于不合理的社会结构，而不是基于生理或职业上的性别优劣论，因此除了立法手段外，还应推行包含性别平等观点的全民教育，才能从根本上改善性别不平等问题。

"联合国妇女十年"活动在世界妇女大会的支持下，成功使国际社会逐渐认识到了提高妇女地位，促进妇女参与平等、发展与和平建设的重要性，并通过不断的探索和实践，为各国政府在国家层面上提高妇女地位、促进性别平等提供了具体的指标和行动指导，有效推动了世界妇女事业的发展。

三　第四次世界妇女大会及后续执行情况（1995～2000）

1995年在北京举办的第四次世界妇女大会的主题是"以行动谋求平等、发展与和平"，次主题是"教育、健康和就业"。大会审查和评价了《内罗毕战略》的执行情况，并通过了旨在加速执行《内罗毕战略》的《北京宣言》和《行动纲领》，力图在未来5年内实现《内罗毕战略》的各项具体行动目标。大会发展了开罗人口与发展大会上提出的"妇女赋权"的概念。《北京宣言》指出，要"进一步提高世界各地妇女的地位并赋予她们权力"，"赋予妇女权力和她们在平等基础上充分参加所有社会领域，包括参加决策进程和取得权力的机会，是实现平等、发展与和平的基础"。[1] 为了提高妇女地位和赋予妇女权力，《行动纲领》确定了优先采取行动的12个重大领域，即：妇女与贫穷、妇女教育与培训、妇女与保健、对妇女的暴力行为、妇女与武装冲突、妇女与经济、妇女参与掌权和决策、提高妇女地位的体制办法、妇女的人权、妇女与媒体、妇女与环境、女童。此外，《行动纲领》还提出了将社会性别意识纳入主流的战略。

第四次世界妇女大会及同时召开的非政府组织论坛吸引了联合国185个会员国、4个观察员国的代表，以及联合国机构、政府间组织、非政府组织、媒体记者等的代表。共1.5万人出席第四次世界妇女大会，还有非政府组织论坛的3万多与会者，共计4.5万人会集北京，这是联合国历史上人数最多的国际盛会。[2] 与前三次大会相比，第四次世界妇女大会在世界媒体上产生了空前影响，充分动员了社会舆论，极大促进了世界各国政府和公众对妇女问题的了解、重视和支持。

1998年，在妇女地位委员会的建议下，联合国大会决定于2000年举行第二十三届妇女问题特别会议。2000年6月，联合国大会第二十三届妇女问题特别会议对第四次世界妇女大会通过的《行动纲领》五年来的执行情况进行了

---

1. 第四次世界妇女大会《北京宣言》与《行动纲领》，https://digitallibrary.un.org/record/250039/files/A_CONF-177_20_Rev-1-ZH.pdf，最后访问日期：2020年6月14日。
2. 宗洁：《联合国提高妇女地位的宗旨和机制》（下），《中国妇运》2011年第12期。

追踪和总结，在提高妇女地位、促进妇女参与领导决策方面提出了进一步的行动建议，包括在预算制订过程纳入性别观点、保证妇女平等地参与经济政策制定、保障妇女基本的医疗卫生需求等。

2000年9月，各国领导人在联合国千年首脑会议上进行会晤之时，为了消除贫穷、饥饿、疾病、文盲、环境恶化和对妇女的歧视而商定了八项千年发展目标（MDGs）及众多对应指标。其中，促进性别平等并赋予妇女权利和改善产妇保健这两项目标直接与性别平等和妇女发展相关。在促进性别平等和赋予妇女权利的目标下有四项具体指标，包括：初等、中等和高等教育中男女生的比例，15～24岁人口中男女的识字比例，妇女在非农业部门有薪劳动者中的比例，以及国家议会中妇女所占席位比例。通过将性别平等和妇女赋权问题设置为千年发展目标下可衡量的各项指标，联合国将原本各国的内部问题上升到全球战略层面，以引起各国政府的充分重视，激励各国为达到指标值而进行有针对性的努力和良性竞争。

第三节　联合国"妇女、和平与安全"议程的主要内容及演进

尽管各界对妇女、和平与安全的讨论与推进由来已久，但妇女、和平与安全作为正式议题被纳入联合国安理会议程至今仅有20年。截至2019年10月，安理会通过了关于妇女、和平与安全的第1325（2000）、1820（2008）、1888（2009）、1889（2009）、1960（2010）、2106（2013）、2122（2013）、2242（2015）、2467（2019）、2493（2019）号等10个专门决议，它们与一系列相关主席声明、

秘书长报告等共同组成了"妇女、和平与安全"议程（WPS Agenda）。

从内容上来看，妇女的参与和保护这两大主题贯穿整个"妇女、和平与安全"议程，两者还有着"密不可分，相辅相成"[1]的关系。本节将从这两个角度简要介绍构成议程主体的10个决议的核心内容及其演进。

一 促进妇女参与

促进妇女参与是整个"妇女、和平与安全"议程的核心要义之一。第1325号决议在其前言部分首先强调了妇女参与的重要性——"妇女平等参加和充分参与维持和促进和平与安全的一切努力至关重要"，因为"妇女在预防和解决冲突及建设和平方面起重要作用"，保证妇女平等充分参与和平进程，能"大大有助于维持和促进国际和平与安全"。值得注意的是，第1325号决议还特别支持当地妇女的和平倡议和解决冲突的当地议程，这对于承认和发挥冲突地区妇女团体和网络在和平进程中的作用具有重要意义。[2]

在促进妇女参与的措施方面，第1325号决议要求会员国和秘书长增加在预防、管理和解决冲突的各级机构、机制决策层中的妇女人数；扩大妇女在联合国的实地行动中的数量，包括任命更多妇女为特别代表和特使以及增加妇女军事观察员、民警、人权和人道主义工作人员的数量；在实地行动中设立处理女性问题的专门部门；还要求秘书长实施他在1994年联合国大会上提出的《提高妇女在秘书处地位的战略性行动计划（1995—2000年）》，在联合国内部实现男

1.联合国安理会：《第2467（2019）号决议》，S/RES/2467（2019），https://undocs.org/zh/S/RES/2467（2019），最后访问日期：2020年8月23日。

2.联合国安理会：《第1325（2000）号决议》，S/RES/1325（2000），https://undocs.org/zh/S/RES/1325（2000），最后访问日期：2020年8月23日。

女工作人员任职比例和在决策层中比例为50∶50的性别均衡目标。

第1820号决议指出了造成"妇女在平等参加和全面参与预防和解决冲突方面长期面临的各种障碍和挑战"的原因，明确这些"阻碍和挑战"主要来源于"暴力、恫吓与歧视行为"等一系列外部因素，正是它们削弱了妇女合法参与冲突后社会公共生活的能力。[1] 第1889号决议进一步补充，指出阻碍妇女参与的因素还包括"缺乏安全和法治、文化歧视和污名化，包括对妇女的极端主义和狂热看法增多，以及缺乏受教育机会在内的各种社会经济因素"。[2] 这两大决议明确了妇女之所以不能充分、平等且有效地参与预防、解决冲突及冲突后的社会生活，是因为外部的结构性因素，而不是妇女在天资或能力上的缺陷，这有利于消除"女子不如男"的传统性别偏见。

第1889号决议的主题是"促进妇女在建设和平中的参与和领导"，它对妇女全方位参与和平进程，尤其是建设和平，提出了更详细的要求和建议。鉴于妇女在和平进程中的所有阶段代表人数不足，尤其是在调解进程中极少担任正式决策层成员，第1889号决议要求秘书长制定战略，提供培训项目，以增加代他斡旋，特别是担任特别代表和特使的妇女人数以及参加联合国政治特派团、建设和平特派团和维持和平特派团的妇女人数。决议十分重视在建设和平中赋予妇女权能，要求各行为体确保妇女赋权被纳入冲突后需求评估和规划工作中，并准备充足的资金和项目方案，培养妇女的领导才能和参政议政能力，以便消除社会对妇女能力的负面态度，加强妇女在建设和平初期政治和经济决策中的参与。

1.联合国安理会：《第1820（2008）号决议》,S/RES/1820（2008）, https://undocs.org/zh/S/RES/1820（2008）,最后访问日期：2020年8月23日。

2.联合国安理会：《第1889（2009）号决议》,S/RES/1889（2009）, https://undocs.org/zh/S/RES/1889（2009）,最后访问日期：2020年8月23日。

UN Women,
Peace &
Security

妇女参与解决性暴力问题。从2008年的第1820号决议起，妇女参与开始与针对妇女和女童的性暴力问题相联系——妇女不仅是和平进程的参与者，也是解决性暴力问题的参与者。第1820号决议除敦促秘书长及特使邀请妇女参与和平与安全议题的讨论和决策外，还指出可以通过增加维和人员中的女性比例，提高联合国维和行动应对性暴力问题的能力。第1888号决议进一步提升了妇女在性暴力议题中的参与度。考虑到维持和平特派团中的女性维和人员能给受武装冲突影响的妇女和儿童带来安全感，使他们更愿意报告受虐待情况，同时，女性维和人员的存在也能起到榜样作用，激励当地妇女参加国家安全部门，决议鼓励让更多妇女参与维和行动。

第1960号决议及第2106号决议共同指出了妇女及妇女团体在内的民间社会在解决性暴力问题中的独特作用：第一，加强妇女在维持和平特派团中的存在很可能会鼓励当地社区的妇女报告性暴力行为；第二，当地的妇女团体能协助收集和分析有关性暴力发生频率、趋势和模式的数据信息，为联合国的监测、分析和政策制定提供便利；第三，妇女、妇女组织在内的民间社会以及社区正式和非正式领袖可以通过对武装冲突各方施加影响来帮助处理性暴力问题。

第2106号决议强调，为了有效防止和应对性暴力，任何预防和保护对策都必须有妇女的参与，并要求秘书长和联合国相关实体确保妇女协助处理性暴力问题。在解除武装、复原和重返社会进程中，妇女可以为与武装团体有关联或曾参与战斗的妇女和儿童医治创伤，帮助他们尽早重返社会；在安全部门改革以及司法部门改革中，妇女参与也能帮助推进消除性暴力的立法和行政改革，更好地保护性暴力的受害者。

第2122号和第2242号决议的主要内容都是对妇女、和平与安全议程的执行。第2122号决议提出要让妇女更多地参与处理和审议性别平等的相关问题，为此，决议要求：特派团的特使和特别代表在进行部署时就要开始定期同妇女组织、妇女领导人以及在社会或经济领域遭受排斥的妇女进行协商；鼓励各会员国设立专门筹资机制，培养地方妇女参与各级决策的领导才能；为联合国调解小组配备性别平等专家；确保妇女全面平等参加各个阶段的选举工作；确保妇女全面参加打击和消除小武器和轻武器的非法转让和不当使用的行动等。第2242号决议则鼓励在预防和解决冲突的国家、区域和国际机构和机制的决策层中增加妇女代表的比例；在联合国系统内优先任命更多妇女担任领导职务；在今后五年内（2015～2020年）使联合国维和行动军事和警察特遣队中的妇女人数翻一番；让妇女和妇女团体切实参加和领导人道主义行动等。值得注意的是，这两项决议十分关注恐怖主义和极端暴力主义问题，第2242号决议提出应确保妇女和妇女组织参加反恐战略和反可滋生恐怖主义的暴力极端主义战略的制定工作并发挥领导作用。

第2493号决议敦促各会员国确保妇女全面、平等且有意义地参与和平进程各阶段，将性别平等视角纳入工作主流，具体包括：增加维持和平各个层级及重要岗位上的文职和军警中的妇女人数；提高妇女在和平进程中的参与度，推进能力建设；为妇女全面参与和平谈判提供便利，包括支持她们出任谈判代表、制定协议落实和监督机制；请求秘书长制定关于促进妇女参与联合国和平进程的具体办法；鼓励联合国建设和平委员会支持由女性领导的相关组织参与战后重建工作；实施全系统性别均等战略[1]。

---

1. 2017年，为实现联合国内部性别均等目标，现任联合国秘书长古特雷斯召集了近40家联合国实体机构，共同制定了《全系统性别均等战略》，计划在2026年前基本实现性别均等，少数变革难度较大的部分在2028年全面实现性别均等。

二 加强对妇女的保护

妇女和女童一直被认为是武装冲突的最大受害者，武装分子和恐怖分子都越来越多地以她们为攻击目标，此外妇女还遭受着容易被忽视的结构性暴力的压迫，因此"妇女、和平与安全"议程十分重视对妇女和女童的全方位、多层次保护。

第1325号决议对妇女和女童的保护主要分为两个方面，首先是对国际人道主义法和人权法下的妇女和女童人权的保护，要求充分尊重她们的特殊需要，再者是对武装局势下的妇女和女童的保护，使她们免受基于性别的暴力及其他形式的暴力，要求所有国家终止有罪不罚的现象。具体来说，决议要求各行动方在宪法、选举制度、警察和司法等方面尊重和保护妇女和女童的人权，呼吁武装各方尊重保护妇女和女童的国际法及难民营和定居点的人道主义性质，建议向维和人员提供冲突下对妇女和女童的保护、保护她们特殊需要和人权等方面的专门培训，以及考虑对妇女和女童适当的人道主义豁免。

第1820号决议将冲突中的性暴力问题重新定位，认为它作为一种战争策略出现，对和平与安全构成了威胁，而妇女和女童是性暴力犯罪的主要受害者，因此解决性暴力问题是保护妇女、维护和平与安全的必然要求。对性暴力问题的重新定位有利于加强联合国及各会员国对武装冲突和和平重建进程中性暴力问题的敏感度，加大对性暴力行为的预防和打击力度。就维持和平行动中的性剥削和性虐待行为的问题，决议要求秘书长实施"零容忍"政策，并对各行动方提出了一系列具体建议，包括强制施行军队纪律措施和指挥官责任制，加强培训以杜绝部队中针对平民的性暴力行为，审查武装部队和安全部队中已发生的各种性暴力，将可能遭受性暴力的妇女和儿童撤往安全地带，通过司法和卫生保健系统在内的国家机构和地方民间网络向性暴力受害者提供可持续的帮助等。尽管第1820号决议和第1325号决议都要求消除有罪不罚的现象，但第1820号决议的立场更加强硬。第1325号决议强调在"可行时"将对妇女和女童施加的性暴力等战争罪排除在大赦之外，而第1820号决议强调"有必要"将性暴力犯罪排除于大赦外，并考虑对实施性暴力行为的冲突方进行制裁，因此它具有更大的威慑力。[1]

　　第1888号决议是"妇女、和平与安全议"程中，安理会为打击和消除冲突中的性暴力通过的第二项决议。相比于第1820号决议，第1888号决议就冲突中性暴力问题的预防和解决提出了更加全面、详细的建议，强调对性暴力问题的处理必须贯穿和平和调解进程的所有环节，包括停火前人道主义和人权协定、停火监测机制、解除武装、复原和重返社会方案、安全部门改革、司法和赔偿、冲突后恢复和发展等各个方面。具体建议包括：秘书长任命一名特别代表，统一领导联合国应对冲突中性暴力问题的行动，以加强现有的联合国协调机制；利用2007年发起的"联合国制止冲突中性暴力行动"机构间倡议[2]，促进联合国系统内部不同机构之间的协调；帮助各国政府加强司法和执法系统识别和打击性暴力的能力；视情况增加维和行动中保护妇女问题顾问的数量；帮助性暴力受害者获得医疗保健、心理辅导、法律协助以及社会经济方面的资助以重返社

---

1. 联合国安理会：《第1325（2000）号决议》，S/RES/1325(2000)，2000年10月31日，https://undocs.org/zh/S/RES/1325（2000），最后访问日期：2020年8月23日；《第1820（2008）号决议》，S/RES/1820（2008），2008年6月19日，https://undocs.org/zh/S/RES/1820（2008），最后访问日期：2020年8月23日。

2. 2007年，安理会联合13个处理冲突中性暴力问题的联合国实体机构发起了"联合国制止冲突中性暴力行动"的机构间倡议。这一行动旨在促进联合国系统内部不同机构之间的协调，共同预防和消除冲突中和冲突后的性暴力，是联合国系统内部应对冲突中性暴力问题的重要机制。

会；要求秘书长按安理会要求提交性暴力相关信息和报告；等等。

同样以性暴力为主题的第1960号决议回顾了以往决议中涉及的性暴力现象和对策，发现性暴力尤其是有罪不罚现象，并未得到有效遏制，因此第1960号决议重新要求联合国安理会秘书长、负责冲突中性暴力问题的秘书长特别代表、各会员国以及武装冲突各方打击一切性暴力行为。主要包括：对一再实施性暴力行为或对此负责的武装冲突当事方实施制裁；要求冲突各方做出打击性暴力行为的具体的、有时效性的承诺并在约定期限内履行承诺；请求秘书长对这些承诺的履行情况进行追踪、监测和报告；秘书长应与联合国内部行动者、国家机构和民间社会组织等建立联系，加强对相关数据的收集和分析工作；为军事和警务人员提供有关性暴力和基于性别暴力的培训；等等。

与之前决议不同的是，第2106号决议注意到男子和男童可能因目睹家人受到性暴力而产生心理阴影，因此他们也是针对妇女的性暴力行为的受害者。第2106号决议将增强妇女的政治、社会和经济权能，实现性别平等，让男子和男童参与打击一切形式的性暴力的工作共同成为解决性暴力问题的长期努力的目标。

随着全球安全局势的变化，第2122号决议和第2242号决议的关注点逐渐从性暴力转移到了恐怖主义和暴力极端主义行为对妇女、和平与安全的威胁上。某些恐怖组织将针对妇女和女童的性别暴力侵犯作为其战略目标和意识形态的一部分，招徕潜在的极端暴力分子，严重威胁妇女和女童的人权，并对她们的健康、教育和公共生活产生消极影响。第2242号决议呼吁联合国及其会员国将"妇女、和平与安全"议程、反恐议程以及暴力极端主义议程统一起来，使性别问题贯穿反恐工作的各个方面；敦促会员国、反恐执行局和妇女署合作开展研究，查明针对妇女的极端暴力行为的起因和反恐战略对妇女和妇女组织的影响，以便制定有针对性的政策和方案以及有效的监测和评估机制；在秘书长即将提交的《防止暴力极端主义行动计划》中列入让妇女参与和起领导作用以及增强妇女权能的内容，并将其作为相关战略和对策的核心；为增强妇女权能提供专项资金；将违反国际人道主义法、侵犯和践踏人权、实施性暴力和性别暴力、强迫失踪和强迫流离失所等行为以及恐怖组织成员等纳入实施定向制裁或延长定向制裁的参考要素范围。

第2467号决议特别强调对性暴力幸存者的保护，首次提出应以幸存者为中心来预防和应对冲突中与冲突后的性暴力问题。尽管幸存者能为监测和调查冲突后性暴力问题提供宝贵的一手资料，甚至参与建设防止性暴力的非正式保护机制，但冲突地区的大部分幸存者无法摆脱困境，她们可能被迫成为母亲、感染艾滋病毒或被社会和原有家庭歧视，被边缘化和污名化，成为流离失所的难民。决议鼓励会员国为幸存者提供法律援助，酌情建立专门解决此类问题的警察部队和法院，消除司法程序障碍；确保性暴力和性别暴力的受害者参与过渡性正义进程，形成对受害者有效的补救措施；为性暴力受害者提供有效援助，如设立幸存者基金；为幸存者提供重新安置或就地安置的支助，减轻性暴力风险。

第四节　国际政治与妇女、和平与安全议题

国际安全问题历来是国际关系理论学派关注的重点问题之一，随着时代的发展，国际社会对国际安全问题尤其是非传统安全问题给予了高度关注，国际关系理论界逐渐形成了三大理论流派论战的局面。

基于对国际安全问题的高度重视，现实主义者对于国际政治的本质以及战争与和平问题进行了长久而深入的思考。在现实主义学派看来，人性本恶，且国际安全在本质上是稀缺的，国际安全问题只可以缓解，不能最终得到解决，而获得安全的最重要手段就是拥有强大的权力。权力是大国政治的根本，在国际社会里，国家对外行为的动因就是出于对权力的追逐。而不断追逐权力的结果，使国与国之间在交往过程中产生相互怀疑和不信任，因此，现实主义者对于国际组织和妇女参与和平进程的行为多持消极的态度或对此讳莫如深。

自由主义学派则提出了三个重要假设。其一，人的本性是善良的，战争之所以爆发是因为发动战争有利可图，这使一些人的良知误入歧途。一旦唤醒良知，消除误解，世界即被拯救。其二，主权国家的根本利益是和谐的，国际安全是充裕的。国际组织（国联）的建立有利于解决各类分歧和矛盾。其三，国家主权不是无限的，必须以国家集体安全体系来保障国际安全。以罗伯特·基欧汉和约瑟夫·奈为代表的新自由制度主义流派对现实主义发起了强有力的挑战。他们认为，冲突虽然是国际社会无政府性的产物，但国际冲突是可以抑制的，武力并非有效的政策工具。国际社会成员可以通过建立国际组织、制定国际制度等，实现国际合作。物质性权力在维护世界稳定中并不能起到绝对的作用，必须加上制度等非物质性因素。对于国际组织的重视和信任，也成为自由主义学者在推进国际和平与安全方面对联合国的努力持积极乐观态度的重要推手。

建构主义对于国际安全问题则给出了不同的解读：国际合作是完全可能的，国际合作是通过国际政治文化推动的，而国际政治文化又是由国家之间的互动建构的。政府性不是国际关系的第一推动，因为无政府性本身也是国际社会成员在其相互的实践活动中建构起来的。[1]无政府性本身具有多种内涵：既可以是敌对冲突的霍布斯文化状态，也可以是竞争共存的洛克文化状态，还可以是友好合作的康德文化状态。这根本上取决于国际社会成员如何去建构、如何使它们之间的关系互动。主体间的实践活动建构了国际政治文化、观念，文化又决定了国际社会行为体的身份和行为。以和平和友谊为特征的康德文化将从根本上消除国际冲突并缔造国际和平。国际社会发展的趋势是向康德模式迈进。总体而言，建构主义秉持的是相互合作、较为乐观的安全观，因此对于联合国推进"妇女、和平与安全"议程的努力持较为支持和认可的态度。

在国际关系学界，除了三大主流范式的观点以外，对联合国与妇女、和平与安全议程研究最多、最广的当为女性主义学派。女性主义学派的思想与三大主流范式均有所交叉又具有其独特性，在对联合国与"妇女、和平与安全"相关研究文献进行汇总的过程中也可发现，以女性主义学者的成果居多。

在国内学者中，李英桃将国关研究的重点更多地由主权国家层面转向了关注社会个体，从而促使女性主义中蕴含的人道关怀、社会议题更多地被纳入政治分析中。关于联合国"妇女、和平与安全"议程，一方面她对第1325号决议的具体内容、意义及影响进行了多层深入探究；另一方面，针对联合国安理会召开的第8382次会议就"妇女、和平与安全"议程进行主题为"以妇女政治、经济赋权推动'妇女、和平与安全'议程的执行与持久和平"的

---

1. [美]亚历山大·温特：《国际政治的社会理论》，秦亚青译，北京大学出版社，2005，第328~330页。

公开辩论，她认为加快推进"妇女、和平与安全"议程应尽快从承诺落实到行动中来[1]。谭伟恩同样采用女性主义的研究视角，说明女性主义着手对传统国际安全的概念进行解构和重新定义，认为女性应该拾回被剥夺的权利，而解决之道就是应该从方法论上抛弃对男性、女性"一刀切"的武断区隔，应以平等综合的眼光看待问题[2]。李东燕则指出，虽然联合国的作用具有局限性和争议性，但在应对新的全球安全威胁、促成全球安全治理和伙伴关系、增强妇女权能以及推进和平文化和国际法建设等方面，联合国仍然具有不可替代的作用，也得到了广大会员国的认同和支持[3]。李凌霄、任然通过对在阿拉伯地区发起的一场有关联合国安理会第1325号决议的网络讨论的材料的编译指出，妇女是促进和平与稳定的关键资源[4]。康焕华重点聚焦的是联合国推进"妇女、和平与安全"议程中面临的挑战与应采取的对策，他指出，通过第1325号决议后，联合国为推进"妇女、和平与安全"进行了不懈努力，取得了巨大进步；但女性参与维持和建设和平的人数离目标有很大差距，冲突中的性暴力犯罪依然猖獗，联合国维和行动性丑闻不断。就此，联合国应全面推动更多女性参与维持和平、建设和平进程，打击性暴力犯罪活动，严格管理、惩治维和人员性侵害行为[5]。

---

1. 李英桃：《安理会1325号决议：应对妇女、和平与安全问题的里程碑》，《中国妇女报》2015年8月25日；李英桃、金岳嵘：《妇女、和平与安全议程——联合国安理会第1325号决议的发展与执行》，《世界经济与政治》2016年第2期；王天禹、李英桃：《从承诺到行动：加快推进妇女、和平与安全议程——聚焦联合国安理会第8382次会议》，《中国妇女报》2018年10月30日第5版。

2. 谭伟恩：《女性主义视野下的国际安全》，《国际关系学报》2007年第1期。

3. 李东燕：《联合国与国际和平与安全的维护》，《世界经济与政治》2015年第4期。

4. 李凌霄、任然：《妇女是促进和平与稳定的关键资源》，《中国妇女报》2016年1月20日第A03版。

5. 康焕华：《联合国妇女、和平与安全议程面临的挑战与对策》，《中国妇女报》2018年10月23日第5版。

国外学者开展相关领域的研究的时间较早，成果也较为丰富。牛津大学汇集近年来"妇女、和平与安全"议程的学者研究成果，于2019年出版了"妇女、和平与安全"手册，该手册聚焦国际"妇女、和平与安全"议程，主要对"妇女、和平与安全"的概念、四大支柱、制度化、具体实施、当前和未来的挑战等方面的研究成果进行了整合。该手册之中，涉及联合国与"妇女、和平与安全"议程的研究不在少数。萨拉·E.戴维斯（Sara E. Davies）和杰奎·特鲁（Jacqui True）以女权主义和建构主义规范变革理论相融合的方法为基础，提出了一种实用主义的理解，即"妇女、和平与安全"是一项"正在进行的工作"，同时指出应充分借鉴妇女在促进和平与包容方面的各种实际经验，并在和平与安全问题上发展一种对性别问题敏感和包容性别的理论观点；J.安·蒂克纳（J. Ann Tickner）、菲诺拉·德·尼·奥兰（Fionnuala D. Ni Aolain）和娜拉·瓦尔吉（Nahla Valji）均从女性主义的研究视角出发，指出让妇女作为安全提供者和和平建设者参与对实现所有人的安全至关重要，同时对"妇女、和平与安全"与联合国有关机构架构的有效结合进行了简要分析；克里斯汀·钦金（Christine Chinkin）将研究重点聚焦在第1325号决议本身及在此基础之上法律和政策环境的发展；劳拉·J.谢丽赫德（Laura J. Shepherd）指出第1325号决议及后续决议为"妇女、和平与安全"议程确定了执行框架及优先事项，这些决议的执行情况对于"妇女、和平与安全"议程的推进具有深远影响；卡琳·兰德格伦（Karin Landgren）在对第1325号决议重要性进行肯定分析的同时，对使性别理解进入联合国和平行动的血液需要奉行的四项积极措施进行了论述；贝拉·卡普尔（Bela Kapur）和玛德琳·里斯（Madeleine Rees）、塔尼娅·帕芬霍尔兹（Thania Paffenholz）、杰奎·特鲁（Jacqui True）和莎拉·休伊特（Sarah Hewitt）分别从"妇女、和平与安全"议程构筑的四大支柱中的冲突预防、参与、救济恢复方面对联合国的相关工作进行了回顾、分析和展望；纳塔斯卡·鲁比辛（Natasja Rupesing）和伊莱·斯坦内斯（Eli Stamnes）和约翰·卡尔斯鲁德（John Karlsrud）则分别从女性维和人员、冲突中性暴力问题特别代表、联合国人权理事会等专门机构、工作职位等方面对联合国推进"妇女、和平与安全"议程完成情况进行分析和评估。宏观层面，梅根·德尔斯纳（Megan Dersnah）在肯定了联合国各机构和方案尤其是联合国妇女署越来越多地将性别和妇女权利考虑纳入其和平与安全工作中并取得了一定成果的同时，对在联合国系统内推进"妇女、和平与安全"议程所面临的挑战进行了简要分析；萨拉·泰勒（Sarah Taylor）对于联合国在"妇女、和平与安全"议程方面的努力结果则持保留态度，她认为"妇女、和平与安全"的完整实现具有从根源上解决国际和平与安全实质性问题的潜力，同时以"妇女、和平与安全"在联合国安理会的宣传倡导情况为例分析指出，执行和扩大该议程的工作零星地开展且进展缓慢[1]。

此外，艾莉森·M.贾加尔（Allison M.Jaggar，2020）也通过对全球化与妇女关系问题的讨论，从新自由主义的研究视角指出全球化使得妇女的生活状态较之前更加两极分化，联合国推进"妇女、和平与安全"议程的措施需要进一步调整和完善[2]。

综上，无论是决议文本还是落实方案，抑或是学者的相关研究成果，都可以看出联合国在尽最大努力推动该议程向好发展，呈现了积极的发展态势。

---

1. Sara E. Davies and Jacqui True, *The Oxford Handbook of Women, Peace, and Security*, New York: Oxford University Press, 2019, pp.37–447.

2. Allison M.Jaggar，《全球化对妇女 "Good" 吗？ 》，https://ptext.nju.edu.cn/ba/c6/c13430a244422/page.htm，最后访问日期：2020年3月23日.

本书围绕妇女在促进和平和防止冲突中的领导作用、防止和应对冲突中性暴力的举措、暴力极端主义对妇女的影响及妇女的参与和领导地位三个主题，分为三个篇目。第一、二章为篇目一，阐述妇女在促进和平与防止冲突中的领导作用，包括第1325号决议和第1889号决议的发展和执行情况；第三至六章为篇目二，阐述防止和应对冲突中性暴力的举措，包括第1820号决议、第1888号决议、第1960号决议和第2106号决议的发展与执行情况；第七、八章为篇目三，阐述暴力极端主义对妇女的影响及妇女的参与和领导地位，包括第2122号决议和第2242号决议的发展和执行情况。全书最后，结合联合国秘书长做的"妇女、和平与安全"报告，总结联合国"妇女、和平与安全"议程的演进和发展情况。

第一章 和平与安全事业中的妇女参与：联合国安理会第1325号决议的发展与执行

2020年是联合国安理会第1325号决议（以下简称"1325号决议"）通过20周年。1325号决议于2000年10月31日通过，是第一个关注武装冲突对妇女的影响，并将武装冲突中的妇女与维护国际和平与安全事业相联系的安理会决议，具有里程碑意义。决议加强了既有的与"妇女、和平与安全"相关的国际、地区性法律承诺和公约，并确立了一系列新原则。1325号决议的通过是联合国在促进性别平等、保障妇女和女童基本人权、提高其社会地位方面的标志性成就。在具体内容方面，它首先重申了妇女在预防和解决冲突、和平谈判、维和行动、人道主义援助及冲突后重建中扮演着重要角色，强调妇女积极、平等、充分地参与维护和促进和平与安全的一切努力至关重要，敦促所有行动方促进妇女参与正式和非正式和平进程，并加强妇女在预防和解决冲突中的领导决策作用。其次，决议要求各方将性别观点纳入联合国的所有和平与安全努力中，包括复员、裁军和重返社会（Demobilization，

Disarmament and Reintegration）以及安全部门改革（Security Sector Reform）。再次，决议呼吁冲突各方考虑到妇女和女童的特殊需要，保护她们，使她们免受基于性别的暴力，尤其是强奸和其他形式的性虐待。决议还向各会员国以及联合国系统各实体提出了若干重要的需要执行的命令和建议。

本章将结合1325号决议，重点阐述妇女在参与和促进和平与安全进程中的领导作用。

第一节　内容的演进

一　和平与安全事业中的妇女参与

和平的实现及巩固要求保障妇女参与和平进程的权利。通过不同类型的政治参与，妇女和妇女团体能够最为直接地影响政府决策与公共政治生活，将自己的特殊需求和权益保护纳入建设和平进程中，从而维持和促进国际国内和平与安全。政治参与并没有统一的概念，但大致可分为国内政治参与和国际政治参与。与国内政治参与相比，国际政治参与范围更广，指世界各国公民共同参与国际政治生活和竞选公职。"女性政治参与"指女性公民试图影响和推动政治系统决策过程的活动[1]，包括言论自由、集会和结社自由、平等参与公共事务、参选、当选并在各级政府任职的权利等。根据国际人权法，男性和女性有权平等参与政治进程的各个方面。妇女平等、充分地参与政治生活，领导政治决策既是促进性别平等的基本要求，也是女性赋权的应有之义。但是，尽管妇女占世界人口总数的近一半，她们在国际国内的各种权力机构中却几乎总是被男性

---

1. 师凤莲：《社会性别视角下当代中国女性政治参与问题研究》，博士学位论文，山东大学，2010，第29页。

代表。尤其在受武装冲突影响的国家，妇女要实现正当的政治参与更是难上加难，妇女参政总是受到歧视和阻拦，因此需要得到专门关注和保障。

自 1945 年建立以来，联合国曾多次对促进妇女参与和领导决策做出规定与表态。1952 年，联合国通过了《妇女政治权利公约》(Convention on the Political Rights of Women)，这是国际社会首次在法律上承认妇女享有包括选举权在内的平等的政治权利。1975 年，第一次世界妇女大会通过了《墨西哥宣言》。该宣言多处强调妇女在促进家庭、社区、国家及世界和平方面的作用至关重要。为确保她们充分融入国家发展、参与促进及维护全方位和平，必须扫除有关性别平等的一切障碍，尤其要保证两性平等参与决策进程。在女性政治参与方面，它也明确规定："鉴于妇女积极参与政治决策及其他与政治有关的国家和世界事务已成为妇女充分行使平等权利、进一步发展和促进国家福利的先决条件，应提供必要资源，使妇女尽可能参与本国和国际社会的政治生活。"[1]1980 年的第二次世界妇女大会在"平等、发展与和平"的主题下为发挥妇女在社会和平重建中的作用及促进妇女参与国际和平与安全提出具体建议。1985 年第三次世界妇女大会通过的《到 2000 年提高妇女地位内罗毕前瞻性战略》中，除了为促进妇女参与和平提出了更详细的行动建议，如要求各国政府让更多妇女"参加各级公务机构和外交部门，代表国家出席国家、区域和国际会议，包括关于和平解决冲突和裁军方面的会议，以及安全理事会会议和联合国其他机构的会议""鼓励妇女参与有关妇女与和平的研究""支持妇女参与世界裁军运动"之外，还提出目标——"联合国系统所有

<hr />

1.《第一次世界妇女代表大会报告》，https://digitallibrary.un.org/record/586225/files/E_CONF.66_34–ZH.pdf，最后访问日期：2020 年 3 月 23 日。

机构和组织尽可能在 2000 年前实现专业人员中男女雇员人数公平合理的平衡"。[1]1995 年在北京举办的第四次世界妇女代表大会通过了《北京宣言》和《行动纲领》,《北京宣言》指出:"赋予妇女权力和她们在平等基础上充分参加所有社会领域,包括参加决策进程和取得权力的机会,是实现平等、发展与和平的基础。"[2]为了提高妇女地位和赋予妇女权力,《行动纲领》确定了优先采取行动的 12 个重大领域,即:妇女与贫穷、妇女教育与培训、妇女与保健、对妇女的暴力行为、妇女与武装冲突、妇女与经济、妇女参与掌权和决策、提高妇女地位的体制办法、妇女的人权、妇女与媒体、妇女与环境、女童。其中,妇女与武装冲突主要呼吁实现"妇女参与解决冲突""保护生活在武装冲突局势中的妇女"等战略目标。此外,《行动纲领》还将确保妇女平等并充分加入权力结构和决策机构、提升妇女参加决策和领导的能力定为同一类战略目标,明确了各国政府、各政党、各种社会团体及联合国应采取的行动。

2000 年 6 月 5 日、9 日和 10 日,妇女地位委员会筹备的题为"2000 年妇女:二十一世纪两性平等、发展与和平"的第 23 届联合国大会特别会议举行了 3 次会议,设立了第 23 届特别会议特设全体委员会。第 23 届联合国大会特别会议对第四次世界妇女大会通过的《行动纲领》五年来的执行情况进行了追踪和总结,在促进妇女参与和发挥领导决策作用方面提出了进一步的行动建议,也为 1325 号决议中的核心内容和建议的提出提供了更加坚实的实践依据。

与之前内容稍有不同的是,1325 号决议完全聚焦于武装冲突中的妇女、

1.《第三次世界妇女代表大会报告》,https://digitallibrary.un.org/record/113822/files/A_CONF-116_28_Rev-1-ZH.pdf,最后访问日期:2020 年 3 月 23 日。

2. 第四次世界妇女大会《北京宣言》与《行动纲领》,https://digitallibrary.un.org/record/250039/files/A_CONF-177_20_Rev-1-ZH.pdf,最后访问日期:2020 年 3 月 23 日。

和平与安全问题，突出了武装冲突背景下妇女参与和领导决策的特殊性和必要性，并更具有针对性地提出了对联合国及各会员国的行动建议。由此，1325号决议在其开头便"重申妇女在预防和解决冲突及建设和平方面起重要作用，强调妇女平等参加和充分参与维持和促进和平与安全行动的重要性，以及加强妇女在有关预防和解决冲突的决策方面的作用"[1]，即决议鼓励有关行动方推动妇女全方位参与和平进程并发挥领导作用。1325号决议对联合国秘书长、各会员国及包括安理会在内的联合国各机构提出了明确要求。在促进妇女参与决策层方面，决议第1、2条首先敦促各会员国"确保在预防、管理和解决冲突的国家、地区和国际机构和机制的所有决策层增加妇女代表人数"[2]，并要求秘书长实施他之前提出的增加妇女参与解决冲突和建设和平决策层人数的战略行动计划。这里提到的行动计划指在1994年联合国大会第49届会议上，《秘书长关于提高秘书处妇女地位的报告》中提出的提高秘书处妇女地位的战略行动计划（1995～2000）[3]。为了达到联合国在2000年前全面实现性别平衡的目标，秘书长将在决策层实现性别平衡的政策转化为可实现和可衡量的具体目标和执行措施。具体目标中主要有两个量化指标：一是鉴于妇女占全体工作人员的百分比受地域分配限制，在区域和国籍分布方面相当不平衡，计划要求1995年妇女担任受地域分配限制职位的总比例达到35%；二是针对妇女大多居于低级别职位，而很少担任高级和决策级职位的现状，计划要求妇

---

1. 联合国安理会：《第 1325（2000）号决议》,S/RES/1325(2000), https://undocs.org/zh/S/RES/1325(2000),最后访问日期：2020年1月16日。

2. 联合国安理会：《第 1325（2000）号决议》, S/RES/1325(2000), https://undocs.org/zh/S/RES/1325(2000),最后访问日期：2020年1月16日。

3.《秘书长关于提高秘书处妇女地位的报告》, A/49/587, https://digitallibrary.un.org/record/168370/files/A_49_587-ZH.pdf,最后访问日期：2020年3月24日。

女在 D-1 职等以上的征聘和晋升的比例在 1997 年达到 25%。在执行方面主要措施有：规划和开发及时准确的数据库，并与其他区域性、国家性数据库实现信息互享；改进内部女性人才库，方便人才内部流动；针对性投放招聘广告和开展招聘活动，保证足够的人才储备；建设男女平等的管理文化，将口号化作行动；方便工作人员配偶跨国跨地区就业，保障员工婚姻幸福；建立有计划的轮调制，通过外派提高员工流动性，使符合要求的工作人员都有机会积累更多的经验和专业知识，轮换到更高级别的职位；关注女性员工的职业发展，为她们提供咨询协助；为员工提供各方面的技术和管理培训，引导男女工作人员关注职场中的性别问题；设置高级审查组审查所有合格的内部候选人，以增加决策一级妇女人数百分比。计划还规定将通过对比数量指标和时间表将所取得的进展与目标进行对比评价、定期向大会报告、建立权责分明的考核制度等形式对执行情况进行监测、评价和后续调整。值得注意的是，该行动计划也强调会员国积极支持的必要性。秘书长需敦促会员国在推荐本国人民担任联合国职位时通知和鼓励符合条件的妇女申请，为提高妇女在秘书处的地位提供实质援助，这与决议第 1 条相呼应。

在切实提高妇女在联合国实地行动中的参与度、扩大妇女实际权力方面，决议首先要求秘书长任命更多妇女为特别代表和特使，代表秘书长开展实地调查并进行斡旋；会员国应向秘书长提供合适的女性候选人作为特别代表和特使，以列入定期更新的中央名册。尽管特别代表和特使已经是联合国实地行动中的重要组成部分，但他们属于高级别代表，人数有限。为了进一步扩大妇女在联合国实地行动中的作用和贡献，决议还督促秘书长增加妇女军事观察员、民警、人权和人道主义工作人员的数量。

尽管武装冲突地区的妇女团体和网络在解除武装、推进和平、维护社秩序和提供和平教育等方面起着重要作用，但她们在和平进程中的作用却并未得到充分承认。因此决议还要求所有行动方采取措施，支持当地妇女的和平倡议和解决冲突的进程，并使妇女参与所有和平协定的执行机制。

二 社会性别主流化与促进妇女参与

1997 年，联合国经济及社会理事会（UN Economic and Social Council，ECOSOC）商定将"社会性别主流化"定义为："对包括立法、政策及方案在内的所有行动计划进行评估，以确定其在不同领域和各个层面对女性和男性影响的过程。这项战略旨在使男女双方平等地受益于所有政治、经济和社会领域被设计、执行、监测和评估的政策和方案。"[1] 简而言之，社会性别主流化意味着将性别观点纳入所有政策、法规、计划中，使男女平等不再停留于纸面上，而是体现在社会生活的方方面面，从而改变以男性话语为主流的局面。

社会性别主流化意识贯穿决议内容的方方面面，集中体现为要求联合国秘书长、各会员国和其他行动方在维持和平和建设和平行动中纳入性别观点，考虑到妇女的特殊需要，比如决议敦促秘书长在实地行动中增设处理妇女问题的部门，并表示安理会代表团愿与当地和国际妇女团体协商以确保性别因素和妇女权利得到充分考虑。这些都从侧面体现了决议对加强妇女在包括政治参与在内的更广泛的社会生活方面参与的要求。

（一）开展性别培训

联合国与各会员国在加强性别问题培训方面密切合作。决议要求秘书长

---

1. "Gender Mainstreaming，" https://www.unwomen.org/en/how-we-work/un-system-coordination/gender-mainstreaming，最后访问日期：2020 年 2 月 20 日。

将有关妇女保护、权利和特殊需要以及妇女参与所有和平进程建设的重要性的培训准则和资料提供给会员国，请会员国将这些以及提高对艾滋病毒和艾滋病认识的培训纳入本国军事和民警方案中，为部署做好准备。秘书长还需确保维持和平行动的文职人员也得到类似培训，以提高实地行动参与者的性别意识，帮助落实具体建议。相应地，各会员国应为包括联合国妇女基金会和联合国儿童基金会在内的机构和促进性别平等的方案提供财政、技术、后勤等方面的支持，积极参加联合国开展的线上线下培训，主动配合联合国的相关工作。

（二）保护妇女和女童的基本人权

在武装冲突中，妇女和女童作为弱势群体往往是最大的受害者。侵犯妇女人权的事情屡见不鲜，这是违反国际人权法和国际人道主义法基本原则的行为。为了保护冲突中妇女和女童的基本人权，决议呼吁武装冲突各方遵守保护平民，尤其是保护妇女和女童权利的国际法，尊重难民营和定居点的人道主义性质，在设计难民营和定居点时考虑妇女和女童的特殊需要。所有有关行动方在谈判和执行和平谈判协议时应采取措施，特别是在宪法、选举制度、警察和司法方面，确保保护和尊重妇女和女童的人权。

（三）安全部门改革（SSR）与复员、裁军和重返社会（DDR）

安全部门的改革以及前战斗人员的复员和重返社会是冲突后国家稳定局势、巩固和平的必经之路。改革后的安全部门是保障公民基本人权、惩罚和遏制性暴力等暴力行为的主要机构。对于重返社会的前战斗人员，安全部门一方面要保护他们的人权，另一方面要对部分武装分子实施的暴力行为进行排查和惩罚，保证司法的公正有效，维护社会稳定。

1325号决议鼓励将性别观点纳入安全部门改革和复员、裁军和重返社会的过程，因为尽管妇女和女童作为普通公民通常被认为是武装冲突的受害者，但她们也可能作为武装团体的成员、群体的领导者或人权捍卫者直接参与了武装斗争，她们的亲人、朋友也有可能直接参与冲突。因此，决议呼吁所有有关行动者在和平协定的谈判和执行过程中考虑遣返、重新安置、复原、重返社会和冲突后重建中妇女和女童的特殊需要，比如医疗保健、经济支持、教育等，鼓励所有参与复员、裁军和重返社会规划的工作人员考虑前战斗人员的性别差异和需求差异，还有其家属的需要，以帮助他们回归到正常的社会生活。在对相应国家进行经济、外交封锁时也应当考虑妇女和女童的特殊需要，并考虑对她们进行适当的人道主义赦免。在和平谈判过程中，还可以通过支持当地妇女的和平倡议和解决冲突的当地进程增加当地妇女的话语权，并让她们参加和平协定的执行。冲突后安全部门对伤害妇女和女童的战争罪犯的惩罚体现了法律对妇女和女权的保护，能为她们积极参与冲突后重建事业提供安全感和新动力。

（四）加强社会性别主流化相关研究及追踪1325号决议进展

决议最后还请求秘书长就武装冲突对妇女和女童的影响、妇女在建设和平中的作用及和平进程和解决冲突的性别层面进行研究，将研究成果以报告形式广泛传播，为进一步行动提供指导。同时追踪所有维持和平特派团中将性别观点纳入主流以及相关方面的进展情况，每年向安理会提交执行情况报告。

三 反暴力和歧视与保护妇女参与

一直以来，无论是生存在受冲突影响地区还是生活在和平地区的妇女都面临着性别基础上的暴力与性别歧视的威胁，它们危害着妇女的身体和心理健康，对妇女回归正常社会生活造成极大的阻碍。因此，第1325号决议从保护妇女免受各种形式的暴力行为和从法律角度消除一切性别歧视两个方面保障妇女的生存权和发展权。

（一）保护妇女免遭暴力

对妇女的暴力行为被定义为：对妇女造成或可能造成身心方面或性方面的伤害或痛苦的任何基于性别的暴力行为，包括威胁进行这类行为、强迫或任意剥夺自由，而不论其发生在公共生活还是私人生活中[1]。对妇女和女童的暴力是性别歧视的极端化表现，影响着全世界不同阶级、种族、年龄、性别取向和文化背景的妇女和女童，造成了严重的人权危机。

如果说针对女性的暴力行为源于男女不平等，那么战争和冲突无疑能加剧这种不平等关系，催化出更严重的暴力行径，包括性奴役、强奸、性虐待、强迫怀孕等。以妇女和女童为代表的平民是武装冲突的最大受害者。在冲突地区，妇女经常成为战略目标，对妇女和女童实施暴力甚至被用作打击敌方的军事战略手段之一。许多妇女和女童成为战斗人员的家庭奴隶或性奴隶。据联合国统计，1994年卢旺达大屠杀中超过50万名妇女被性侵，在20世纪90年代初的南斯拉夫，近5万名妇女遭受性暴力，在西非国家塞拉利昂内战中，超过5万名女性被迫流离失所，遭受武装人员性暴力的人数更高达64000人。[2]性暴力也大大增加了妇女和女童感染艾滋病的风险，严重威胁她们的生命。

1.《消除对妇女的暴力行为宣言》，A/RES/48/104，https://www.un.org/zh/documents/treaty/files/A-RES-48-104.shtml，最后访问日期：2020年2月10日。

2. Daniela-Anca Deteseanu, "La Protection des Femmes en Temps de Conflits Armés," in *La Protection des Personnes Vulnérables en Temps de Conflit Armé*, Bruxelles édition Bruylant, collection Magna carta, 2010, p.266.

妇女不仅是战争和暴力的受害者，她们还可以是战斗人员、和平建设者、政治家和进步分子。妇女平等参与这些工作既是联合国"妇女、和平与安全"议程的基本目标，也是帮助预防和解决冲突以及建设可持续和平的重要手段。预防性暴力和基于性别的暴力与妇女在冲突期间和冲突后的政治参与联系密切。

2000 年的 1325 号决议呼吁保护受武装冲突不良影响的妇女和女童免遭暴力。除了前文提到的促进妇女参与和平机制、提供针对艾滋病的培训外，具体的举措还包括：一方面呼吁武装冲突各方采取特别措施以保护妇女和女童免受基于性别的暴力，尤其是强奸及其他形式性凌虐；另一方面要求各国有罪必罚，将对妇女和女童施加性暴力纳入战争罪范围内、大赦条款范围外。严厉的惩罚措施能有效震慑潜在的犯罪人员，增加他们的犯罪成本；对于受到侵害的女性，这也能增强她们反抗的勇气，为她们提供合法自卫的途径。

（二）保护妇女免受一切形式歧视

无论社会正处于动乱中还是和平中，女性经常成为性别歧视的受害者。对妇女的歧视指基于性别而做的任何区别、排斥或限制，其影响或其目的均足以妨碍或否认妇女不论已婚未婚在男女平等的基础上认识、享有或行使在政治、经济、社会、文化、公民或任何其他方面的人权和基本自由。[1]可见性别歧视实际上是对女性与男性基本人权和平等权利的藐视。

联合国《消除对妇女一切形式歧视公约》为保护妇女免受歧视提供了完善的法律依据和行为规范。尽管国际上已有保护妇女免受歧视的法律条文，

1.《消除对妇女一切形式歧视公约》，A/RES/34/180，https://undocs.org/pdf?symbol=zh/A/RES/34/180，最后访问日期：2020 年 2 月 13 日。

但受武装冲突影响的妇女的权利并没有得到足够保障。这种歧视和不平等很大程度上表现在并归咎于她们被排除在预防、解决冲突及建设和平机制之外。由于缺少足够的话语权和影响力，女性的人权和基本自由未得到足够重视，她们又因缺少参与决策和影响决策的途径而无法发声，从而形成恶性循环。在包括塞拉利昂、刚果（金）及阿富汗等在内的国家和地区，许多妇女被迫拿起武器参与战斗，但她们参与决策层的比例却远低于男性。

针对这种现象，1325号决议进一步落实《消除对妇女一切形式歧视公约》，首先要求加强对基本人权的保护，充分尊重女性的特殊需要。决议要求国家在宪法、选举制度、警察和司法方面充分执行保护妇女和女童权利的国际人道主义法和人权法，呼吁武装各方尊重保护妇女和女童的国际法及难民营和定居点的人道主义性质，建议向维和人员提供保护冲突下妇女和女童特殊需要和人权的专门训练以及考虑适当的人道主义豁免等。

女性平等参与和平恢复和重建进程也是反歧视的需要。决议要求保障和扩大妇女在争端协调、解决冲突和和平过渡过程中的参与权和影响力。1325号决议督促秘书长扩大妇女在联合国实地行动中的作用和贡献，除了增加人权和人道主义工作人员中女性的比重，还应在实地行动中设立处理妇女问题的专门部门，并与当地及国际妇女团体合作协商。决议还特别呼吁支持当地妇女的和平倡议，并让当地妇女参与和平协定的执行机制。妇女拥有通过政治参与影响社会生活、参与临时机构管理的正当权利。建立和完善这样的过渡性法律机制，对妇女的法律保护得到有效加强，对战后重建国家的妇女保护政策有积极的借鉴作用。

第二节　执行措施

一　推动实地行动中的妇女参与

1325号决议要求秘书长及参与维和行动的联合国各机构将性别观点融入维和行动中，并在政策制定与执行中充分考虑妇女及女童的特殊需求。这要求秘书长一方面促进妇女参与维和行动，尤其是增加妇女在各级别军事力量中的数量和比重；另一方面，应对派遣工作人员进行更为系统的性别观点培训，提醒他们在执行任务时要充分考虑当地妇女和女童的特殊需要。对于在冲突中及冲突后国家从事维和行动的工作人员，决议要求他们在实地行动中承担以下义务：在冲突的预防、解决及和平巩固过程中考虑妇女和女童的一切特殊需要；支持当地妇女的和平倡议，让妇女参与和平协议；尊重及保护妇女和女童的基本权利，包括继承权、参与政治生活及选举权等。

（一）维和行动（Peacekeeping Operation）

起初，维和行动主要负责监督停火协议。冷战结束后，国际和平与安全迎来了新的挑战。时任联合国秘书长布特罗斯·布特图斯－加利（Boutros Boutros-Ghali）在1992年的《和平章程》中要求扩大维和行动的规模和覆盖面，以更好满足不断变化的国际形势的要求。多层面的维持和平行动包括协助选举、监测人权和执行警察职能等多项授权任务。授权任务具体可包括发展体制以支持法治、设立国家行政结构、设立排雷行动方案、遣返难民、监督停战及军事观察、解除武装、复员和重返社会、人道主义援助等。在人权监测、设立或改组机构及警察培训等方面，多层面的维持和平行在帮助解决两性平等问题上有很大的潜力。

联合国维和行动主要由维和行动部[1]（Department of Peacekeeping Operations，DPKO）负责管理与协调。维和行动部积极统筹联合国、政府和非政府实体在维和行动中所做的工作，还就军事、警务、排雷行动和其他问题向联合国其他政治和建设和平特派团提供指导和支持。和平特派团主要由军事人员、警察组成的维和部队及专家团队组成，团队中的经济学家和法律专家对可持续治理和人权保护等各种问题进行研究。联合国首个维和行动于1948年为监督阿以和平进程而开展。截至2020年，和平行动部共有13项维和行动正在进行，大部分在非洲（7项），其他分布在中东（3项）、欧洲（2项）和南亚（1项）。[2]

（二）具体行动

1.增加维和行动决策层、警察和军事人员中女性比重

妇女进入维和行动决策层能够有效加强人们在行动中对妇女问题的执行力度，防止出现对当地人的性剥削和性虐待。为了选派更多妇女担任领导职务，秘书长组建了一个高级任命小组，由秘书处各部厅的代表组成，为他提供咨询意见。维和行动部建立了一个中央候选人名册，任命外地特派团的领导作为工作组代表。2001年5月，维和行动部副秘书长请各会员国提交名册，并特别要求名册内列入合格的女性候选人。2002年的"妇女、和平与安全"研究中，秘书长曾承诺在2010年前将妇女在特使和特别代表中的比例提高到50%。尽管这一目标并未实现，但妇女越来越多地进入特派团高级领导层。2000年1325号决议获得通过时，林恩·霍兰（Lyn Holland）成为第一位在科

---

1. 目前为和平行动部（Department of Peace Operations，DPO），2019年1月1日正式成立。

2. "Dpko Department of Peacekeeping Operations," http://peacewomen.org/content/dpko-department-peacekeeping-operations，最后访问日期：2020年2月21日。

索沃维和特派团承担警务工作的女性。2014年，联合国任命克里斯汀·隆德（Kristin Lund）作为塞浦路斯维和行动的部队指挥官，她是维和行动开展67年来的首位女性指挥官。2015年，近40%的维和特派团由女性领导，达到了历史最高纪录。[1]

为了增加部队派遣国妇女维和警察的人数，联合国警察司（UN Police Division）要求会员国部署妇女的数量与其国家警察部队中已有妇女数量的比例相同，并审查其征聘政策和部署标准，督促减少性别不平等，还为各国警察部门女性提供选拔培训，帮助她们通过联合国维和人员选拔。[2]警察司牵头的旨在提高女性警官在联合国维和行动和特别政治任务中参与度的女性高级警官课程和联合国妇女署（UN Woman）牵头的女性军官培训课程也为促进妇女参与维和行动做出了针对性努力。

尽管已经取得了一些进步，但妇女参与联合国维和行动的总体比重仍相当低。截至2014年12月31日[3]，在联合国和平行动所有专业工作人员中，女性占29%。在专业工作人员中，妇女的比例逐级降低，P-2职等为41%，而助理秘书长职等则降为13%。尽管秘书长通过任命女性担任特派团团长，为促进和平行动内部性别平等做出了重大努力，但在27个现任和平行动首长中，仅

1.Implementation of Security Council Resolution 2231(2015), https://www.un.org/securitycouncil/content/reports-submitted-transmitted-secretary-general-security-council-2015，最后访问日期：2020年2月20日。

2.《预防冲突、转化司法、实现和平：落实联合国安全理事会第1325号决议的全球研究报告》，https://www.peacewomen.org/sites/default/files/UNW-GLOBAL-STUDY-1325-2015%20.pdf，最后访问日期：2020年3月29日。

3.《和平行动问题高级别独立小组的报告》，A/70/95-S/2015/446，https://www.un.org/en/ga/search/view_doc.asp?symbol=S/2015/446&Lang=C，最后访问日期：2020年2月20日。

有 6 人为女性，占总数的 22%。截至 2017 年 12 月，妇女在联合国维和行动的军事人员中仅占 4%，在警务人员中占 10%。[1] 相比于 2014 年，女性军事人员比例仅增加了 1 个百分点，女性警务人员的比例没有变化。出现这一问题的主要原因是组成维和部队的军事力量很大一部分来源于女性军事人员比例较低的国家，比如印度、巴基斯坦等国，拉低了平均值，而那些女性比例在 20% 左右的欧洲和北美国家在联合国维和人员中的比例较低。除了维和行动各级别职务中妇女比例低的问题外，妇女任职人数中地域代表性不足的问题也较突出，来自非洲、亚太、东欧、拉丁美洲和加勒比等区域的妇女任职人数尤其不足。

为了解决这些问题，联合国和平行动问题高级别独立小组（HIPPO）在其报告中要求突出联合国维持和平特派团中妇女军事和警察人员的重要性，"最近的维和实践证明，女性工作人员在赢得地方社区中妇女和女童的信任中至关重要，（她们）更能理解和发现妇女和女童的特殊保护需求并量身定做和平行动的对策"。对此，给了针对性建议，"部队和警察派遣国应实施关于安理会第 1325（2000）号决议的国家行动计划或制订此类计划，并加倍努力，增加在国家安全部门任职的妇女人数。秘书处应探索报销补贴在内的激励措施，制定注意到性别问题的部队和警察组建战略，处理女性军警人员的征聘、留用和晋升问题"。[2] 作为对策，秘书长应继续任命更多来自联合国组织内部和外部的妇女担任特派团高级领导职位，并对阻碍妇女在 P-5、D-1 和 D-2 以上职等受聘和获得专业发展的各种障碍和结构性因素进行审查，支持在职女性

1.《秘书长关于妇女、和平与安全的报告》，S/2018/900，https://digitallibrary.un.org/record/1648965/files/S_2018_900-ZH.pdf，最后访问日期：2020 年 3 月 29 日。

2.《和平行动问题高级别独立小组的报告》，A/70/95-S/2015/446，https://www.un.org/en/ga/search/view_doc.asp?symbol=S/2015/446&Lang=C，最后访问日期：2020 年 2 月 20 日。

工作人员内部晋升，包括提供辅导方案和征聘新的女性工作人员。此外，秘书长还应扩大女性和男性在特派团高级领导一级的地域代表性。

2. 为维和人员提供培训

维和行动部将性别观点纳入为部队和警察派遣国准备的所有培训模块。政策、评价和培训司（Division of Policy，Evaluation and Training）为民警和军事部门提供的培训计划主要包括：告知维和人员男女关系及性别角色和职责如何受冲突经历影响；帮助维和人员掌握识别东道国男女的不同需求、能力和期望的基本技能；使维和人员了解其行动对性别的影响。2003 年，维和行动部编制了提高社会性别意识的培训材料，用于对军事和民警人员进行部署前培训和任职培训。2004 年，维和行动部编制了一份供维持和平行动使用的性别平等资源包，用以在多层面维持和平行动的各个职能领域提供关于性别平等问题的指导。2006 年，维和行动部制订了维持和平行动中执行第 1325（2000）号决议的计划。联合国提高妇女地位国际研究训练所（INSTKAW）对多个维持和平行动的文职人员进行了关于妇女和儿童的培训。[1] 根据 1325 号决议要求，维和人员还在上岗培训中接受了与性别问题相关的艾滋病毒 / 艾滋病的培训，所有维和行动均设立了艾滋病毒 / 艾滋病协调点或顾问，许多行动还提供志愿咨询和检测设施。2004 年 6 月，联合国艾滋病毒 / 艾滋病联合规划署（艾滋病署）和维和行动部在海地进行了一次联合访问，在主要的维持和平特遣队抵达之前设计了有关艾滋病毒 / 艾滋病的方案，为今后的行动确立了一个重要的参照。

1.《秘书长关于妇女、和平与安全的报告》，S/2010/498，https://digitallibrary.un.org/record/691952/files/S_2010_498–ZH.pdf，最后访问日期：2020 年 4 月 19 日。

3.与区域性国际组织及民间社会合作

联合国各机构特别注重与民间社会，尤其是当地妇女团体和网络的合作。事实上，1325号决议本身就被称为唯一一项"几乎全部由民间社会完成基础工作、外交和游说、起草和修改工作"的安理会决议。[1]联合国积极支持和促进妇女团体和网络在正式和非正式和平进程中的活动，其利用庞大的关系网和既有经验，可以与冲突方建立对话机制，确定冲突的根本原因，预防冲突进一步恶化。在正式协商机制被削弱或破坏的国家和地区，妇女间的亲密的社区和家庭网络能够帮助联系、协调各冲突方参与和平对话。秘书长在其2002年的《关于妇女、和平与安全的报告》中指出，非正式和平进程中的妇女团体面临的最大限制是资金短缺，其次是领导力培训和技能训练项目的不足。因此，为进一步加强与妇女团体和网络的关系，秘书长承诺建立一个包括两性平等问题专家及冲突国家和地区的妇女团体的网络数据库，并鼓励会员国、捐助者和民间社会为妇女团体和网络提供财政、政治和技术援助。[2]许多联合国机构，如提高妇女地位司（DAW）、联合国非洲经济委员会（ECA）、联合国开发计划署（UNDP）和联合国妇女发展基金（UNIFEM）等也通过为冲突地区妇女提供培训机会，促进妇女参与正式和平进程。它们为马诺河妇女和平网络、非洲妇女和平与发展委员会等妇女和平团体提供了冲突解决和谈判技巧的能力建设方面的支持，提高了这些妇女团体和组织参与和领导正式和平谈判的能力。

在维和行动的过程中，联合国还与非洲联盟（AU）以及西非国家经济共

1.《关于第1325（2000）号决议执行情况的全球研究》，https://www.peacewomen.org/sites/default/files/UNW-GLOBAL-STUDY-1325-2015%20.pdf，最后访问日期：2020年3月29日。

2.《秘书长关于妇女、和平与安全的报告》，S/2002/1154，https://www.un.org/womenwatch/osagi/wps/sg2002.htm#S/2002/1154，最后访问日期：2020年3月29日。

同体（ECOWAS）等区域组织和会员国组织建立伙伴关系。在非洲，非盟和西非经共体这样的区域、次区域组织在维和行动上有政治、经济、地理以及文化上的天然优势，并且随着其军事和组织实力的发展壮大，日益形成了自己的和平与安全架构，如非盟和平与安全架构（AUPSA），它们在维护地区稳定上有望逐渐取代联合国维和行动的作用。

二　促进联合国系统内部的性别平等

（一）建立联合国系统内部性别领导和合作机制

联合国妇女署是联合国妇女、和平与安全事业的领导者与协调者，其全称为联合国促进性别平等和增强妇女权能署（UN Entity for Gender Equality and the Empowerment of Women）。其在2010年7月经联合国大会投票由四个关注性别平等的联合国办事处合并而成，分别是1946年成立的经社事务部提高妇女地位司、1976年成立的提高妇女地位国际研究训练所、1976年成立的联合国妇女发展基金以及1997年成立的性别问题和提高妇女地位特别顾问办公室（Office of the Special Adviser on Gender Issues and Advancement of Women, OSAGI）。联合国妇女署负责以下事务：支持妇女地位委员会等政府间机构制定政策、全球标准和准则；帮助会员国实施这些标准，为有需要的国家提供技术与资金援助，并与民间社会合作；促使联合国系统对性别平等的承诺负责，包括有规律地监控系统内部取得的进展。

在原有妇女问题的部门联络人制度基础上，为了进一步推动各部门在性别平等方面进行协调与合作，"妇女和两性平等机构间网络"应运而生，覆盖了25个联合国内部机构，并由联合国妇女署负责管理。为了协调所有行动者合作执行安理会关于"妇女、和平与安全"的1325号决议，2001年2月，妇女和两性平等机构间网络成立了"妇女、和平与安全"问题机构间工作队（Interagency Taskforce on Women，Peace and Security），由性别问题和提高妇女地位问题特别顾问担任主席。成立初期，工作队着重筹备秘书长2002年关于妇女、和平与安全的研究报告以及提交安理会的有关报告。随着决议执行的不断深化，对政策和规划改进、协调和监督的需求日益增长，工作队的工作内容和影响力也在扩大。从2002年到2008年，工作队进行了一系列活动，包括：协助编写秘书长关于妇女、和平与安全的报告；编写了与安理会关于妇女、和平与安全的公开辩论有关的宣传材料；协调了安理会和评估团编写情况介绍和清单的工作，支持性别问题顾问的加入；并从性别角度权衡了安理会的工作和联合国关于妇女、和平与安全的资源配置。工作队还应安理会的要求，在制定执行安理会1325号决议的指标以及制定战略成果框架以指导联合国执行该决议方面发挥了作用。

2011年6月，工作队改设为妇女、和平与安全问题常设委员会，以适应不断增长的系统性需求。妇女、和平与安全常设委员会（Standing Committee on Women，Peace and Security）的工作机制十分灵活。委员会成员每季度根据需要开会一次，在会议间隔期间则通过网上咨询和设立特定问题次级工作组推进工作，例如分别于2009年和2010年成立关于执行1325号决议指标和战略成果框架的次级工作组。尽管整个常设委员会由联合国妇女署主持，但次级工作组可以根据不同的任务由不同的联合国实体主持。它还与联合国行动（UN Action）等其他协调机制进行协作并交换信息。

（二）联合国全系统行动计划

鉴于正在进行的妇女、和平与安全活动数量大、分布广，在早期就需要更有效地协调执行 1325 号决议。秘书长在其 2004 年的"妇女、和平与安全"报告中表示将制订一项全系统战略行动计划以提高联合国系统对预防冲突中性别问题的敏感度，并特别强调监测和报告机制。安理会在其 2004 年 10 月 28 日主席声明（S/PRST/2004/40）中也明确要求秘书长在 2005 年提交关于执行 1325 号决议的联合国全系统行动计划，加强最高级别的承诺和问责，以便改进联合国系统内关于执行工作的问责、监测和报告进展工作。性别问题和提高妇女地位特别顾问办公室在协调拟订联合国全系统行动计划和后续执行审查方面一直发挥着关键作用。

2005～2007 年的第一份关于执行 1325 号决议的联合国全系统行动计划由特别顾问办公室与会员国和非政府组织合作，由机构间妇女、和平与安全工作队编写，目的在于让联合国系统 34 个实体的执行工作更加协调。联合国各实体按照计划内容，以一致有效的方式制订具体战略、行动和方案，从而增强妇女在和平与安全领域的作用。行动计划的另一个目的是确保联合国系统更有效地支持会员国以及国家和区域一级执行 1325 号决议的努力，加强联合国最高级别的承诺和问责及机构间的合作。

尽管预期联合国全系统行动计划会使联合国系统在冲突地区妇女赋权方面做出更大贡献，但其结果令人失望。在 2006 年《关于妇女、和平与安全的秘书长报告》（S/2006/770）对 2005 年全系统行动计划审查时，受访者几乎一致认为引进联合国全系统行动计划几乎没有改进联合国系统内妇女、和平与安全工作的协调。重新构思后的《2008—2009 年全系统行动计划》则被评价更像是活动清单，而不是被期望达到的战略规划工具，因为它尤其侧重各项活动的汇编和报告，而不是协调各机构、监测执行情况与评估成果。行动计划的若干问题暴露出联合国系统在执行1325号决议方面各自为政、对全系统行动计划的重视度和资源投入不足的根本缺陷。因此，秘书长在报告（S/2010/498）中指出联合国有必要制定一个更全面和协调一致的战略，其中包括适当的监测和报告框架以及供国家和区域办事处进行协调和沟通的渠道。

2012年，在联合国妇女署、联合国经济及社会理事会等机构的支持下，联合国通过了具有里程碑意义的《全系统性别平等和增强妇女权能行动计划》（UN System-Wide Action Plan on Gender Equality and the Empowerment of Women，以下简称《行动计划》）。妇女署负责协调和促进《行动计划》的开发、改进和实施。《行动计划》围绕6个战略领域（问责制、基于结果的管理、监督、人力和财政资源、能力和一致性、知识和信息管理）设置了15个绩效指标，每个绩效指标使用五点等级量表，统一了衡量及监测的标准，从而建立起了有效的绩效监测和问责框架。截至2017年底，有66个报告实体（其中32个是联合国秘书处各部、厅和区域委员会）根据妇女署发布的技术说明中的要求每年提供评级。[1]该计划成功使性别问题有系统和可衡量地被纳入联合国系统各实体所有主要机构职能的主流，是联合国性别主流化和促进性别平等和妇女赋权工作上的重大进步。

（三）联合国系统内部性别均等战略

自联合国成立以来，在联合国内部，尤其是决策层实现性别均等一直是联合国历任秘书长关于妇女问题的重要工作内容和目标。1995年，《北京宣言》和《行动纲领》确立了在联合国专业及专业以上职类实现50∶50的性别

1.《审查联合国全系统性别平等和增强妇女权能行动计划》，https://www.unjiu.org/sites/www.unjiu.org/files/jiu_rep_2019_2_chinese.pdf，最后访问日期：2020年4月23日。

比率目标。《行动纲领》要求监测秘书长提出的在 2000 年前让妇女担任 50% 的管理和决策职位的目标的进展情况。1996 年的第五十届联合国大会也通过了提高秘书处妇女地位的决议（A/RES/50/164），确立了在联合国各级职位，特别是"管理和决策职位"达到男女任职比率为 50：50 的男女均衡的目标。一直以来，决议的总体执行进度缓慢，且实现性别均等的努力主要集中在专业及专业以上职类，忽视妇女在较低的服务职等代表性偏低的情况。截至 2015 年 12 月 31 日，妇女在联合国系统专业及专业以上职类占比为 42.8%，其中初始职等 P–1 和 P–2 的妇女比例最高，都超过了 50%，与 2014 年相比升幅也最大（P–1、P–2 分别提高了 5% 和 1%），但在最高职等中妇女仅占 27.3%，与前一年相比升幅变动在 1 个百分点以内，且在 2005～2015 年出现反复徘徊和倒退。[1]2017 年初，在由副秘书长和助理秘书长级官员组成的高级领导层中，女性占 29%，男性占 71%。[2] 与联合国总部相比，非总部地点妇女任职人数更少，妇女任职情况的地域差异大。综上可见，联合国在实现性别均等方面仍然面临重大挑战。

2017 年，秘书长古特雷斯（António Guterres）就职时承诺到 2021 年底在包括副秘书长、助理秘书长、秘书长特别代表和特使在内的高级领导层实现性别均等，并在 2030 年前若干年实现整个联合国的性别均等。为落实这项承诺，2017 年 1 月，性别均等问题被列为执行委员会第一次会议的议程，秘书长召集近 40 家联合国实体组建了联合国系统性别均等和平等问题工作队，共同制定了《全系统

1.《秘书长关于提高联合国系统中妇女的地位的报告》，A/72/220，https://digitallibrary.un.org/record/1301303/files/A_72_220–ZH.pdf，最后访问日期：2020 年 3 月 29 日。

2.《全系统性别均等战略》，https://www.un.org/gender/sites/www.un.org.gender/files/system–wide_gender_parity_strategy_c.pdf，最后访问日期：2020 年 3 月 29 日。

性别均等战略》并计划分阶段实现目标，即在2026年前基本实现所有级别的性别均等，少数变革难度较大的部分在2028年全面实现性别均等。在具体实施方面，工作队首先要求每个级别以及每个秘书处部门和联合国实体通过计算其与均等的差距确定性别均等年度目标。这个举措也有利于解决妇女职位地域不平衡的问题。在监测和数据收集方面，工作队支持利用技术手段开发追踪员工组成的公共网站的分析软件，以便系统监测和分析各实体的目标进展。为保障执行力度，战略特别注重建立高级领导问责制，性别均等被强制纳入所有级别高级工作人员的绩效考评中，表现良好的部门还会得到奖励。工作队还采取了一些涉及选拔、任用与晋升的特殊措施，保障妇女平等参与候选和获得任用及晋升的机会，并在时间灵活性和工作机会上为女性候选人提供了更大的政策倾斜。全系统性别均等战略为秘书处高级人员和维和行动工作人员的甄选和任命提出了更具有针对性的行动建议，包括增加高级申请人数据库中的女性人数、建立和维护一个内部女性高级人才后备库、注重政策的可持续性、通过媒体宣传联合国作为在危机国家中发挥带头作用的雇主的形象等。

据秘书长报告[1]，2018年，秘书处高级管理小组和维和行动驻地协调员都实现了两性均等目标，性别均等战略正在联合国各实体和维和行动内部紧张有序推进。

（四）1325号决议的后续监测与评价

1325号决议吁请秘书长提交一份关于"武装冲突对妇女和女童的影响、妇

1.《秘书长关于妇女、和平与安全的报告》，S/2018/900，https://digitallibrary.un.org/record/1648965/files/S_2018_900-ZH.pdf，最后访问日期：2020年3月29日。

女在建设和平中的作用以及和平进程和解决冲突涉及的性别平等问题"的报告。2002 年，秘书长向安理会提交了这份题为"妇女、和平与安全"的报告（S/2002/1154）。这份研究报告由联合国妇女、和平与安全问题机构间工作队撰写并借鉴了前人的研究成果，内容侧重于联合国系统应对武装冲突的对策。除了应安理会要求提供关于武装冲突和建设和平涉及的性别平等问题的信息之外，这份报告（共七章）还在每一章结束时提出了一系列专题建议——每章至多 19 项建议，旨在改善 1325 号决议在联合国系统内部的落实情况。

自 2004 年以来，秘书长还向安理会提交了妇女、和平与安全事务年度报告。这些报告主要是对关键问题领域进行评估，也就是所谓的妇女、和平与安全议程的"核心问题"：预防、保护参与、救济与恢复。每份报告不仅向安理会全面概述了落实妇女、和平与安全议程的成效、差距和挑战，还针对安理会、其他联合国机构和会员国提出了诸多建议。安理会接连在 2004 年及 2005 年的主席声明中呼吁会员国采取制订国家行动计划及其他国家策略等方法执行决议。1325 号决议的后续决议（如 1889 号决议）也督促各国尽快制订国家行动计划。截至 2020 年 1 月，已有 83 个国家制订了国家行动计划，占联合国全部会员国的 43%。[1]1889（2009）号决议还请求秘书长制订监测 1325 号决议执行的指标体系，以确保 1325 号决议执行方面的问责。

2010 年，在纪念联合国安理会 1325 号决议提出十周年时，安理会在主席声明（S/PRST/2010/22）中要求联合国秘书长提出一项战略框架，以有效监测、协调和促进 1325 号决议在接下来十年中的全面执行。2011 年，秘书长提

---

1. "Member States," https://www.peacewomen.org/member-states，最后访问日期：2020 年 2 月 18 日。

出了《联合国2011—2020年妇女、和平与安全战略成果框架》。该框架由议程的四个行动方向组成：预防——预防冲突和冲突后国家中对妇女和女童的一切形式暴力；参与——促进在国家、区域和国际各级和平与安全的决策过程中女性和男性平等参与及性别平等；保护——在冲突和冲突后重建中保护和促进妇女和女童的权利；救济和恢复——满足妇女和女童的特殊救济需要，并增强妇女在冲突和冲突后局势中担任救济和恢复代理人的能力。作为联合国系统内执行妇女、和平与安全议程的关键框架，该框架为联合国各实体促进执行议程的行动提供了共同愿景。

2015年是执行1325号决议的第15年，联合国针对国际和平与安全、和平行动与建设和平架构以及妇女、和平与安全问题开展了三项高级别审查，分别由维和行动问题高级别独立审查小组、2015年联合国建设和平架构审查专家咨询小组以及执行安理会1325号决议问题全球研究高级别咨询小组负责审查工作。审查结果一致确认并重申了增强女性权能和实现性别平等对维护国际和平与安全至关重要，并为1325号决议的下一步实施提出了新建议。为了回应安理会2122号决议中对秘书长审议1325号决议15年来的落实情况的请求，联合国秘书长邀请女性暴力特别报告官拉迪卡·库玛拉斯瓦米（Ms. Radhika Coomaraswamy）主持编写了题为《预防冲突、转化司法、实现和平》的联合国安理会1325号决议执行情况全球研究报告。

第二章 妇女在建设和平中的领导作用：联合国安理会第1889号决议的发展与执行

2009年10月5日，联合国安理会第6196次会议通过了第1889（2009）号决议（以下简称"1889号决议"）。1889号决议主要是对过往决议内容的强调、补充和细化，对妇女全方位参与和平进程，尤其是建设和平，提出了更详细的要求和发展建议。1889号决议的核心是促进妇女在建设和平中的参与和领导。建设和平（Peacebuilding）一词在1325（2000）号决议中出现3次，但在1889号决议中出现了18次，其重要性可见一斑。决议强调妇女在冲突后和平恢复和重建过程中的重要角色及特殊需求，试图解决妇女被排斥在和平恢复和重建过程之外以及缺少资金和计划支持的问题。它呼吁增加争端解决机制决策层中的妇女数量，要求秘书长开发出一套在联合国系统及会员国内部衡量1325号决议执行情况的指标体系。

本章将结合1889号决议，重点阐述妇女在建设和平进程中的领导作用。

第一节　内容的演进

一　妇女参与的主要障碍与挑战

第一，1889号决议指出，旨在促进妇女参与公共决策的倡议和方案仍面临以下阻碍：妇女在和平进程的所有阶段代表人数不足，尤其是调解进程中担任正式角色的妇女人数极少，因此必须确保适当任命妇女担任决策层高级调解人和调解小组成员。自1325号决议执行以来，妇女参与国家和国际最高决策层的实际情况已有改善，在各级决策机构实现性别平衡已成为普遍共识，但是法律上的平等和事实上的平等之间仍然存在很大的差距，妇女在政治、经济、新闻、预防冲突、解决冲突和建设和平等各方面决策机构的任职比重仍没有达到均等目标，这种情况严重妨碍了将性别观点纳入这些关系重大的领域。在武装冲突期间和冲突后，妇女仍然被视为受害者，而不是处理和解决武装冲突的行动者。联合国妇女发展基金抽样审查1992～2009年21个主要和平进程后发现，在11个有资料可查的情况中，妇女参加谈判代表团的平均比例是7.6%，在联合国支持的和平谈判中，几乎没有妇女被指派为首席和平调解人。[1]在武装冲突中及冲突后保护妇女固然重要，但除了保护措施外，各行动体还应促进妇女参与解决武装冲突，保障她们参与建设和平的基本权利。

第二，妇女在充分参与预防和解决冲突以及冲突后的公共生活方面面临各种障碍，容易处于社会边缘地位。在重建初期，由于武装冲突破坏了原有的社

1.《秘书长关于妇女、和平与安全的报告》，S/2009/465，https://digitallibrary.un.org/record/665996/files/S_2009_465-ZH.pdf，最后访问日期：2020年4月22日。

会经济结构，所以妇女首先要面临的是重新谋求生计的问题，而不是参与政治或建设和平的进程。根据决议内容，阻碍妇女参与解决冲突和建设和平的社会因素可分为以下几个方面：在文化习俗方面，传统性别观念限制了妇女在教育和职业方面的选择，迫使她们担负起家庭重任，此外，与前武装分子发生关系而育有子女的妇女、遭受过性暴力的妇女和女童往往会遭受到严重的歧视与污名化，她们的基本生活来源更难得到保障，参政的希望也更加渺茫；在社会经济方面，妇女的受教育水平低、贫穷和沉重的家庭负担也会使妇女与决策进程无缘；在社会治安方面，针对妇女的暴力和恫吓、对妇女的极端主义做法在武装冲突结束后还会长期存在，由于有效的法治和稳定的社会治安需要时间建立和巩固，因此妇女作为受害者往往处于求救无门的窘境。

第三，妇女和女童在冲突后的特殊需要不被重视。1325 号决议早已指出妇女是武装冲突的主要受害者，尤其是对被迫成为难民后流离失所的妇女和女童来说，她们面临的生存环境更加艰难，因此应继续加强对她们的保护，对她们的特殊需求做出迅速反应和有效安排。决议指出，妇女和女童在冲突后重建初期的主要特殊需求包括：人身安全、生存权、土地和财产权、就业机会、保障生殖健康和精神健康的医疗服务等基本社会服务以及在冲突后建设和平初期参与决策和冲突后规划的权利。在经济恢复中为妇女提供资金支持对妇女赋权和性别平等至关重要，可以有效推动冲突后建设和平。

二 关于妇女参与的下一步行动计划

（一）建设和平中的妇女参与

1325 号决议通过后，秘书长努力增加妇女在联合国内部，特别是在维和行动中担任高级职位的人数，任命了更多妇女担任联合国特派团高级职务。

截至2009年7月，有3名妇女担任特派团团长（来自尼泊尔、利比里亚和中非共和国），还有6名妇女担任特派团副团长（来自布隆迪、乍得、刚果民主共和国、黎巴嫩、利比里亚和苏丹）。2009年7月，仅在维持和平行动部的特派团里，就有5名妇女担任副秘书长级和助理秘书长级的职位，还有20多名妇女担任D-2和D-1两级的职位。在外地特派团中担任重要领导职务的妇女的总比例从2007年的13%增加到2009年的16%。[1]但这一人数比例还远没有达到性别平等的目标。因此在1325号决议的基础上，1889号决议继续要求秘书长增加参与联合国和平行动[2]的妇女人数。秘书长必须制定战略，提供培训项目，以增加代他斡旋，特别是担任特别代表和特使的妇女人数。

会员国、国际与区域组织和民间个人及团体需要共同采取措施促进妇女进一步参与和平进程的各个阶段，帮助她们在和平重建初期参与政治和经济决策。对此，各行为体应确保妇女赋权被纳入冲突后需求评估和规划工作中，并准备充足的资金和项目方案，以培养妇女的领导才能，提高其参政议政能力，消除社会对女性平等参与能力的贬低和偏见。决议还强调有必要对这些用于解决冲突后妇女特殊需求的资金和方案形成透明的追踪分析机制。

具有包容性、参与性的本土化进程对于建设和平必不可少。要推动妇女参与战后重建，必然要对当地的政治文化、历史传统等有清晰的认知。作为外来者，联合国和平行动人员有必要与当地居民和社区团体建立亲密联系，为当地的妇女和平建设者提供资金和支持。通过与包括妇女组织在内的民间

1.《秘书长关于妇女、和平与安全的报告》，S/2009/465，https://digitallibrary.un.org/record/665996/files/S_2009_465-ZH.pdf，最后访问日期：2020年4月22日。

2. 和平行动包括政治特派团、建设和平特派团和维和行动。

组织协商合作，结束冲突状态的国家可以查明妇女和女童的特殊需求和优先事项，针对她们的需求制定战略，具体做法包括：提供受教育机会、增加妇女收入、保障基本服务（尤其是包括性健康和生殖健康、生殖权利和心理健康在内的医疗服务）、在执法时顾及两性平等因素、建立临时性司法和安全机构以及通过能力建设提高妇女在各级机构参与公共决策的能力等。会员国、联合国各机构和包括非政府组织在内的民间社会应同心协力，确保妇女和女童平等接受教育，为她们参与冲突后决策做准备。

联合国建设和平委员会（Peacebuilding Commission）和建设和平支助办公室（Peacebuilding Support Office）的工作重点是鼓励妇女全面参与建设和平，同时继续将性别平等和妇女赋权作为冲突后建设和平的重要组成部分。2005年12月成立的建设和平委员会与随之成立的建设和平支助办公室、建设和平基金（Peacebuilding Fund）共同组成了联合国建设和平架构。其中，建设和平委员会最为核心，名义上作为联合国政府间咨询机构，但实际上起着建设和平领域的决策机构的作用。它旨在为冲突后国家建设和平与复原工作提供咨询意见与综合战略，并协调联合国内外各相关行为体推动建设和平事业的顺利进行。建设和平支助办公室是执行机构，它的日常工作是协助和支持建设和平委员会，管理建设和平基金以及帮助秘书长协调各联合国机构开展建设和平工作。建设和平基金于2006年成立，可资助各类建设和平措施，帮助冲突后国家维持和平，避免重新陷入冲突中。该基金由联合国开发计划署运营，安理会及建设和平委员会参与管理，并由建设和平支助办公室监测其使用情况。

（二）社会性别主流化

在1325号决议的基础上，1889号决议继续督促各方在所有的冲突后建设和平和复原工作中确保"性别主流化"观点，将性别观点纳入司法和安全部门改革、解除武装、复员和重返社会进程和经济复苏中。联合国之所以非常重视建设和平中的妇女、和平与安全问题，是因为建设和平时期是冲突后国家和地区改造社会、实现性别平等的上好时机，使它们有机会重新建立保证妇女参与和满足妇女和女童的特殊需求的政治、经济及法治体系。

对此，联合国秘书长需要增加联合国特派团内性别顾问和妇女保护顾问的任职比重。设立性别顾问、妇女保护顾问和专门的性别部门是将性别意识主流化纳入和平行动的优先事项。性别顾问可以将性别观点纳入培训和维持和平行动的机制，例如为女性维和军官提供培训。妇女保护顾问一职最初为执行1888号和1889号决议而设，负责将预防和打击冲突中的性暴力纳入特派团的实施计划。为了促进冲突后两性平等与妇女赋权工作，他们与联合国国家工作队合作，提供技术援助，改进协调工作，以满足妇女和女童在冲突后恢复方面的需求。会员国、联合国机构、捐助方和民间社会需要确保在冲突后需求评估、规划以及其后资金发放和项目活动中考虑到妇女赋权的问题，包括以具有透明度的方式分析和跟踪用于解决冲突后妇女需求的拨款。

安全部门改革和前战斗人员的复员和重返社会是建设和平进程的关键步骤，有助于冲突后国家稳定局势，为长期的恢复和发展打下基础。在武装冲突中，警察和武装部门往往是暴力施加者和恫吓者，民众对其缺乏信任感。武装冲突后的政府要重新树立起国家安全机构的威信，民主、透明、高效的安全部门改革必不可少，这是国家安全机构重新获取民众信任的关键。国家司法机构和安全机构必须在立法、执法、司法中制定具体性别策略，才能充分满足妇女和女童的需求。首先，让施害者逍遥法外不仅会严重打击平民向国家机构寻求司法帮助的信心，使受害者被边缘化，还会使施暴人员更加有恃无恐，为社会治安埋下隐患，因此国家必须有罪必罚，起诉在武装冲突中侵害妇女和女童的行为，让施害者得到应有的惩罚。其次，应做好预防与安置工作，包括加强对妇女和女童人身安全的保护、确保妇女和女童拥有受教育的权利、为受到过伤害的妇女和女童提供性健康、生殖健康和心理健康在内的医疗服务并帮助她们改善生活来源、重新融入社会等。在前战斗人员复员和重返社会的方案中，各行动方都应考虑到与武装部队和武装力量有联系的妇女和女童及妇女子女的特殊需要。赔偿和复员方案的充分救助是确保妇女和女童安全的关键要素之一。

冲突中的各方有义务遵守与妇女和女童的权利和保护相关的国际法，停止在武装冲突中和冲突后侵害妇女和女童的行为。武装冲突各方还应尊重难民营和安置点的平民和人道主义性质，并确保居住在难民营的所有平民，特别是妇女和女童，免遭包括强奸和其他性暴力在内的一切形式的暴力侵害，并确保人道主义援助安全、及时、充分地被送达。

（三）资料收集与指标制定

秘书长需要从各会员国、联合国相关机构与民间社会等处收集有关武装冲突中妇女和女童的需求的资料和数据，并对这些资料和数据进行系统分析和评估，以便各行动方在日后对这些需求做出更加有效和系统的反应。资料内容主要包括：武装冲突对妇女和女童的影响、妇女和女童在冲突后的特殊需求和满足这些需求所遇到的障碍。数据内容主要指妇女和女童在冲突后特殊需求的数据，如人身安全需求、参与决策和冲突后规划的数据。

决议请求秘书长制定用于监测1325号决议执行情况的全球指标，并审查

1325号决议的执行进展，评估安理会获得的1325号决议的有关信息及采取相应行动所采用的程序，给出进一步建议。决议还请求秘书长在12个月内向安理会提交一份关于妇女参与建设和平情况的报告，介绍妇女如何参与冲突后建设和平和规划工作。

第二节　执行措施

一　建设和平中的妇女赋权与性别平等

（一）联合国建设和平架构

1992年，题为《关于和平纲领的秘书长报告》提出，建设和平必须包括"确定并支持有助于巩固和平和促进人民相互信任和福祉的机制的全面努力"，具体行动包括"通过停止内战的和平协定、解除前交战方武装、重建秩序、收缴并尽可能地销毁武器、遣返难民、向安全人员提供咨询和培训、监督选举、加强人权保护、改革或加强政府机构力量、推进正式和非正式的政治参与进程"。[1] 这是联合国首次正式采用"建设和平"一词，此时的"建设和平"被看作建立和维持和平行动的后续行动，主要关注对象是刚刚摆脱武装冲突的国家。随着时间变化，这一概念的内容更加丰富，但尚无统一定义。在如今的联合国官方文件中[2]，建设和平一般指在冲突结束前后建立冲突预防和解决

1.《关于和平纲领的秘书长报告》，A/47/277–S/24111，https://undocs.org/zh/A/47/277，最后访问日期：2020年4月20日。

2. 联合国安理会：《秘书长关于冲突结束后立即建设和平的报告》，http://undocs.org/zh/A/63/881，最后访问日期：2020年3月29日。

机制、保持和平、实现和平和提供人道主义及发展援助的行动。值得注意的是，1889 号决议中的建设和平概念相对狭窄，仅指冲突后的建设和平，随后被证明不符合建设和平实践的要求。

尽管联合国建设和平架构通常被认为由建设和平委员会、建设和平支助办公室和建设和平基金组成，但 2015 年联合国建设和平架构审查专家咨询小组的报告指出，"联合国建设和平架构不应被理解为只限于建设和平委员会、建设和平基金和建设和平支助办公室。联合国建设和平机制具有系统性缺陷。这些缺陷产生于对建设和平性质的普遍误解，甚至产生于对联合国的'竖井'式割裂"[1]。

建设和平委员会是首个通过性别战略的联合国政府间合作机构。其性别战略的形成经过了两个阶段：第一个阶段用于收集现有知识、实践和教训以及推广合作国家的成功经验；第二个阶段是在第一个阶段的资料、分析成果和维持和平概念的基础上，制定全面战略。性别战略要求该委员会将性别观点融入其参与的所有国家相关主题和战略中。征求对象国同意后，建设和平委员会将在其参与的所有国家性、地区性主题方案和规划中增加性别分析以及确立性别优先行动领域。这些领域包括：建设和平、调解进程与冲突预防；良好治理与领导；法治；安全机构改革与复员、裁军和重返社会中的性别平等；经济赋权；妇女康复方案和保护策略（通过心理辅导和重新融入社会方

1.《建设和平架构审查专家咨询小组的报告》，A/69/968-S/2015/490，https://digitallibrary.un.org/record/798480/files/A_69_968_S_2015_490-ZH.pdf，最后访问日期：2020 年 4 月 20 日。

案帮助遭受冲突中性暴力的女性）；提供基础设施和公共服务。[1]此外还鼓励男性参与促进性别平等和妇女参与的提案及培训。在追踪执行方面，委员会设立了会员国性别问题联络人并将性别战略实施情况纳入年度报告中。在实地行动中，委员会在所有特派团行动准则中加入促进性别平等和妇女赋权等相关条款以促进系统协调、信息共享。在资源和专业技能领域，委员会还积极倡导在联合国实体、合作国家组织和联合国国家工作队内设置性别专家，鼓励各方为性别相关建设提供专门资金。

建设和平基金通过支持和鼓励有针对性的干预措施和将性别观点纳入主流的项目促进性别平等和妇女赋权。它要求所有项目都应在冲突分析中采取性别观点，并尽可能按性别和年龄分列数据和指标。自2009年以来，基金一直使用"性别标记"（Gender Mark）系统跟踪其对促进性别平等和增强妇女权能的项目的财政拨款，即利用性别标记量表对项目在冲突分析、执行活动、结果框架和预算四个领域的表现进行排名和评价，并定期向会员国、捐助者和合作伙伴报告结果。2011年，建设和平基金通过首个性别促进倡议（Gender Promotion Initiative）对性别平等和妇女赋权项目进行专项援助，以帮助实现秘书长2010年提出的"将至少15%的联合国管理资金用于支持建设和平项目"[2]的承诺。通过这一倡议，基金为危地马拉、几内亚、几内亚比绍、尼泊尔、塞拉利昂、南苏丹、苏丹和乌干达这8个国家提供了610万美元的援

---

1. Peacebuilding Commission's Gender Strategy，https://www.un.org/peacebuilding/sites/www.un.org.peacebuilding/files/documents/07092016–_pbc_gender_strategy_final_1.pdf，最后访问日期：2020年4月20日。

2.《秘书长关于妇女参与建设和平的报告》，A/65/354–S/2010/466，https://digitallibrary.un.org/record/691385/files/A_65_354_S_2010_466–ZH.pdf，最后访问日期：2020年4月18日。

助。[1]2015年，建设和平基金成为首个也是唯一一个实现将资金的15%用于性别平等和增强妇女权能的联合国实体。在建设和平基金的示范作用下，越来越多的国家将建设和平拨款用于促进妇女赋权和性别平等。危地马拉、吉尔吉斯斯坦和斯里兰卡已将超过30%的拨款用于性别平等和增强妇女权能。[2]建设和平基金在其《2017—2019年战略计划》中重申确保所有业务纳入性别主流化是一项基本原则，并表示关于建设和平中妇女赋权和性别平等的专门项目正在增加。2018年，建设和平基金将其总预算的40%投资于与性别相关的建设和平事业，超出其在《2017—2019年战略计划》中设定的30%的目标。[3]

政治事务部（Department of Political Affairs）也是联合国建设和平架构中实地行动的主要行动方。早在1997年，政治事务部就发起设立了和平与安全执行委员会，负责处理联合国全部预防行动的问题。秘书长性别问题和提高妇女地位问题特别顾问（OSAGI）是该委员会的成员之一。2001年，该部门的《联合国建设和平行动计划》强调了妇女在建设和平实地行动中的重要作用和面临的主要威胁，该计划是当时联合国系统制定和执行建设和平战略的实际指南。行动计划还将妇女人权状况纳入人权监测中，寻求保障冲突中妇女的基本人权。2016年，政治事务部单独设立了性别平等与和平安全小组，

---

1. Secretary-General Peacebuilding Fund's Gender and Youth Promotion Initiative，http://ekois.net/wp-content/uploads/2018/05/PBF-GYPI-2018-Call-for-Applications-and-Guidance-Note_ENGLISH_FINAL_MA...pdf，最后访问日期：2020年4月20日。

2. Secretary-General Peacebuilding Fund(PBF) Strategic Plan 2017—2019，https://www.un.org/peacebuilding/sites/www.un.org.peacebuilding/files/documents/pbf_sp_2017-19_final_180327.pdf，最后访问日期：2020年4月20日。

3.《建设和平基金关于性别标记评分的指导说明》，https://www.un.org/peacebuilding/sites/www.un.org.peacebuilding/files/documents/pbf_guidance_note_on_gender_marker_scoring_2019.pdf，最后访问日期：2020年4月20日。

负责监督"妇女、和平与安全"议程的实施。为帮助各会员国和参与斡旋人员使和平进程更具包容性和性别意识,政治事务部编写了《关于在停火和和平协定中处理冲突中的性暴力问题》(2012年)及《关于性别平等和包容性调解战略的指南》(2017年)。在指南中,政治事务部为妇女作为调解小组、冲突方代表和民间社会组织的成员参与调解和斡旋提供了具体的范式,旨在促进妇女有效参与和平协定的谈判和正式制定,还为涉及性别问题的调解过程提供了切实可行的战略和工具。

维持和平部、政治事务部和外勤支助部还通过在政治与和平特派团设置性别问题顾问和妇女问题协调中心促进两性平等。性别问题顾问或妇女问题协调中心会在政治与和平特派团的实地行动中为特派团领导层、秘书长特使和特别代表提供促进妇女参与的建议和指导,使和平进程和预防机制更具有包容性的同时提醒他们在联合国政治工作中采取性别视角的必要性。特派团中的性别问题顾问也能通过平行协调机制为和平进程中的妇女团体提供咨询和进一步发展的建议。2017年,政治事务部在12个外地特派团和特使办公室委派了25名性别顾问。在和平行动部的15个维和特派团中,有9个设立了性别平等单元。此外这些单位里还有性暴力及基于性别的暴力问题顾问、军事性别问题顾问等。[1]

2019年1月,由秘书长和平与安全支柱改革重组后新成立的政治和建设和平事务部(Department of Political and Peacebuilding Affairs)综合了原政治事务部和建设和平支助办公室在研究政治战略、行动和建设和平方面的职责,是目前联合国研究全球政治及建设和平的核心部门。它管理着所有的政治特派团、秘书长特使

1.《秘书长关于妇女、和平与安全的报告》,S/2018/900,https://digitallibrary.un.org/record/1648965/files/S_2018_900–ZH.pdf,最后访问日期:2020年3月29日。

和特别代表等，他们需要在实地行动中担任政治中介、提供斡旋、危机管理和保护新生的民主体制。目前该部门由原政治事务副秘书长罗斯玛丽·安妮·迪卡洛（Rosemary A. DiCarlo，女，美国人）和三名男性助理秘书长主管。

（二）两次建设和平架构审查

自 2005 年建设和平架构成立以来，联合国分别于 2010 年（A/64/868-S/2010/393）和 2015 年（A/69/968-S/2015/490）对其进行了两次审查。第一个五年期审查发现建立和平在联合国优先事项中的地位有限，建设和平委员会、建设和平基金和建设和平支助办公室也没有在联合国系统发挥足够大的影响力，因此联合国重新承诺将以建设和平作为联合国的核心工作，并对建设和平架构的改善提出若干详细建议。2015 年建设和平架构审查重点提出了"维护和平"（Sustaining Peace）的概念，概述了从根本上影响联合国开展建设和平方式的不断变化的全球环境，评估了联合国建设和平活动，之后在前面内容的基础上做出了最后的结论与建议。两次审查主要有以下亮点。

第一，用"维护和平"解放"建设和平"，对"建设和平"进行降级。尽管两次报告都试图纠正许多联合国会员国和实体对"建设和平"的错误偏见——认为建设和平只发生在维和行动之后和冲突刚刚结束的阶段，并指出这种按先后顺序建设和平的错误看法导致了各方对建设和平缺乏足够的重视和资源分配不足的局面，从而要求将建设和平从冲突后环境的限制中解放出来。2015 年联合国建设和平架构审查专家咨询小组在发现不断强调建设和平于事无补后，决定将建设和平降级为次要活动，转而采用了"维护和平"的目标，强调要在预防冲突、建立和平、维持和平和冲突后重建的全过程采取广泛全面的维护和平方法。"在联合国内部，应在资源、能力和组织级别中，将维护和平的工作置于高度优先地位。"[1]维护和平的目标贯穿于联合国在预防冲突、建立和平、执行和平、维持和平和冲突后恢复和重建方面开展的所有工作（其重点在预防冲突），并需要联合国秘书处、联合国各方案和专门机构以及联合国实地行动的共同参与和重视，因此能避免被归于边缘地位。

第二，联合国各实体与实地行动中各方的协调与统一。在第一次审查的基础上，审查小组意识到重新审视建设和平架构并不能解决问题，重新审视联合国建设和平系统本身才是根本。联合国各机构实体之间以及建设和平的实地行动中的割裂和各自为政现象造成了严重的效率上的浪费，因为"每个实体侧重自己的具体任务，有损统筹协调，而且缺乏顶层协调的更有力的文化。秘书处与各机构、基金和方案之间又多了一层特别的各自为政，结构性抑制甚至禁止混合或集中各自的资金流"。[2]针对这一现象，报告认为成功维护和平的关键在于将和平与安全、人权和发展的联合国三大支柱统一起来。这需要联合国安理会、联合国经济及社会理事会和联合国大会下属的人权理事会建立伙伴关系，建设和平委员会则发挥其政府间咨询机构的作用，为处理建设和平问题提供建议和信息，协调联合国内外各行为体之间的活动。在实地行动中，特派团往往关注政治参与和防止与冲突有关的性暴力和性别暴力等范围狭窄但非常重要的问题，而联合国各国家工作队则主要关注在经济复苏和包容性参与方面制定对性别敏感的措施，两者都难以全面考虑建设和平视角，不同的筹资渠道和机构要务加剧了各自为政的局面。因此在开展具有

1.《建设和平架构审查专家咨询小组的报告》，A/69/968-S/2015/490，https://digitallibrary.un.org/record/798480/files/A_69_968_S_2015_490-ZH.pdf，最后访问日期：2010年4月21日。

2.《建设和平架构审查专家咨询小组的报告》，A/69/968-S/2015/490，https://digitallibrary.un.org/record/798480/files/A_69_968_S_2015_490-ZH.pdf，最后访问日期：2010年4月21日。

性别意识的联合国建设和平工作时，亟须加强特派团与各国家工作队之间的协调和伙伴关系。

第三，促进包容的国家自主权。第一次审查报告指出了国家掌管建设和平的必要性，建设和平只能在社区和国家内进行，联合国绝不是建设和平的领导者，而是参与者与支持者。第二次报告更进一步，提出促进包容的国家自主，即通过让不同的社会阶层、政治观点和国内行为体（包括少数群体），尤其是妇女和青年都参与维护和平，来建立起有包容性的治理制度和有凝聚力的国家。例如在民主选举的进程中，政府应在开展国家协商进程之前和协商进行期间就具体问题同当地社区进行认真协商，为国家一级的讨论搭建框架，这个进程才能够赢得公信力和民众支持。为了提高各级选举机构中的妇女代表性，联合国会采取临时特别措施（如设置选举配额、提供培训等）加强作为公民和领导人的妇女能力建设，帮助妇女参与在和平谈判桌以外的政治参与和领导。

第四，促进妇女参与。妇女作为和平使者参与和平谈判和冲突后重建对社会恢复并保持可持续性和平意义重大。推动妇女参与建设和平有利于确保实地行动中的各机构各部门充分考虑性别问题。研究表明，切实接纳民间妇女组织参与的和平协定，与没有这么做的协定相比，其得以维持的可能性至少高出50%。[1]第一次审查报告指出，尽管促进妇女组织及团体参与建设和平活动的工作取得了一定的成效，但实地行动中性别意识主流化仍未得到足够重视，妇女的作用仅限于局部，妇女意见缺乏足够影响力。在安理会通过的关

---

1. Desirée Nilsson, "Anchoring the Peace: Civil Society Actors in Peace Accords and Durable Peace," *International Interactions: Empirical and Theoretical Research in International Relations*, Vol. 38, No. 2, 2012.

于审查2015年联合国建设和平架构的决议（A/RES/70/262和S/RES/2282）中，秘书长"重申妇女在建设和平中的重要作用，注意到防止冲突、解决冲突和冲突后重建工作是否有效和能否长期持续下去与妇女是否全面、有效参与这些工作有很大的关联"，强调"妇女平等参与所有维护和促进和平与安全的工作非常重要，需要加强妇女在防止和解决冲突以及建设和平的决策过程中的作用"。[1]2010年以来，联合国在任命妇女调解人、确保妇女参与调解支持小组、鼓励妇女参加冲突各方谈判代表团以及确保妇女总体参与和平进程方面取得越来越大的进展。

二 联合国建立监测和问责框架的关键成果

（一）跟踪1325号决议执行情况的全球指标

安理会在1889号决议第17段中呼吁秘书长制定指标监督第1325号决议执行情况。作为回应，秘书长于2010年4月6日向安理会提交了报告（S/2010/173），供其审议。秘书长在该报告中列举了供全球采用的26项指标，以追踪1325号决议的执行情况。这套指标的形成源于联合国系统和国际妇女、和平与安全事业的建设者共同寻求以定性和定量的指标衡量1325号决议执行情况的努力。秘书长报告中的数据是指标的最初来源，随后各会员国在制订1325号决议的国家行动计划中对指标内容进行了丰富，使得其数量一度超过200个。2010年5月至7月，应安理会要求，秘书长广泛征求了各区域集团、会员国以及安理会专家对于指标制定的相关意见。2010年9月28日，秘书长在其向安理会提交的妇女、和平与安全的报告（S/2010/498）中对之前提

---

1. 联合国安理会：《第 2282（2016）号决议》，S/RES/2282，https://digitallibrary.un.org/record/827390/files/S_RES_2282%282016%29–ZH.pdf，最后访问日期：2020年4月22日。

出的26项指标进行了发展与完善，还在报告内载入了联合国系统内的工作方案，这些方案根据各项指标制定了实施时间表和分配了具体职责。第1325号决议全球指标问题技术工作组对26项指标进行了技术审查和制定，性别平等问题和提高妇女地位问题特别顾问办公室和妇女发展基金对指标的制定工作进行了协调。同时，针对对决议第18段的请求，报告还审查和评估了各会员国、民间社会与妇女团体以及联合国系统对1325号决议的执行进展情况，由于这部分内容与前文1325号决议的执行措施重合，此处不再赘述。

全套指标可分为预防、参与、保护、救济与恢复四个专题领域，每大类都确定了具体目标和相应指标，按类别可分为定性和定量两类。为节省篇幅，本书选取与1889号决议内容相关的指标进行介绍。

第一，在预防方面，有6个指标与1889号决议相关，具体如下。

指标1：受冲突影响国家性暴力行为的发生率。该指标是对第1889（2009）号决议第2段的回应，用于监测各会员国在预防一切形式的暴力侵害妇女和女童行为方面，特别是性暴力和基于性别的暴力方面的进展情况。计算方法为性暴力受害者人数占相关人口总数的比例。

指标2：联合国维持和平特派团和政治特派团向安理会提交的定期报告在多大程度上列有关于侵犯妇女和女童人权行为的信息。该指标是对第1889（2009）号决议第5段的回应，用于跟踪侵害妇女和女童人权的行为在定期报告中得到何种程度的关注与应对。政治事务部、维和行动部与妇女署对该指标有最终解释权。

指标3：包括人权机构报告、提及和调查侵犯妇女和女童人权行为的程度

和国家级人权机构中的妇女人数与比例，由联合国人权事务高级专员办事处
（OHCHR）负责追踪。该指标是对第1889号决议第1段和第3段的回应，用于
评估人权机构对侵犯妇女和女童人权的行为的关注度和行动成果以及国家人
权机构中妇女参与决策的情况。

指标4：维持和平特派团军事部门和警察部门负责人向维和人员发布的指
令中对妇女和女童人权的保护程度。该指标是对第1889号决议第7、8段的回
应，维和行动部将通过审查相关指令中对妇女和女童面临的安全威胁的背景
分析和已采取的措施类型（被提议和被执行措施；预防型、解决型和综合型
措施）完善指标。

指标5：安理会执行1325号决议所采取的行动数量和类型。该指标是对
第1889号决议第18、20段的回应，联合国妇女署和政治事务部负责评估安
理事会在多大程度上按1325号决议要求继续积极处理与妇女、和平与安全
有关的问题。

指标6：妇女在参与预防冲突的区域和次区域组织中担任行政职位的人数
和比例。该指标是对第1889号决议第1段的回应，用于确定妇女在预防冲突
的区域组织中的参与程度。计算方法为妇女行政人员总数乘以一百后占行政
人员总数的比例。

第二，在参与方面，有4个指标与1889号决议有关，具体如下。

指标1：和平协议中关于提高妇女和女童安全和地位的具体条款所占百分
比。该指标是对第1889号决议第1段的回应，意在确保和平谈判和和平协议
充分考虑到妇女和女童的安全问题和特殊需求。

指标2：妇女在联合国实地行动中担任高级职务的百分比。该指标是对第1889号决议第4段的回应，旨在确保妇女参与和平行动并任职于领导层的人数达到一定比例。

指标3：包括正式和平谈判中调解员、谈判员和技术专家中妇女的比重和妇女作为联合国观察员参与正式和平谈判始终的情况。该指标是对第1889号决议第1段的回应。政治事务部致力于确保妇女和妇女团体参与实现和平进程。

指标4：在议会席位和部长级职位中妇女所占比重。该指标是对第1889号决议第1段的回应，旨在促进妇女以公民、当选代表和决策人员的身份参与国家和地区治理。

第三，在保护方面，所有指标都与1889号决议的内容有关，具体如下。

指标1：妇女和女童的人身安全指数。该指标是对第1889号决议第6、10段的回应，用于监测妇女和女童的安全、身体和心理健康及其经济安全水平。

指标2：国内法在多大程度上按国际标准保护妇女和女童的人权。该指标是对第1889号决议第2、3、10段的回应，旨在确保冲突后国家法律充分保护妇女和女童的政治、经济、社会和文化权利。

指标3：国家司法、安全部门以及外交部门中的妇女人数所占百分比。该指标是对第1889号决议第1段的回应。

指标4：存在管制小武器和轻武器的国家机制。该指标是对第1889号决议第6、10段的回应。对小武器和轻武器进行管制有助于社会稳定，降低平民面临的暴力威胁。

指标 5：妇女和女童在早期经济复苏方案中从短期雇佣中得到的收益占比。该指标是对第 1889 号决议第 8、9 段的回应，用于衡量妇女在多大程度上受惠于经济复苏方案。

指标 6：涉及对妇女和女童实施的性暴力及与性别相关的暴力行为的相关案件中被报告、调查和判刑的百分比。该指标是对第 1889 号决议第 10 段的回应，体现了联合国对性暴力施害者有罪必罚的要求。

指标 7：安全和司法机构的决策人员接受性暴力及与性别相关暴力案例训练的人均时长。该指标是对第 1889 号决议第 4 段的回应。

第四，在救济与恢复方面，绝大多数指标与 1889 号决议有关，具体如下。

指标 1：包括孕产妇死亡率和按性别分类统计的小学和中学教育入学率。该指标是对第 1889 号决议第 10、11 段的回应。这两个数据反映了妇女和女童的基本卫生和教育需求得到解决的程度。

指标 2：战略规划框架中性别平等问题相关指标占预算的比例。该指标是对第 1889 号决议第 10 段的回应。建设和平办公室和妇女署负责监测为解决两性平等的指标和目标分配的预算额度占总预算的百分比。

指标 3：跟踪为支持在受冲突影响的国家拟定两性平等方案提供资金的情况。一方面追踪在受冲突影响国家，分配和拨付给民间社会组织的资金中用于解决两性平等问题的比例；另一方面追踪联合国多方捐助信托基金（MDTFs）中用于解决两性平等问题的比例。这两方面是对第 1889（2009）号决议第 1、8、9、14、19 段的回应。

指标 4：在冲突后过渡性司法、和解和重建机制中，真相与和解委员会对妇女和女童的人权和参与问题的关注程度。该指标是对第1889（2009）号决议第3、10段的回应，用于跟踪冲突后机构以及过渡司法、和解和重建进程中性别平等问题的情况。

指标5：关注复员、裁军和重返社会中妇女和女童的特殊需求，是对第1889（2009）号决议第9、10、13段的回应，包括赔偿方案中为妇女和女童提供的福利占总福利额的百分比；复员、裁军和重返社会方案中为妇女和女童提供的福利占总福利额的比重。该指标有利于解决妇女和女童往往被排除在赔偿方案所提供的福利之外的问题，或只得到部分福利的问题。

应安理会1889号决议要求而制定的这一系列全球指标能为衡量妇女参与和平谈判的程度、和平协议中的性别相关内容以及冲突后赔偿、复员方案和经济复苏中妇女受益程度提供核心数据，帮助联合国系统衡量其帮助妇女参与建设和平以及满足冲突后妇女对安全和复原的需求的努力是否取得了成效。它对建立妇女、和平与安全相关决议的有效监督和问责机制意义重大，也为进一步推进妇女、和平与安全事业提供了坚实的基础。

（二）促进性别平等的建设和平行动计划

根据1889号决议第19段要求，2010年9月，秘书长向安理会提交了关于妇女参与建设和平的报告（A/65/354-S/2010/466）。在这份报告中，秘书长分析了冲突后局势中妇女的需求和她们在参与建设和平方面面临的主要挑战。他指出，尽管受冲突影响的妇女状况呈多元化的特点，但她们的需求和面临的障碍可大致分为以下五项：获得安全保障，包括尊重法治和司法保护；通过包容性对话和冲突后选举，建立对政治进程的信心；获得供水和教育等基本社会服务；建立有效的公共行政机关，实现最低限度上管理政府资金和公众记录；振兴经济，主要是创造就业和改善基础设施。[1]

在报告中，秘书长还为改进国家和国际行为体做法和取得实地行动成果提出了详细的行动计划，即《关于促进性别平等的建设和平七点行动计划》（Seven-Point Action Plan on Gender-Responsive Peacebuilding）。秘书长列举了七项承诺，每一项承诺下都有相应的具体措施和对各行动方（主要是联合国）的工作指导，为衡量调解、法治、冲突后规划和资金筹集、经济复苏等领域的工作成效提供了具体清晰的指标和问责机制。该行动计划由建设和平支助办公室和联合国妇女署共同协调执行，被认为是"扩大妇女参与决策和对性别敏感的系统化分析和规划的关键"。[2]计划内容的要点总结如下。

1.妇女充分参与各项和平谈判，联合国各实体及时为和平谈判补充性别相关内容

为实现这一目标，首先，秘书长将任命更多的妇女担任高级职务，确保妇女在联合国领导的和平进程中担任首席调解人；其次，联合国在高级别调解谈判中加入性别观点，定期向谈判双方报告有关性别问题的和平协定条款；再次，在分析现行做法的基础上制定策略，让更多妇女参与双方谈判队伍；最后，采取因地制宜的原则，确保调解小组和谈判方与妇女民间社会组织进行协商，相关联合国实体通过加强能力建设等方式帮助建立妇女民间组织及论坛，确保包括流离失所的妇女、少数族裔的妇女以及农村地区妇女在内的不同类型的妇女

1.《秘书长关于妇女参与建设和平的报告》，A/65/354 - S/2010/466，https://digitallibrary.un.org/record/691385/files/A_65_354_S_2010_466-ZH.pdf，最后访问日期：2020年4月18日。

2. 这是2019年10月22日，建设和平委员会主持的"妇女、和平与安全"大使级会议中联合国秘书长政策高级顾问Menendez女士的评价，https://www.un.org/peacebuilding/sites/www.un.org.peacebuilding/files/documents/pbc-wps-102119-summary_final.docx，最后访问日期：2020年4月18日。

团体都有渠道表达需求，参与正式谈判进程和和平协定的制定。

2.妇女应在冲突后的规划进程中发挥实质性作用，联合国各实体采取措施确保性别平等问题得到全面关注

秘书长要求联合国各实体全面审查现有体制安排，将性别问题纳入冲突后规划。审查工作以以下五个原则为指导：所有规划进程都应咨询当地妇女和国家两性平等专家且体现他们的观点；分析需求和确定优先事项时必须认识到冲突对妇女和男子、男童和女童产生的影响不同，还应认识到现存的性别关系可能会影响到重建有效和公平机构的工作；将资源分配建立在竞争性筹资方案对性别影响的预测上；将与性别相关的成果指标和计算成本的活动纳入规划框架；在整个规划过程中提供足够的社会和性别分析专业知识，以便在规定的时限内有效实施这些措施。

3.联合国各实体为满足妇女的特殊需求、推动两性平等和妇女赋权提供充足的资金支持

2009 年，秘书长曾在关于冲突结束后立即建设和平的报告中呼吁联合国为所有基金制定"性别标记"，用于协助追踪专门用于促进两性平等的资金比例，但这一提议的推行力度有限，相关资金缺口依然较大。对于已经实现了目标的联合国实体，秘书长鼓励它们再接再厉；其他实体被要求采用"性别标记"，跟踪项目进展情况。此外，秘书长还致力于推动联合国系统与会员国合作，以确保联合国管理下的支持建设和平的基金中至少15%用于解决妇女特殊需求、促进妇女赋权和性别平等的组织和项目。

4.部署的工作人员应拥有必要的专门技能，包括重建国家机构的专门知

识，使妇女更易于获得这些机构的帮助

联合国国际文职人员能力审查小组一方面致力于增加部署到建设和平环境中的女性工作人员比例，另一方面加强拥有与性别问题相关的技能和专业知识的人才储备，这类人才既包括解决冲突后妇女迫切需要的各种专业人才，如帮助妇女指控性暴力行为的法律专业人士，还包括在国家机构重建中提供性别视角的专业人士，如在土地和继承权、性暴力等领域的立法专家和改革选举进程的性别问题专家。

5.提高女性领导者和决策者比例

妇女可作为民间行动者、当选代表、公共机构的决策者，还可通过配额等临时特别措施充分参与冲突后治理。参与决策是妇女的基本政治权利，促进妇女参与决策首先要消除认为妇女不适合担任政治领袖或公务人员的成见；其次应关注边缘化的女性群体，采取积极措施，消除阻碍被边缘化群体中少数新就任成员参政议政的非正式和正式性体制不公。促进妇女参政和增加女性公职人员的最直接措施是实行配额制和提供优惠待遇。秘书长支持采取积极动员、特惠待遇和配额制等临时特别措施促进妇女通过任命和选举参与公共机构的决策，并承诺联合国各实体将为冲突中和刚摆脱冲突的国家提供切实可行的相关技术援助，如为调解进程提供性别平等和选举的专门知识、例行召集各相关方对配额制等临时特别措施进行实证分析，以评估不同方法的可行性等。

6.鼓励妇女通过法律手段对抗她们所遭受的不公平待遇，提高安全部门预防和应对侵犯妇女人权案件的能力联合国承诺在冲突前、冲突期间和冲突后的法治方针中系统地促进妇女享有安全和正义的权利。第一，在维和行动中，将保护妇女和女童的安全列为优先事项，具体行动包括为难民营和境内流离失所者营地中的妇女创建保护性环境，在2014年前将维和行动中女警察的比例提高到20%，为警察和军事人员提供打击性暴力和基于性别的暴力行为的准则、工具和培训资料，以及在安全部门改革中强化其对性别问题的敏感认识。第二，为诉诸司法的妇女和女童提供法律援助服务，包括在警察局中建立负责登记、处理和监督妇女举报的案件的专门单位和负责起诉性暴力和基于性别的暴力案件的专案组。第三，秘书长呼吁各行为体在司法机制的设置上确保其与安理会相关决议及其他相关国际法律条款保持一致，联合国相关实体将在国家一级监督和报告过渡时期司法机构的运作情况，评估它们与上述标准的一致性。

7.在经济恢复过程中，秘书长承诺让妇女优先享受发展福利，包括就业机会、社区发展项目和一线服务

提高妇女的经济地位对于她们参与政治生活十分有利，一方面妇女参与经济活动能为进军政界积累人脉、金钱等社会资源，提高其参政底气和信心；另一方面，妇女经济地位的上升会带动社会地位的上升，话语权和影响力的提升会为妇女参与解决社会难题提供良好机遇。为履行这项承诺，秘书长要求联合国总部和外地的高层领导人在四个领域展开行动：第一，妇女和妇女民间社会组织直接参与向公众开放的当地发展和基础设施建设项目，帮助设立优先事项，确定受益人并监督执行；第二，优先保障妇女就业，应规定男女求职者的比例都不高于60%，女工应直接获取报酬并为女性求职者扫除职场不平等障碍，联合国派驻外地的高层领导有责任负责修订、监督实施和报

告联合国冲突后创造就业机会、创收和重返社会业务准则并说明与两性平等有关规定的遵守情况；第三，帮助妇女成为一线公共服务的直接参与者和服务者，联合国高层领导人须确保在向政府机构提供的技术援助中就如何提高一线服务人员中的妇女比例提供指导；第四，采取具体措施，确保妇女平等参与复员、裁军和重返社会方案的各个阶段，包括为女性战斗员和与武装团体有关联的妇女和女童提供重返社会援助，为重返平民生活时面临外界歧视或暴力的妇女提供心理疏导，为患有残疾的和长期生病的前战斗员和过去照料与武装部队和团体有关联的儿童的妇女提供支持，通过审查程序将侵犯妇女权利的人清除出安全部门，向接受大批前战斗员的社区提供促进性别和解和公共安全的方案等。派驻外地的联合国高层领导也将负责监督和报告联合国复员、裁军和重返社会综合标准中性别平等部分的实施情况。

第三章　预防和解决冲突中的性暴力问题：联合国安理会第1820号决议的发展与执行

2000年，具有重要历史意义的安理会1325（2000）号决议表决通过。但是1325号决议在具体执行中仍存在不少问题和挑战，包括缺乏预防和保护妇女和女童遭受性暴力的措施，以及对性暴力犯罪的有罪不罚现象。在1325号决议通过后的8年间，武装冲突中的性暴力犯罪频频发生，急需国际社会切实应对。

2008年6月19日，联合国安理会第5961次会议一致通过了第1820（2008）号决议（以下简称"1820号决议"），要求武装冲突各方立即彻底停止一切针对平民的性暴力行为，保护妇女不受冲突中性暴力的侵害，并且首次提出性暴力对世界和平与安全构成威胁，指出性暴力是战争武器。1325号决议强调了妇女在预防、解决冲突和建设和平中的作用。在妇女和冲突中的性暴力议题下，妇女不仅是处于受害者的位置，也是推动性暴力问题解决的参与者、和平进程中的建设者。1820号决议认识到了妇女参与的重要性，重申了妇女参与和平与安全事务的重要性。

1820 号决议的通过凸显了解决冲突中的性暴力问题对解决武装冲突、维护世界和平的重要作用，该决议使冲突中的性暴力问题成为安理会应该更加积极、主动予以监测和评估的重要问题。2015 年，为了推动消除冲突中的性暴力行为、纪念 2008 年 6 月 19 日 1820 号决议的通过，联合国将每年的 6 月 19 日设为消除冲突中性暴力行为国际日。

本章将结合 1820 号决议，重点阐述联合国为预防和解决冲突中妇女和女童遭受的性暴力问题而采取的措施。

第一节　内容的演进

回顾人类历史上的战争，性暴力问题一直如影随形。在战争中，大量妇女、儿童、男性遭到性暴力侵害。而由于自身的生理结构以及在社会上所处的弱势地位，妇女一旦遭受性侵犯，不仅给自身健康带来负面影响，还有可能被家庭、社会排斥，生存陷入困境。冲突中的性暴力在很长一段时间里被认为是不可避免的，妇女甚至会被视为战争胜利后的"战利品"，相应的罪犯也未因性暴力犯罪而被法律严惩。即使在第二次世界大战中，国际社会决定开设国际法庭审判战犯的情况下，也未将性暴力犯罪当作战争犯罪来惩罚战犯。以远东国际军事法庭为例，日本军队在远东战场上犯下令人发指的性犯罪，在战争期间强奸妇女，并在其占领地区设立慰安所，强迫数以万计的中国、韩国、菲律宾等国妇女沦为慰安妇。然而，在战后审判日本甲级战犯的东京审判中，检方起诉书中共列举了战犯 55 项罪行，其中并没有将日军犯下的性暴力犯罪列入。法庭虽然听取了部分关于日军强奸的证词，但是妇女被强奸的事实只是被当成附带审理的内容，并未被当成日军罪行的主要事实之一。

1950 年 10 月 21 日，由红十字国际委员会（CICK）发起的《日内瓦公约》（Geneva Conventions）正式生效。这一公约包括四部基本的国际人道主义法，涉及战争受难者、战俘和战时平民，为战时人道主义制定了标准。1978 年，公约的两项议定书也正式生效。公约及其议定书指出，不得对不实际参加战事人员的生命与人身施以暴力，包括谋杀、虐待、酷刑等。公约并没有将冲突中的性暴力明确列为对妇女人身安全产生严重危害的暴力行为。在《关于战时保护平民之日内瓦公约》第 27 条中写道："妇女应受特别保护以免其荣誉受辱，尤须防止强奸、强迫为娼或任何形式的非礼之侵犯。"该条文将冲突中的性暴力与妇女的荣誉、尊严相结合，暗示强奸对妇女是一件"不光彩"的事情，是对妇女荣誉的损害。而妇女的这种所谓的"荣誉"是男性对女性的要求。这样的条文显然并没有认识到性暴力对女性的实际伤害。在推动战时国际人道主义法进步的背景下，国际社会对冲突中对妇女的性暴力问题缺乏足够的重视，而且也只是试图去保护妇女免受性暴力侵害，没有要求冲突中各方应明令禁止任何针对妇女的性暴力行为。

1969 年，联合国系统内部出现了对武装冲突中的妇女的关注。妇女地位委员会开始考虑在武装冲突和紧急情况下，是否应该对妇女和儿童这样的弱势群体予以特殊保护。随后，联合国经济及社会理事会要求联合国大会通过一项与此有关的宣言。1974 年，联合国大会通过了《在非常状态和武装冲突中保护妇女和儿童的宣言》（Declaration on the Protection of Women and Children in Emergency and Armed Conflict）。宣言承认了妇女和儿童在非常状态和武装冲突中极易受到伤害，要求涉及武装冲突的各方应尽全力保护妇女和儿童，不得将诸如迫害、虐待、强暴之类的伤害施加给妇女和儿童。在接下来的20世纪80年代，联合国继续关注了妇女在武装冲突中的弱势地位和脆弱性，但没有明确提及武装冲突中妇女遭受性暴力侵害的普遍性与性暴力对妇女身心健康的严重危害性。

20世纪90年代初，联合国对冲突中的性暴力问题的态度出现了大幅度的转变，认识到冲突中的性暴力在战争中的普遍性和严重危害性，性暴力会被作为战争武器加剧各方对立。1991年，南斯拉夫社会主义联邦共和国的加盟共和国开始相继宣布独立，南斯拉夫社会主义联邦共和国逐渐走向解体，由此引发了一系列政治冲突和动荡。1994年，第49届联合国大会通过的《波斯尼亚－黑塞哥维那共和国和南斯拉夫联邦共和国（塞尔维亚和黑山）境内的人权问题》（A/RES/49/196）指出，"愤恨有步骤的强奸行为继续被用来作为对妇女和儿童的一种战争武器和作为种族清洗的工具"。之后，联合国针对卢旺达、塞拉利昂问题设立的国际刑事法庭，都将任何形式的性暴力行为视为犯罪。2002年生效的《国际刑事法院罗马规约》规定，强奸、性奴役等或其他类似严重的性暴力行为普遍或有步骤地发生时，均为危害人类罪。尽管联合国对冲突中性暴力的认识发生了转变，但是在国际法庭的实际运转中，基于强奸等性暴力等行为给个人定罪依旧困难重重。

1820号决议是联合国为防止和应对冲突中针对妇女和女童的性暴力行为所通过的具有里程碑意义的文件，其内容主要包括以下几个方面。

一　回顾冲突中性暴力的相关国际条约和会议文件

为了消除对妇女的歧视，促进两性平等，国际社会曾多次召开会议，制定国际公约，其中不乏关于性暴力以及冲突中的性暴力的条文。1820号决议对以往包含冲突中的性暴力相关内容的重要国际公约、会议文件以及其他保护妇女权利、实现性别平等的重要公约及文件等进行了回顾。

1820 号决议首先重申继续执行联合国安理会第 1325（2000）号决议、关注武装冲突中儿童的安理会第 1612（2005）号决议和聚焦保护武装冲突中平民的安理会第 1674（2007）号决议，回顾了 2001～2007 年与妇女、和平与安全问题有关的七项安理会主席的声明。这些声明包括安理会主席于 2001 年 10 月 31 日（S/PRST/2001/31）、2002 年 10 月 31 日（S/PRST/2002/32）、2004 年 10 月 28 日（S/PRST/2004/40）、2005 年 10 月 27 日（S/PRST/2005/52）、2006 年 11 月 8 日（S/PRST/2006/42）、2007 年 3 月 7 日（S/PRST/2007/5）和 2007 年 10 月 24 日（S/PRST/2007/40）所做的声明。

1820 号决议回顾了联合国在消除妇女歧视、促进两性平等进程中具有重要意义的会议文件和公约，即《2005 年世界首脑会议成果文件》、《北京宣言》《行动纲领》、《消除对妇女一切形式歧视公约》及其《任择议定书》、《儿童权利公约》及其《任择议定书》。1820 号决议回顾了上述文件和公约中与消除针对妇女、儿童的暴力有关的内容，强调各国应依照承诺，努力消除与妇女、儿童有关的各类性暴力现象。

1820 号决议对与处罚性暴力犯罪有关的《国际刑事法院罗马规约》进行了回顾。《国际刑事法院罗马规约》是 1998 年联合国大会通过的，旨在惩罚犯有种族屠杀及其他国际罪行的罪犯、保护国际人权的刑事法律。《国际刑事法院罗马规约》与其他特设国际刑事法庭规约均把任何形式的性暴力行为视为犯罪行为，罪名包括危害人类罪、战争罪等。国际刑事法院可以对规约缔约国内犯有上述严重犯罪行为的个人行使管辖权，对国家的刑事管辖权起到补充作用。国际刑事法院对性暴力罪犯的审判，有助于惩处罪犯，威慑潜在的、有可能发生的性暴力行为。

联合国为解决妇女歧视问题，促进性别平等，推动了数次国际大会的召开和相关国际条约、会议文件、国际规约的通过。针对妇女的暴力行为，包括冲突中针对妇女的性暴力行为，早已是受国际社会所关切的重大领域，被写入国际条约、会议文件等中。1820号决议通过对涉及消除对妇女的歧视，冲突中的性暴力的国际条约、会议文件、国际规约进行重申，再次强调联合国对冲突中性暴力行为的谴责，以及消除冲突中性暴力的决心。

二　重新定位和审视冲突中的性暴力问题

冲突中的性暴力问题由来已久。国际社会对冲突中性暴力问题的认识从不重视，逐渐转变为认识到冲突中性暴力的普遍性和严重危害性。尽管许多宣言和公约中涉及了妇女和冲突中的性暴力议题，但是在实际情况中，武装冲突中的性暴力现象并没有因此得到有效控制。因为担心被家庭、社会排斥，或是害怕指证性暴力犯罪而遭受打击、报复，在受到性暴力侵害后，许多妇女并不愿意选择报案。保护妇女免受冲突中的性暴力，推动妇女参与和平建设，还需要国际社会继续提高重视程度，采取更加实际的措施。1820号决议强调了冲突中性暴力的危害性，将其同国际和平与安全联系起来。

1820号决议对冲突中的性暴力问题重新进行了定位，指出冲突中的性暴力行为的严重危害性。其首次提出性暴力对世界和平与安全构成威胁，认为与冲突有关的性暴力是一种战争策略。[1]1820号决议指出在冲突中受到不利影

---

1. 李英桃、金岳嵘：《妇女、和平与安全议程：联合国安理会第1325号决议的发展与执行》，《世界经济与政治》2016年第2期。

响的绝大多数人是普通平民，妇女和女童是性暴力侵害的主要对象，在冲突中，性暴力会被当作一种战争策略。1820号决议还进一步指出，当性暴力成为冲突中伤害平民的一种战争策略，或者作为大规模地、有计划地对平民实施攻击的一部分时，武装冲突局势会进一步恶化，甚至有可能阻止国际和平与安全。处于冲突中的国家，社会秩序混乱，法治荡然无存。冲突局势中的有关各方掌握权力、军队和武器等资源，在没有法治秩序的束缚下，基本上可以为所欲为，随意对平民实施性暴力。这些性暴力，尤其是基于种族或者宗教对立引发的性暴力现象，可能会进一步加剧冲突各方、不同种族或不同教派之间的对立局势，使得冲突长期无法得到解决。因而可以说，冲突中针对平民，特别是妇女和女童的性暴力行为在冲突地区的横行，阻碍了冲突中的国家恢复正常社会秩序和维持长久和平的进程，也对世界和平与安全产生了负面影响。

1820号决议的通过有利于推动联合国各机构、联合国会员国在应对武装冲突和推进和平重建进程中对冲突中的性暴力问题给予更高的关注，从而有助于冲突中性暴力问题的预防和应对。

三　消除冲突中的性暴力应采取的措施

1820号决议提议的消除冲突中的性暴力措施主要涉及冲突各方、联合国秘书长、建设和平委员会等联合国机构、冲突中的性暴力行为发生国所在的区域或次区域机构、联合国会员国等。

安理会在审议冲突局势时，要注意处理大规模或有计划的性暴力问题。同时，也要在建立和延长对具体国家的制裁制度时，考虑是否对性暴力侵犯妇女和女童的冲突局势当事方采取一定的且程度有别的制裁措施。也就是说，安理会在制裁时会考虑对犯有性暴力罪行的冲突局势当事方采取一定的制裁措施，加大对性暴力罪行的打击力度。

1820号决议认为冲突方应负起保护冲突地区平民的责任。决议要求冲突各方立即彻底停止所有针对平民的性暴力行为，同时要求冲突各方应采取实际行动保护受到武装冲突冲击的平民，包括妇女和女童，使她们免受一切形式的性暴力。决议对冲突各方如何采取措施消除冲突中的性暴力行为提出了一些建议，包括：严肃军事纪律和加强落实指挥官责任制，严格约束部队，不得对平民实施任何形式的性暴力；加强在部队中举行的关于反对性暴力的培训；揭穿任何一切可能诱发性暴力的神话说法；审查武装部队和安全部队是否存在性暴力行为以及过去是否发生过针对平民的性暴力行为；将在冲突地带可能遭受性暴力的妇女和女童撤往安全地带等。

1820号决议指出应该加大对冲突中性暴力犯罪的打击力度，消除有罪不罚的现象。冲突中的性暴力已被认定为是犯罪行为，其可构成战争罪、危害人类罪或种族灭绝罪。1820决议认为性暴力犯罪应被排除在大赦范围之外，而各会员国应加强对犯有该罪行的个人或群体的起诉，以确保性暴力受害者可以受到法律的保护。通过严惩性暴力犯罪以减少性暴力对妇女的伤害以及引起的民族对立，从而实现真正的、持久的和平。

在决议提及的措施中，相当多的具体举措与联合国秘书长有关。安理会请联合国秘书长发挥协商、促进、沟通的作用，减少冲突中的性暴力现象。

1820号决议请秘书长采取的行动主要包括以下几个方面。

（一）利用联合国维和行动预防和应对冲突地区性暴力现象的发生

秘书长与安理会、维持和平行动特别委员会及其工作组和相关国家进行协商，采取措施预防维和行动中针对平民的性暴力行为的发生，包括加强培训联合国在安理会授权特派任务范围内部署的所有维持和平和人道主义人员，通过培训增强其认识、预防和应对针对平民的性暴力和其他一切形式的暴力的能力；努力推动对联合国维和行动中的性剥削和性虐待行为采取"零容忍"政策的实行，如若维和行动派遣的部队和警察利用性暴力侵犯当地平民，将对涉案人员全面追究责任；鼓励维和部队及其派遣国与秘书长协商，共同商讨如何提高维和人员对性暴力的认知和应对能力，以保护包括妇女和女童在内的平民，并减少在冲突发生或结束后针对妇女和女童的性暴力行为的发生，必要时增加女性维和人员的数量；制定有效的准则和战略，根据相关联合国维持和平行动的授权，提高其保护包括妇女和女童在内的平民免遭一切形式性暴力的能力。

（二）与联合国有关机构保持合作，保护冲突中和冲突结束后的妇女和女童免遭暴力侵扰

秘书长应同联合国相关机构一起与妇女组织和由妇女领导的组织进行协商，制定有效机制，在联合国管理的难民营和境内流离失所者营地及其周围，保护正在遭受冲突影响的妇女和女童免遭任何形式的暴力尤其是性暴力的迫害；在所有解除武装、复员和逐渐恢复社会正常秩序的工作中及联合国协助开展的司法和安全部门改革努力中，确保已经经历冲突，逐渐恢复正常生活的妇女和女童免受任何形式的暴力，尤其是性暴力的侵扰。

（三）鼓励联合国官员与冲突方就性暴力问题展开对话

为了解决性暴力问题，秘书长应推动联合国官员与冲突方积极开展对话，

讨论解决问题的途径。在解决办法中，还应考虑地方妇女的看法和观点。

（四）鼓励妇女积极参与和平与安全议程，并为其提供必要的协助

秘书长应与其特使邀请和鼓励妇女参加关于预防和解决冲突、维护和平与安全以及冲突后建设和平的讨论，为妇女能够平等地参与上述议题的讨论提供便利。

（五）向安理会提交相关报告

秘书长应在向安理会提交的有关冲突局势的书面报告中，就保护妇女和女童免受性暴力侵害提出建议。除此之外，还应借助联合国方面提供的有效信息，在2009年6月30日以前就安理会议程中所列局势，向安理会提交有关1820号决议执行情况的报告，该报告须包括平民遭受大规模、有计划的性暴力侵犯的武装冲突局势的信息，对武装冲突局势中性暴力发生的情况及发展趋势做出分析，就保护妇女和女童在冲突中免受性暴力侵害提出战略性建议，确定衡量预防和处理性暴力方面进展的基准等七项内容。

建设和平委员会是联合国设立的旨在支持冲突后国家推进和平进程的机构。在支持和协助冲突后国家进行和平重建时，建设和平委员会须结合实际情况，将冲突中性暴力的处理方法和扩大妇女在和平建设中的参与纳入考虑范围。建设和平委员会就有关国家冲突后和平建设战略的咨询意见和建议中，应包括对冲突期间和武装冲突后阶段所发生性暴力的处理办法，同时确保在冲突后国家重建和平进程中民间妇女团体能够参与协商并拥有广泛的代表性。

1820号决议还敦促有关各方对在冲突中和冲突后受到性暴力影响的妇女和女童提供帮助。一是要联合国各会员国、联合国各实体机构和各金融机构，支

持和加强冲突地区的国家的司法、卫生保健系统及民间社会网络的凝聚作用，从而为在冲突中和冲突后受到性暴力侵犯的受害者提供必要的可持续帮助。二是相关的区域机构和次区域机构也应发挥自身作用，制定有利于本区域冲突地区受到性暴力影响的妇女和女童的政策，开展相关活动和宣传工作。

第二节　执行措施

在20世纪90年代后的武装冲突中，在前南斯拉夫地区、卢旺达、塞拉利昂、利比里亚都有数以万计的妇女遭受了强奸。在1820号决议通过之前，联合国已对冲突中的性暴力问题予以关注，并采取措施来应对。在联合国的推动下，相继开设了前南斯拉夫问题国际刑事法庭、卢旺达问题国际刑事法庭和塞拉利昂问题特别法庭来审判在冲突中犯有严重违反国际人道主义法罪行的个人，包括在冲突中犯有性暴力罪行的个人。2007年，联合国发起了"联合国制止冲突中性暴力行动"。该行动联合了13个与冲突中性暴力问题相关的联合国实体机构来共同应对这一问题。[1] 这一行动旨在促进联合国系统内部不同机构之间的协调，努力预防冲突中和冲突后性暴力的发生，支持妇女在冲突预防、和平谈判以及重建中的参与，帮助受害者解决实际困难。这一行动在1820号决议后继续执行，并参与1820号决议的实施。

1820号决议的通过为进一步预防和解决冲突中的性暴力问题迈出了重要一

---

1. 这13个联合国机构包括：政治事务部、联合国儿童基金会、人道主义事务协调厅、世界卫生组织、维持和平行动部、联合国开发计划署、联合国艾滋病毒/艾滋病联合规划署、联合国人权事务高级专员办事处、联合国难民事务高级专员办事处、联合国人口基金会、联合国毒品及犯罪办公室、联合国妇女发展基金会和世界粮食计划署。

步。1820号决议的具体执行，主要是在当时仍存在冲突并伴有性暴力问题和以往曾发生冲突并存在仍未解决的性暴力问题的国家展开。这些国家或地区包括前南斯拉夫地区、卢旺达、刚果民主共和国、苏丹、阿富汗、科特迪瓦、塞拉利昂、伊拉克、布隆迪、东帝汶、哥伦比亚等，绝大多数是亚非拉地区的战乱或贫困国家或地区。由于联合国本身在开展维和行动，在推动消除任何形式的妇女歧视现象和促进两性平等方面拥有丰富的经验；加上当时世界范围内需要执行1820号决议相关举措的国家正处于武装冲突或冲突结束后建设正常社会秩序的状态中，国家总体而言比较贫困或十分贫困，自身解决妇女和女童遭受性暴力问题的能力有限，因此在1820号决议的具体执行中，联合国及其各机构，特别是保护人权和妇女权益的相关机构，发挥了巨大的作用。

一 发挥联合国秘书长的作用

1820号决议提议的措施中，有大量内容与联合国秘书长有关。在1820号决议通过后，时任联合国秘书长潘基文采取了多项措施，推动1820号决议的实施。

冲突中性暴力问题的解决需要联合国中多个机构的参与，包括安理会、维持和平行动部、和平建设委员会、政治事务部、人道主义事务协调厅、联合国开发计划署、妇女发展基金会和联合国人权事务高级专员办事处（以下简称"人权高专办"）等多个机构。在机构协调、沟通中，联合国秘书长发挥着不可替代的作用。联合国秘书长潘基文，根据1820号决议的要求，在决议执行中积极发挥自身协商、沟通的作用，密切联系联合国会员国、联合国各实体机构、民间组织等有关行为体，促进冲突中的性暴力问题的解决。秘书长采取措施，加强联合国系统中和平与安全、人道主义事务和发展领域的协调，以确保联合国在预防和应对性暴力方面"一体行动"。[1]秘书长与其特使及代表一道，通过紧急救济协调员、各驻地人道主义协调员，给予性暴力问题更多的关注，包括在与冲突各方的对话中给予更多关注。同时，潘基文秘书长致力于确保预防和应对性暴力相关事项在各维和特派团和国家工作队战略目标的制定工作中得以确认和重视。

2008 年，秘书长潘基文发起了"团结起来，制止暴力侵害妇女行为"（UNITE to End Violence against Women）的全球行动。该行动呼吁联合国系统、政府、年轻人、媒体、民间团体、妇女组织、私营部门联合起来，共同应对全球范围内针对妇女和女童的一切形式的暴力行为。根据计划，该行动对冲突中的性暴力问题也给予了高度的关注。其计划在 2015 年前完成的五项关键性成果之一就是努力解决冲突局势中的性暴力问题，保护妇女和女童免遭作为战争手段的强奸，并敦促有关国家充分执行与打击冲突中性暴力行为有关的法律和政策。

1820 号决议要求秘书长继续对联合国维和行动中的性剥削和性虐待行为实行"零容忍"政策。联合国对此已经采取了重要步骤，2003 年时任联合国秘书长安南签署了《防止性剥削和性虐待特别措施——秘书长的报告》（ST/SGB/2003/13），该公报严令所有联合国工作人员不得对妇女做出性剥削和性虐待行为，对违反该禁令的联合国工作人员将追究刑事责任。为了执行这一公报，在 1820 号决议通过之前，联合国已经采取了一些步骤，包括：大会拨款在 20 个维和特派团和政治特派团中建立行为和纪律小组以监督联合国工作人

---

1. "一体行动"（Delivering as One）在 2005 年世界首脑会议成果文件中首次提出，是会员国对联合国系统开展活动的一项建议。"一体行动"要求在对接有关国家开展业务时，联合国系统内各实体机构协调一致，共同行动，在整个行动中只有一个领导、一个方案、一个预算，酌情仅设立一个办事处，以提高联合国系统在国家一级开展行动时的工作效率和一致性。

员；2007年6月，维持和平行动部建议联合国秘书长提议修订联合国与部队派遣国间示范谅解备忘录（A/61/19，第三部分），在修正案中补充了与性剥削和性虐待有关的内容；2007年12月，第62届联合国大会通过了《追究联合国官员和特派专家的刑事责任》（A/RES/62/63），同时制定了《关于援助和支持受联合国工作人员和有关人员性剥削和性虐待受害人的全面战略》（A/RES/62/214）。1820号决议通过后，秘书长和秘书处再次强调联合国各部门应加强对2003年秘书长制定的《关于防范性剥削和性虐待的特别措施的公报》的执行，坚决制止联合国工作人员对平民实施性暴力和性虐待的行为，采取措施确保对有关责任人追究刑事责任。

二　加强冲突中性暴力有关信息的收集和报告

冲突中性暴力的信息是在进行有关决策时的重要依据。联合国方面对发生在卢旺达、利比里亚等国家的武装冲突中的性暴力事件有估算的统计数据，但是受条件限制，部分数据信息的准确度存在问题。联合国人权委员会特别报告员勒内·德尼–塞吉（René Degni-Ségui）1996年提交的《关于卢旺达境内人权状况的报告》（E/CN.4/1996/68）中指出，经由专家估算，1994年卢旺达种族大屠杀中发生了25万～50万次强奸事件。这一估算是基于强奸后导致的怀孕率计算的，也就是说，专家通过调查发现卢旺达有2000～5000名女性在遭受强奸后怀孕，依照"每发生一百起强奸事件会导致一名受害人怀孕"的概率进行估算，从而得到了这一数字。在估算中，该机构忽视了大批强奸后未怀孕的受害者，也忽视了同样可能在武装冲突中遭受性暴力侵害的男童、成年男性和女童。有学者指出，妨碍冲突中性暴力信息收集的原因可以从国家和个人两个角度来分析。一方面，冲突中的国家机构很难进行有效的、大规模的数据统计，机构能够获取到的性暴力事件统计数据主要来自执法机构尚能够运转的地区或者来自医疗机构的统计信息；需要指出的是，有些国家甚至会捏造数字，夸大强奸事件的受害者人数以获取更多的医疗援助或者人道主义救济。另一方面，在对性暴力进行家庭调查时，一些性暴力受害者出于羞愧、耻辱和恐惧心理不愿意使自己的家庭知晓自身遭受过性暴力侵害的事实，因而在调查中不愿意承认自己曾遭受性暴力侵害。家庭调查也无法统计在性暴力中失踪、死亡的受害者人数，也没有统计遭受性暴力侵害的男童、成年男性和女童人数。[1]

联合国在制定 1820 号决议时认识到了冲突中性暴力有关信息的收集尚有不足的问题。在 1820 号决议的最后，安理会要求秘书长借助国家工作队、维持和平行动部和其他联合国工作人员提供的信息，对 1820 号决议的执行和武装冲突地区的性暴力情况进行汇报，同时说明为收集武装冲突局势中性暴力情况的客观、准确和可靠的信息所制订的工作计划，来为冲突中性暴力问题提供决策依据。

根据安理会在 1820 号决议中的要求，自 2009 年起，联合国秘书长潘基文多次就 1820 号决议的执行和冲突中的性暴力问题向安理会递交相关报告，汇报 1820 号决议的执行状况。[2]1820 号决议要求秘书长在 2009 年 6 月 30 日前综合

---

1. Tia Palermo and Amber Peterman, "Undercounting, Overcounting and the Longevity of Flawed Estimates: Statistics on Sexual Violence in Conflict," *Bull World Health Organ*, Vol.89, No.12, 2011, p.924.

2. 这些报告包括：一是秘书长就 1820 号决议的执行状况提交的报告，UN，"Report of the Secretary-General Pursuant to Security Council Resolution 1820（2008），" https://digitallibrary.un.org/record/660913?ln=zh_CN，最后访问日期：2020 年 2 月 1 日；UN，"Report of the Secretary-General on the Implementation of Security Council Resolutions 1820（2008）and 1888（2009），" https://digitallibrary.un.org/record/694481?ln=zh_CN，最后访问日期：2020 年 2 月 1 日。二是秘书长就冲突中的性暴力问题向安理会提交的报告，UN，"Conflict-Related Sexual Violence: Report of the Secretary-General," https://digitallibrary.un.org/record/719758?ln=zh_CN，最后访问日期：2020 年 2 月 1 日；UN，"Sexual Violence in Conflict: Report of the Secretary-General," https://digitallibrary.un.org/record/747022?ln=zh_CN，最后访问日期：2020 年 2 月 1 日。

各方信息，按照安理会所要求的内容，向安理会提供1820号决议的执行情况报告。据此，2009年7月15日，秘书长潘基文提交了关于1820号决议执行状况的报告，对1820号决议中所要求的报告事项做出了回应。在这份报告中，秘书长汇报了近期武装冲突局势中和武装冲突局势后广泛地、有计划地对平民使用性暴力的信息，包括苏丹、卢旺达、刚果民主共和国、乍得、乌干达、尼泊尔、阿富汗、塞拉利昂、伊拉克、缅甸等国家武装冲突中的性暴力现象的信息；指出国家和其他各方对冲突中和冲突后的性暴力的责任包括预防性暴力和保护平民、消除对性暴力有罪不罚的现象、消除对妇女和女童的持续歧视以及向冲突中和冲突后性暴力受害者提供援助；介绍联合国近期在防止和应对性暴力中采取的行动；强调在日后工作中改进性暴力资料的收集和报告，以了解更多有关性暴力的信息，从而为解决冲突中和冲突后的性暴力问题提供更有效、更具有针对性的建议；就冲突中的性暴力问题进一步可采取的措施提出多项建议。

在这份关于1820号决议执行状况的报告中，秘书长潘基文详细地介绍了联合国及其本人为改进性暴力资料的收集而计划采取的行动。一是联合国秘书长的特别代表继续执行已有的高级别特派团协调人制度，与维持和平行动部等多个与此有关的联合国机构加强协调，定期、全面地汇报冲突中性暴力有关的资料；二是秘书长向安理会建议在冲突地区设立专家调查委员会，以调查和收集性暴力事件的信息和资料；三是在"联合国行动"中就性暴力问题制订标准化的调查手段和研究计划；四是联合国人口基金会、难民署和国际救援委员会开发性暴力和基于性别的暴力信息管理系统，来收集、存储和查询与性暴力有关的信息；五是要求各方在进行冲突中性暴力信息和资料的收集中，尤其是直接接触性暴力受害者的调查过程中，务必考虑受害者的身心健康，避免对受害者造成二次伤害。

2009 年，维持和平行动部发表了题为《根据安理会第 1820 号决议对前南斯拉夫问题国际刑事法庭、卢旺达问题国际刑事法庭和塞拉利昂问题特别法庭判决性暴力要件的审查》(Review of the Sexual Violence Elements of the Judgements of the International Criminal Tribunal for the Former Yugoslavia, the International Criminal Tribunal for Rwanda, and the Special Court for Sierra Leone in the Light of Security Council Resolution 1820) 的报告。前南斯拉夫问题国际刑事法庭、卢旺达问题国际刑事法庭和塞拉利昂问题特别法庭是联合国设立的审理前南斯拉夫地区、卢旺达和塞拉利昂境内发生的严重有违国际人道主义的罪行的国际刑事法庭。其对某些在武装冲突中犯下国际灭绝种族罪、危害人类罪和战争罪或负有"最大"责任的人进行审判，为冲突中的受害者伸张正义，威慑有可能在未来犯有此类罪行的潜在罪犯，从而寻求持久和平。在 1820 号决议通过的背景下，维持和平行动部对上述三个国际法庭中涉及冲突中的性暴力的审判进行审查，为 1820 号决议的实施提供一些有效信息，包括：关于大规模地、系统地针对平民使用性暴力的武装冲突局势的资料，对武装冲突中性暴力发生的流行程度和趋势的分析。在报告中，维持和平行动部指出，三家国际法庭的许多结案判决都包含有关武装冲突中对平民实施性暴力犯罪的调查结果。在这些案件中，妇女和女童是最主要的受害者。报告进一步指出三家国际刑事法庭审判的性暴力案件的显著特征。在调查案件中，相当多的针对平民的性暴力案件，包括对妇女和女童的性奴役发生在收容所。甚至在一些判决中，性暴力被描述成司空见惯的行为。卢旺达问题国际刑事法庭判决的案件的显著特征是针对平民的性暴力，主要以强奸的形式发生，系统地构成了对图西族的种族大屠杀的一部分。塞拉利昂问题特别法庭所审判的案件特征是，大量平民妇女和女童被绑架且被强迫嫁给参战者。这些受害者也遭受了强奸或其他形式的性暴力的侵犯。报告最后总结指出，国际刑事法庭审理的案件凸显了冲突参战方上级在预防和惩罚下级犯罪（包括性犯罪）方面的重要性。1820号决议已指出冲突中的性犯罪是严重的犯罪行为，应被排除在大赦范围以外。维持和平行动部进行的审查，是对以往国际刑事法庭处理性暴力案件的总结和分析，为1820号决议的具体实施以及下一步审判和惩处冲突中的性犯罪人员提供了可参考的重要信息和依据。

三　利用维和行动预防和应对冲突中性暴力问题

维和行动是联合国为维护世界和平所采取的重要手段。维和行动的进行需要联合国安理会授权，经由有关东道国政府以及有关各方同意。之后联合国向冲突国家或地区派遣军事观察团、维和部队或由两者联合组成的人员来执行维和计划。维和行动所派遣的特派团直接进驻冲突国家或地区，以完成监督停火、停战、撤军，使冲突双方脱离接触，报告局势信息，保护平民，帮助执行和平协议等任务。这也使得维和行动所派出的人员会在冲突国家或地区直接面对武装冲突各方所制造的针对平民的性暴力犯罪，或者联合国工作人员在冲突地区对平民实施性暴力的情况。因而，提高维和人员对性暴力犯罪的认知和应对能力、发挥维和行动的作用对减少性暴力事件的发生具有重要意义。维持和平行动部及派遣的维和行动特派团也为1820号决议的实施、推动冲突中性暴力问题的解决做出了大量的努力。

（一）为维和行动制定应对性暴力问题的指导性文件

为了在维和行动中更好地保护妇女免遭性暴力，维持和平行动部采取一系列举措来制定指导性文件，提供给维和行动中的工作人员进行学习。1820

号决议通过后，维持和平行动部为参加维持和平行动的军事人员拟定了性别问题准则，以推动安理会1325号决议和1820号决议的执行，并作为业务指南，指导维持和平特派团文职部门、军事和警务部门有效执行1820号决议。维持和平行动部、联合国妇女发展基金和"联合国行动"共同筹备，为维和行动编制应对性暴力犯罪的行动指南。2010年，维持和平行动部、联合国妇女发展基金会和"联合国行动"编写的《处理与冲突有关的性暴力现象——维和做法分析汇编》(*Addressing Conflict-Related Sexual Violence — An Analytical Inventory of Peacekeeping Practice*)正式出版，其中列举了军人为防止、遏制和应对冲突中性暴力可采取的可靠做法。维持和平行动部还确保将军事和警务人员处理性暴力问题指导方针适当纳入部署前和上岗培训标准，并将此类信息提供给军事人员和警察派遣国，加强对维和行动中军事和警务人员对指导方针和培训教材的学习。

（二）制定特派团指令

为了保护冲突中的平民，维和行动还制定了特派团指令。2009年2月，非洲联盟—联合国达尔富尔混合行动向军事和警务部门发布特派团综合指令，其中列出军队和警察为人道主义行动提供一个安全环境所应采取的措施、达尔富尔平民最常遇到的严重违规行为，以及军事和警务部门应采取的措施。刚果民主共和国特派团和联合国苏丹特派团也发布了类似的特派团综合指令，通过特派团指令以确保维和行动采取措施预防和应对性暴力犯罪。

（三）为国家警察和司法系统提供指导和支持

利用维和行动打击冲突地区的性暴力犯罪并不是长久之计。如果维和行动所在国家的机构和法治建设薄弱，无力预防和打击性暴力犯罪，一旦维和部队撤离，这些国家的妇女和女童可能再次面临遭受大规模的性暴力侵害的风险。在维和行动中，联合国维和行动还重视为所在的国家当局提供能力建设支持，指导其建设一支有能力应对性暴力问题的警察队伍和惩处性暴力犯罪分子的司法体系，切实保护当地妇女和女童的人身安全。

维和行动按照要求协助所在的国家当局加强其执法、司法和惩戒系统的建设，同时执行各种措施，使维和行动的安保机构专业化。15个维和行动中的人权部门开展检测、公开宣传工作并提供技术援助，同时发展所在国家长期的国家监管能力，确保人权得到法治的保护。帮助国家当局建设完善的执法、司法和惩戒系统，有助于增强国家预防和应对性暴力的能力，也有助于消除性暴力犯罪中的有罪不罚现象。

维和特派团中的联合国警察向维和行动所在国家的警察机构提供指导和技术支持，以预防和应对性暴力问题。多个特派团的联合国警察协助所在国建立专门受理性暴力案件的警察部门。在东帝汶，联合国东帝汶综合特派团的警察帮助东帝汶国家警察建立弱势人员保护机构，并配备了女性警官，同时对这一单位保持监测以满足其需求。刚果民主共和国特派团中的警察采取措施，与建制警察部队在重点地带联合巡逻，加强对刚果民主共和国国家领土保护机构的业务支持。在乍得，联合国中非共和国和乍得特派团与联合国邻里警察单位，在联合国警察和综合安全分遣队内设立妇女和儿童保护机构，来保护辖区内的妇女和儿童。2009年3月，在苏丹达尔富尔地区，非洲联盟—联合国达尔富尔混合行动在政府警察总部所在地尼亚拉为25名地方警察举办关于人权、性暴力和保护儿童的培训课程，在25名警察中有13名为女警察。

在打击性暴力的战略中，关注国家的司法体系建设也占据了大量的篇幅。

联合国组织刚果民主共和国特派团和联合国国家工作队在性暴力问题高级顾问协助和"联合国行动"资助下，制定了《打击刚果民主共和国境内性暴力综合战略》（Comprehensive Strategy on Combating Sexual Violence in Conflict in the Democratic Republic of Congo）。2009 年 4 月 1 日，该战略得到了刚果民主共和国政府的认可，并被纳入了 2009 年 11 月刚果民主共和国政府启动的基于性别的暴力问题的国家战略。这一战略由刚果民主共和国特派团、人权高专办刚果民主共和国联合人权办公室（OHCHR Joint Human Rights Office in the DRC）、联合国难民署、联合国儿童基金会和联合国人口基金会共同参与实施。该战略包括四个重要组成部分，分别是：打击有罪不罚现象；预防和保护；安保部门改革；多部门回应幸存者的需要。刚果民主共和国特派团参与打击有罪不罚和安保部门改革两项战略。在这打击有罪不罚战略中，刚果民主共和国特派团协助刚果民主共和国提升司法机构的能力，制定以性暴力为重点的国家司法政策，确保刚果民主共和国 2006 年制定的关于性暴力的法律的实施，帮助受害者得到法律保护和赔偿；在安保部门改革战略中，刚果民主共和国特派团将安保部门改革同刚果民主共和国的司法改革相结合，改革重点涉及国家的军队改革，刚果民主共和国特派团通过此步骤确保刚果民主共和国安全部门和军队能够对性暴力犯罪采取有效措施，惩处性暴力犯罪分子。

（四）扩大妇女在冲突中性暴力议题的参与

妇女的参与既是在冲突后的国家建设中为妇女赋权的一种方法，也能更加高效地维护遭受性暴力侵犯的受害者。维和行动主要采取了两种方式来扩大妇女的参与。一种是为当地警察部门提供指导，提高当地女性警察的比例。在利比里亚，联合国利比里亚特派团中的女警官积极推动妇女进入利比里亚的国家警察系统，同时为当地的女性警官提供指导，提高其应对性暴力犯罪和保护性暴力受害者的能力。另一种是提高特派团中女性维和警察的数量和比例。经过特派团的努力，在非洲联盟—联合国达尔富尔混合行动的警察部门中，女性警察所占比例为13%左右。女性警察可以更设身处地地考虑女性性暴力受害者的处境，可以给性暴力的受害者提供安全感，改善执法机构与当地妇女、儿童的交流，鼓励当地妇女、儿童争取自己的权利。

四　将冲突中的性暴力问题纳入和平协定及和平重建战略框架

在和平重建中，帮助有关国家重建社会秩序，确保和平成果能够预防性暴力和惩处性暴力犯罪是联合国各机构工作的一项重要任务。联合国政治事务部、维持和平行动部、人道主义事务协调厅、开发计划署和妇女发展基金以"联合国行动"名义开展活动，并与人道主义对话中心合作，为联合国和其他调解员制定新的指导方针，确保在日后的和平协定中能够包括指挥权、审查武装部队与安全部队、将性暴力犯罪排除在大赦范围之外等相关表述。在此基础上，政治事务部将为调解人制定指导方针，以指导调解人能将解决冲突中的性暴力问题的战略和政策纳入协议框架。

建设和平委员会在冲突后和平重建中发挥了关键作用。建设和平委员会主要通过组织委员会、国别组合和经验教训工作组三种方式调集、安排国际社会可使用的资源，并为摆脱冲突国家建设和平提供综合战略。在制定建设和平战略时，建设和平委员会将打击性暴力问题写入战略框架。2008年3月，中非共和国外交、区域一体化和法语国家部长致信建设和平委员会主席，要求把中非共和国列入建设和平委员会和平建设议程，该信于同年4月转交至安理会。2008年5月，安理会同意中非共和国请求，要求和平建设委员会将中非共和国纳入议程。2008 年 6 月，建设和平委员会组织委员会将中非共和国列入建设和平委员会议程。2009 年，建设和平委员会采用国别组合的方式应对中非共和国的请求，5 月 6 日建设和平委员会正式通过了《中非共和国建设和平战略框架》（PBC/3/CAF/7），内容涵盖了对处理在武装冲突中普遍、有计划地使用性暴力的问题以及冲突后继续存在性暴力行为的问题的重要承诺。按照和平战略框架，建设和平委员会将大力支持妇女参与解除武装、复员和重返社会进程，以及集体机构改革；协助和支持妇女通过地方和国家组织参与民族和解进程，使之在民族和解进程中发挥作用。建设和平基金向中非共和国提供两次拨款，以支持中非共和国冲突局势各方举行政治对话，推动中非共和国部队解除武装、复员和重返社会。[1]建设和平基金还为布隆迪、利比里亚和塞拉利昂预防和应对性暴力和基于性别的暴力的项目提供了基金支持。

五　为受害者提供必要的医疗和法律援助

冲突中性暴力的受害者往往身心健康都受到了巨大的冲击，而且由于冲突中法治秩序的破坏，受害者也很难得到司法保护和法律援助，他们中能够获得赔偿的更是少之又少。在冲突后性暴力问题的解决中，联合国采取措施，试图援助性暴力受害者，帮助其获取各类医疗护理和经济资助，从而重新融入社会。

2009 年 4 月，人权高专办派出工作人员，尝试在刚果民主共和国开展试点项目，为性暴力受害者提供援助或者帮助其获得援助，使性暴力受害者能够获得补救和赔偿。为了给所有性暴力受害者争取获得赔偿的机会，人权高专办、人权高专办刚果民主共和国联合人权办公室与联合国刚果民主共和国特

---

1. 联合国：《建设和平委员会第三届会议报告》，https://www.refworld.org.ru/cgi-bin/texis/vtx/rwmain/opendocpdf.pdf?reldoc=y&docid=4ab2081b2，最后访问日期：2020 年 2 月 17 日。

派团共同成立的人权办事处，就赔偿问题的主要内容进行协商。为了向性暴力幸存者提供援助，联合国各机构根据《机构间常设委员会关于在人道主义紧急情况下采取干预措施制止基于性暴力的指导原则》（Inter-Agency Standing Committee Guidelines for Gender-Based Violence Interventions in Humanitarian Settings）采取了多部门办法。该办法有四大援助支柱：一是医疗护理，包括心理健康护理、治疗创伤、预防和治疗性传播感染、预防艾滋病等；二是心理社会支持，包括个人和集体咨询、家庭调节以及向因强奸生下的孩子提供帮助；三是法律援助，确保受害者了解他们的权利，并在他们决定提出法律主张时能得到支持和援助；四是支持和帮助受害者在经济和社会层面重新融入社会，包括职业技术培训、小规模创收活动、建立受害者交流互助论坛等措施。联合国对性暴力受害者开展了大规模援助，2008年，驻刚果民主共和国的儿童基金会办事处向20689名性暴力受害者提供了援助，其中超过31%的受害者是儿童。

冲突中的性暴力问题是事关冲突地区妇女、儿童人权的重要问题。1820号决议是解决冲突中性暴力问题的一项具有里程碑意义的决议，联合国系统带头给予这一问题更多的重视。对于1820号决议中要求的一系列举措，联合国系统进行了全面的响应，各机构加强协调，确保"一体行动"。从预防和应对性暴力，到对受害者的援助，再到国家机构和能力的建设，联合国系统提供了多方面的支持和指导，并基于人道主义精神给受害者以大量的关怀。联合国系统做出的努力为打击冲突中的性暴力犯罪发挥了积极的作用。

第四章　构建冲突中性暴力问题的预防机制：联合国安理会第1888号决议的发展与执行

2009年9月30日，联合国安理会第6195次会议一致表决通过了安理会第1888（2009）号决议（以下简称"1888号决议"）。1888号决议是妇女、和平与安全议程中，安理会为打击和消除冲突中的性暴力通过的第二项决议。在决议中，安理会重申针对平民大规模、有计划地实施性暴力是一种战争策略，不利于和平的实现，要求武装冲突各方立即停止任何形式的性暴力，采取措施保护平民免遭任何形式的性暴力，并彻底调查平民或军人实施性暴力的所有报道，将施害者绳之以法。1888号决议从特别代表的设立、调解和和平进程、性暴力的报告等三个方面，填补了1325号决议和1820号决议的空白。

决议表决通过后，时任中国常驻联合国代表、特命全权大使张业遂进行了解释性发言。在发言中，他指出中国强烈谴责在武装冲突中对妇女的性暴力侵害行为，支持国际社会严惩冲突中犯有性暴力罪行的个人。在推动武装冲突中保护妇女工作方面，张业遂大使着重强调了以下三点：（1）在保护妇女、打击性暴力犯罪中，各国政府负有最主要的责任，国际社会应予以协助；（2）加强妇女在和平进程中的参与，重视妇女在和平进程中发挥的作用；（3）继续鼓励支持民间社会参与保护妇女的工作。

本章将结合 1888 号决议，重点阐述联合国在全面构建消除冲突中性暴力机制方面做出的努力。

第一节　内容的演进

一　回顾与冲突中性暴力有关的文件

1888 号决议再次回顾了过去通过的有关妇女、儿童权益保护，打击冲突中性暴力的文件或公约：《北京宣言》《行动纲领》《消除对妇女一切形式歧视公约》及《任择议定书》《儿童权利公约》及《任择议定书》《国际刑事法院罗马规约》。

1888 号决议回顾了与儿童和武装冲突问题有关的安理会决议。2009 年 8 月 4 日，安理会表决通过了第 1882 号决议。在这份决议中，安理会要求秘书长在就儿童与武装冲突问题进行年度汇报时，将武装冲突局势中违反国际法、杀害或残害儿童以及对儿童实施任何形式的性暴力行为列入报告附件所列的违反国家法参与招募或使用儿童的武装冲突局势当事方清单，要求清单所列当事方停止招募、虐待和侵害儿童，采取措施保护冲突局势下的儿童。

二　联合国方面应采取的措施

1888 号决议在应对冲突中性暴力问题采取的措施中对联合国系统提出了诸多要求。其中对 1820 号决议中的部分应对措施进行了重申和强调。1888 号决议要求联合国系统继续强化对维和行动中性剥削和性虐待"零容忍"政策的执行；继续对维和行动军人和警察进行冲突中性暴力有关问题的培训，提高维和人员在冲突地区开展维和行动时对性暴力问题的应对和处理能力；在对冲突局势进行针对性的制裁时，适当地列入强奸和其他形式的性暴力因素。此外，1888 号决议就联合国在冲突中性暴力问题的预防、打击和消除方面应采取的措施提出了更加具体、详细的要求。

（一）加强联合国系统内部协调

冲突中的性暴力问题的解决涉及人权、妇女儿童权益保护、难民、司法、维和等领域内多个联合国实体机构。这些机构需要在自身职权范围内发挥职能，同时与其他机构密切协调，共同推进冲突中性暴力问题的解决。在 1888 号决议中，安理会请秘书长正式任命一名特别代表，对联合国应对冲突中性暴力问题的行动进行统一的战略领导，以加强现有的联合国协调机制。2007 年，联合国发起的"联合国行动"是联合国系统内部应对冲突中性暴力问题的重要机制。"联合国行动"围绕三大支柱开展活动：（1）国家层级行动，"联合国行动"为联合国综合特派团和联合国国家工作队提供战略性支持，协助其帮助冲突中性暴力横行的国家制定打击性暴力问题的综合战略；（2）开展宣传活动，呼吁全球关注冲突中性暴力问题；（3）在具体实践中不断改进工作，开发工具以加强对性暴力的流行程度、趋势和模式的监测和报告，提高响应安理会决议的能力。根据决议，秘书长任命的特别代表将利用"联合国行动"机制加强联合国系统对冲突中性暴力问题的应对，推动所有利益攸关方之间的合作和协调。1888 号决议鼓励"联合国行动"框架下的 13 个联合国实体机构积极配合特别代表的工作，加强彼此间的合作与信息交流，从而避免重复，提高联合国系统的行动效率。同时，秘书长各相关特别代表和紧急救济协调员应在"联合国行动"的支持下，与有关方面进行协商，与有需求的会员国共同拟定政府—联合国打击性暴力行为联合综合战略，并及时在向联合国提交的报告中更新消息。

（二）帮助有关国家提高司法和援助能力

打击冲突中性暴力，提高冲突局势国家的司法能力十分有必要。一个完善的司法体系，应具备惩罚性暴力犯罪的法律和严惩性暴力犯罪分子的能力，能确保性暴力受害者能够诉诸法律，使他们在司法程序中能够得到尊重和保护，并能够获得应有的赔偿。1888号决议呼吁秘书长与联合国在实地的人员合作，在征得所在国家政府的同意后，采取措施部署法治专家组处理冲突局势中的性暴力问题。此外，1888号决议鼓励联合国有关实体为有需求的国家提供援助，建议利用联合国系统内部有关法治、民事和军事司法系统、调解、刑侦、安全部门改革等领域的专家，与有关国家民事和军事系统内的法律和司法官员以及其他人员密切合作，帮助有关国家加强国内司法体系的建设，提高司法能力，加强刑事问责，消除性暴力中的有罪不罚现象。司法系统的完善在打击性暴力犯罪、消除有罪不罚现象的同时，也有助于保护性暴力受害者，为受害者争取应有的赔偿。1888号决议在建议利用联合国内部法治等领域的专家协助建设国家司法体系时，要求专家查明有关国家应对措施中的不足，改进对受害者的响应。除了对受害者的司法援助，1888号决议鼓励有关国家在国际社会的支持下，帮助受害者，尤其是农村地区的受害者，获得医疗、心理辅导和在经济方面重返社会的服务。

（三）全方位扩大妇女在冲突中性暴力问题中的参与

1888号决议对妇女参与给予了高度重视。1888号决议指出，在目前的和平进程中，妇女的参与程度仍然比较低，体现在正式和平进程中女性参与者人数较少，也没有女性在联合国主持的和平谈判中担任首席或者主要调解人。而提高妇女地位、增强妇女力量以及加大对妇女组织和妇女网络的支持对巩固和平以促进妇女平等和充分的参与具有至关重要的意义。在维和行动中，1888 号决议认识到女性维和人员会给受到武装冲突影响的妇女和儿童带来更多的安全感，会使得受到性暴力的妇女和儿童更愿意与其合作并报告遭受性暴力的情况，同时女性维和人员的存在也可为当地妇女树立榜样，激励她们加入国家安全和武装部队。基于妇女参与的重要意义和参与率不足的问题，1888 号决议鼓励联合国采取措施提高女性在维和、和平谈判和和平重建中的参与率，具体包括以下几项措施：（1）采取措施增加参与解决冲突、建设和平的调解进程和决策进程的妇女代表人数；（2）鼓励会员国派遣更多的女性军人和女性警察参加维和行动，提高维和特派团中女性参与率；（3）通过与冲突局势当地的妇女组织举办互动会议，共同讨论冲突地区妇女关切的问题，了解当地妇女的实际需求和问题。

（四）将性暴力问题纳入和平进程

在 2009 年一场由"联合国行动"组织的关于和平会谈和性暴力的会议中，联合国负责人道主义事务的前副秘书长扬·埃格兰（Jan Egeland）表示，"如果在停火和和平进程中不正视性暴力问题，对妇女而言就不会有和平的存在"。[1]1888 号决议明确强调在开始进行和平进程和调解努力时就必须重视性暴

---

1. Anne-Marie Goetz, "Sexual Violence in Conflict as a War Tactic – Security Council Resolution 18888: Next Steps," https://www.un.org/en/chronicle/article/sexual-violence-war-tactic-security-council-resolution-1888-next-steps，最后访问日期：2020 年 4 月 5 日。

力问题，在和平进程中每一个环节中也应该考虑到性暴力问题，这些环节包括：停火前人道主义准入和人权协定、停火和停火监测、解除武装、复员和重返社会、安全部门改革、司法和赔偿、冲突后恢复和发展等。1888号决议敦促建设和平委员会鼓励其议程所列各国在冲突后战略中列入并实施减少性暴力的措施。在冲突后的社会重建中，1888号决议要求建设和平委员会采取措施发挥妇女在重建中的作用。

（五）提高维和行动应对冲突中性暴力的能力

维和行动在应对所在国家冲突局势中性暴力问题上发挥着重要作用。1888号决议除了继续要求加强有关性别准则的制定和对维和军人、维和警察的培训外，为了提高维和行动对性暴力的应对能力，还提出在维和特派团中设立保护妇女顾问（Women's Protection Advisers）一职。1888号决议决定在特派团中视情况安排保护妇女顾问，视个案情况在性别平等顾问（Gender Advisers）和保护人权单位中指定保护妇女顾问，要求秘书长在维和行动筹备阶段系统地评估是否需要设立保护妇女顾问、需要多少保护妇女顾问和保护妇女顾问的作用。在特派团中部署的保护妇女顾问参与特派团中与冲突中性暴力有关的维和任务，为特派团领导提供建议，领导对冲突中性暴力的监测、分析和报告工作，协助保护性暴力受害者，提高特派团应对冲突中性暴力的能力。

（六）秘书长按照安理会要求提交与性暴力有关的信息和报告

1888号决议要求秘书长提供以下几方面的信息。（1）建立新的监测和报告制度，并就此制度提交具体提议进行说明。1888号决议要求秘书长在3个月内提出具体提议，说明如何利用联合国系统、各国政府、区域组织、非政府组织和各民间社会行为体来确保在联合国系统内更高效地监测和报告在武装冲突和冲突后局势中防止妇女、儿童遭受性暴力侵害的情况，及时、准确地获取联合国各实体机构在应对中存在的不足之处的信息，以便在联合国各实体机构采取行动时予以审议。（2）在各维和行动的定期报告中，说明在维和行动中已采取哪些措施保护平民以免遭性暴力侵害，特别是与妇女和儿童相关的保护措施。（3）在提交给安理会的有关冲突中性暴力的所有报告中系统地汇报武装冲突中性暴力的趋势、新出现的攻击方式以及预警指标。（4）提交 1820 号决议和 1888 号决议执行状况的报告，在报告中应包括能够合乎道德标准并及时地收集冲突中性暴力信息的详细协调和战略计划，联合国特派团与性暴力问题和人权有关的专家组或特别代表处理冲突中性暴力问题的最新情况，安理会议程所列局势中涉嫌大肆实施强奸或其他形式性暴力行为的武装冲突当事方的信息。

三　对会员国提出的建议

1888 号决议中还有少量与会员国有关的应对措施。与联合国系统有关措施措辞不同的是，针对会员国的措施，1888 号决议更多的是鼓励而不是要求和敦促，不带有强制性。与会员国有关的措施主要有以下几项：（1）鼓励各国根据国际法，酌情进行司法和法律改革，打击冲突中对性暴力的有罪不罚现象，切实保护性暴力受害者的利益；（2）鼓励各国和民间社会与有需求的国家进行合作，提供援助，加强有关国家的司法和执法系统处理冲突中性暴力问题的能力；（3）鼓励面对冲突中性暴力问题的国家在国际社会支持下，尤其是在农村地区，扩大对性暴力受害者获得司法、心理、医疗、经济等各方面援助的途径；（4）鼓励国家和地区领导人，发挥更加积极的作用，保护冲突中的性暴力受害者，加大打击有罪不罚现象的力度，增进社会对性暴力问题的认知和了解。

第二节　执行措施

1888号决议通过后，联合国系统采取了一系列措施来执行1888号决议。一方面，联合国方面延续了1820号决议的执行措施。同1820号决议一样，秘书长继续按照规定时间提交了《秘书长关于安全理事会第1820（2008）和第1888（2009）号决议执行情况的报告》（A/65/592–S/2010/604），汇报了决议中所要求的关于武装冲突局势中性暴力问题的信息、趋势等。联合国系统坚定执行对维和行动中性剥削和性虐待的"零容忍"政策，继续努力提高维和行动特派团中女性军人和警察所占的比例。另一方面，对于1888号决议中提出的新要求，联合国也积极采取行动予以响应。

一　设立与冲突中性暴力有关的新职务与机构

（一）任命负责冲突中性暴力问题的特别代表

根据1888号决议的要求，2010年2月2日，秘书长潘基文任命玛戈·瓦尔斯特伦（Margot Wallström）出任第一任负责冲突中性暴力问题的特别代表（该职务以下简称为"特别代表"）。瓦尔斯特伦在其政治生涯中，一直积极参与与妇女、和平与安全有关的议题，对冲突中性暴力问题也有所关注，对处理妇女有关的事务有丰富的经验。特别代表须兼任"联合国行动"主席一职，负责联合国在应对冲突中性暴力问题中的战略领导工作，通过"联合国行动"来推动合作与协调，以确保联合国的"一体行动"。特别代表也是联合国在冲突中性暴力问题的发言人和政治倡导者，负责促进冲突中性暴力问题的宣传以及提高国际社会和世界各国在此问题上的认知。2010年4月，瓦尔斯特伦设立了秘书长冲突中性暴力问题特别代表办公室（Office of the Special Representative of the Secretary-General on Sexual Violence in Conflict，以下简称"特别代表办公室"）。在领导特别代表办公室开展工作期间，瓦尔斯特伦设立了五项优先议程，分别是：打击有罪不罚现象；为妇女赋权，争取权利；动员政治领导人；加强对强奸作为一种战争策略和冲突后果的认识；确保联合国系统对冲突中性暴力问题做出一致反应。2012 年 9 月，扎伊娜卜·哈瓦·班古拉（Zainab Hawa Bagura）接任冲突中性暴力问题特别代表。班古拉为特别代表办公室增加了一项新的优先事项，即增加国家在应对冲突中性暴力问题时的自主权、领导作用和责任。

特别代表的任命和特别代表办公室的设立推动了联合国系统在针对冲突中性暴力问题上人力、物力、财力资源的整合。在特别代表办公室框架下，特别代表统领工作，利用"联合国行动"开展活动，使得联合国系统各实体机构在发挥各自职能应对冲突中性暴力时保持协调，以一个整体的方式对接存有冲突中性暴力问题的国家，从而为联合国系统应对冲突中性暴力问题提供连贯和战略性领导，提高联合国系统内与冲突中性暴力议题有关的各实体机构之间的协调效率。在特别代表的带领下，"联合国行动"参与了国家打击冲突中性暴力战略的制定，组织法治专家组，为维和人员、国家部队军人、国家安全部门警察等开展培训，援助受害者等。

在特别代表办公室和"联合国行动"应对冲突中性暴力问题中，各任特别代表都做出了大量的努力。

特别代表作为联合国促进国际社会打击冲突中性暴力的发言人和政治倡导者，积极呼吁和推动国际社会加大对打击冲突中性暴力问题的关注。作为发言人，特别代表对武装冲突局势中的性暴力问题保持了密切关注，强烈谴责武装冲突局势中的性暴力犯罪，敦促有关政府积极采取措施打击性暴力犯罪，保护受害者。特别代表还对冲突中一些具体的性暴力案件保持关注，积极发声，要求政府当局彻查案件，严惩罪犯，保护性暴力受害者。2011年10月，一位名为素鲁罗加（Sumlut Roi Ja）的缅甸妇女在缅甸克钦邦（Kachi State）遭到政府军的绑架和轮奸。2012年1月，素鲁罗加的丈夫向最高法院提请调查其妻子的失踪案件。但两个月后，最高法院拒绝了素鲁罗加丈夫的请求。[1]2012年，时任特别代表瓦尔斯特伦要求缅甸政府开展调查，释放素鲁罗加及其他三名据说遭到关押的妇女，追究施害者责任。作为政治倡导者，特别代表积极奔走呼吁，号召国际社会对打击冲突中的性暴力给予更多的关注。2013年9月，时任特别代表班古拉和英国外交大臣威廉·黑格（William Hague）共同主持的安理会第六十八次会议上，113个国家签署了《制止冲突中性暴力的承诺宣言》（A Declaration of Commitment to End Sexual Violence in Conflict）。签署该宣言的会员国承诺消除冲突中的性暴力被作为一种战争武器的行为。同时，宣言向受害者传递了重要信息，国际社会并没有遗忘受害者，会继续加大对受害者的各项援助。宣言中同样强调了打击冲突中对性暴力的有罪不罚现象，彰显了国际社会惩处性暴力犯罪分子的决心。[2]

---

1. 案件详情：2011年10月，缅甸妇女素鲁罗加、素鲁罗加的丈夫及其丈夫的父亲在位于克钦邦的自家庭农场做农活时遭到政府军绑架，但其丈夫和丈夫的父亲设法逃脱。2012年1月，素鲁罗加的丈夫向缅甸最高法院提出请求，要求调查妻子的失踪事件。同时，素鲁罗加的家人多次要求政府当局和军方透露其下落。2012年3月，缅甸最高法院驳回了素鲁罗加丈夫的请求，拒绝对素鲁罗加的失踪进行调查。最高法院认为没有明确证据显示素鲁罗加在失踪前遭到军方拘留。缅甸军方官员直接否认军方拘留素鲁罗加的说法。根据国际人权联盟（FIDH）官方网站2016年10月的一篇报道，截至2016年素鲁罗加依旧处于下落不明的状态。

2. UK Government, "113 Countries Pledge Action to End Sexual Violence in Conflict," https://www.gov.uk/government/news/113-countries-pledge-action-to-end-sexual-violence-in-conflict-timetoact，最后访问日期：2020年4月18日。

特别代表在任职期间数次前往需要解决冲突中性暴力问题、局势需要关注的国家进行实地访问。第一任特别代表瓦尔斯特伦在 2010 年出任特别代表职务后，在 2010 年就进行了四次实地访问，在 4 月和 9 月至 10 月两次访问刚果民主共和国，6 月访问利比里亚，11 月访问了波斯尼亚和黑塞哥维那。2013 年，班古拉作为第二任特别代表相继出访刚果民主共和国、索马里、波斯尼亚和黑塞哥维那。2017 年，第三任特别代表帕滕到任后，在年内访问了刚果民主共和国、尼日利亚、波斯尼亚和黑塞哥维那，并两次前往缅甸访问。

特别代表在出访时工作内容主要有以下几类。

（1）与政府首脑、政府有关负责人、武装冲突局势各方领导人展开会晤，促使当地政府与联合国达成合作意向，共同打击冲突中性暴力犯罪。在 2010 年访问利比里亚期间，瓦尔斯特伦与各利益攸关方探讨利比里亚减少性暴力犯罪与打击有罪不罚现象的举措，并与当地政府就应对冲突中性暴力达成合作协议。2012 年，瓦尔斯特伦出访哥伦比亚。时任哥伦比亚副总统赫利诺·加尔松（Angelino Garzón）代表当局承诺哥伦比亚政府将继续与联合国密切合作，表示哥伦比亚政府在打击有罪不罚、使保护受害者成为战略中心、分享应对性暴力举措的知识等三个优先领域与联合国开展技术合作。2013 年，班古拉在刚果民主共和国访问期间，会见了刚果民主共和国的总统、总理和其他政府高级官员，并最终促成 3 月 30 日当地政府与联合国打击冲突中性暴力联合公报的通过。

（2）对武装冲突局势后保护受害者的成果和努力进行审查。2013 年，班古拉率访问团访问了波斯尼亚和黑塞哥维那，对波斯尼亚和黑塞哥维那政府部门和民间社会处理 1992～1995 年冲突中性暴力罪行采取的措施进行审查。经过审查，访问团认为波斯尼亚和黑塞哥维那在为受害者提供司法服务和诉讼支持上仍存在不足，各级政府对惩处冲突期间性暴力犯罪施害者的政治意愿不明显，受害者无法得到司法支持，甚至无法得到社会的尊重和认可。除了司法援助，受害者能够得到的全面服务也较为有限。为受害者提供全面服务的非政府组织只能提供社会心理支持，而且只在部分地域开展了此项工作。

（3）在与政府官方的交流之外，展开性暴力情况的调研，接触当地妇女或妇女团体也是特别代表在出访时的一项重要工作。在2010年访问波斯尼亚和黑塞哥维那期间，瓦尔斯特伦与当地妇女团体进行接触，了解当地妇女在冲突之后寻求司法帮助的情况。2017年，第三任特别代表普滕到访了缅甸科特斯巴扎尔（Cox's Bazar）的营地和安置点，听取了当地妇女和女童的叙述，她们反映了军事冲突期间发生的强奸、轮奸、性奴役引起的绑架等有关情况；她还收集了当地妇女在政府安全官员进行搜查时遭受性骚扰的可信证词。

（二）设立法治专家组

1888号决议呼吁联合国系统在武装冲突中，在征得国家当局同意的情况下，迅速部署法治专家组协助国家提高司法能力，确保性暴力犯罪者得到应有的刑事处罚。维持和平行动部、人权高专办和联合国开发计划署作为牵头机构，代表"联合国行动"组织了联合国法治和冲突中性暴力问题专家组（UN Team of Experts on Rule of Law and Sexual Violence in Conflict，以下简称"法治专家组"）。法治专家组接受特别代表办公室的领导，专家组组长须向特别代表办公室报告工作。除了法治专家组内的正式专家成员，法治专家组还备有一个专家名册，用以日后随时补充专家组。这些专家主要来自国际刑法、人权、警察和执法、司法改革、过渡司法、性别平等、赔偿等领域。在征得东道国同意后，专家组成员被派遣至当地开展工作，在刑事调查和监控，收集和保全证据，军事司法系统的调查和起诉，刑法改革和程序法改革，保护受害人、证人和司法官员，赔偿性暴力受害者等领域帮助东道国政府提高司法系统的应对能力。法治专家组于2011年5月中旬开始了全面的工作。

法治专家组在工作过程中，主要关注特别代表办公室和"联合国行动"确定的在武装冲突中的性暴力问题方面尤其值得关注的局势，建立国家档案，并协助这些国家改善司法系统。2018年秘书长向安理会递交的《秘书长关于冲突中性暴力的报告》（S/2018/250）中的信息显示，截至2017年底，法治专家组已在中非共和国、哥伦比亚、科特迪瓦、刚果民主共和国、几内亚、伊拉克、利比里亚、马里、缅甸、尼日利亚、索马里、南苏丹和苏丹开展工作，并与非洲联盟、大湖地区国际会议（the International Conference on the Great Lakes Region）和阿拉伯国家联盟等区域组织开展协作。

法治专家组在开展工作中通过前往武装冲突国家进行实地访问，全方位帮助国家司法体系提高应对冲突中性暴力问题的能力。法治专家组开展的工作主要有以下几项内容。

第一，对国家在司法体系应对冲突中性暴力问题中的整体能力或采取的措施进行评估，并提出相应建议

2011年1月30日至2月12日，在法治专家组尚未全面开展工作之前，法治专家组的部分成员对刚果民主共和国进行了访问，对刚果民主共和国在应对冲突中性暴力问题上的一些必要措施进行了评估，寻找目前措施存在的不足之处，以配合联合国在刚果民主共和国当地开展的工作，并推动消除刚果民主共和国境内的有罪不罚现象。经过评估，法治专家组认为，有必要在刚果民主共和国武装力量和国家警察内部为报告性暴力犯罪建立一个安全的环境；需要加强军事司法系统

的调查能力，包括证据的收集、存储和保护以及有效的起诉；需要加强对性暴力犯罪的证人、受害者和幸存者的保护。根据评估结果，法治专家组与联合国刚果民主共和国稳定特派团（MONUSCO，以下简称"联刚稳定团"）法治科、联合国驻刚果民主共和国联合人权办公室（the United Nations Joint Human Rights Office in the DRC）、联合国开发计划署共同采取了两项举措。[1]第一项举措是通过联刚稳定团在刚果民主共和国东部设立的起诉支持中心（Prosecution Support Cells）派遣专家顾问协助刚果民主共和国军事司法系统的工作，从而为刚果民主共和国武装力量中的军事检察官和调查人员调查包括性暴力罪行在内的战争罪和反人类罪提供技术支持和后勤保障。另一项举措则是法治专家组联合当地的其他联合国实体机构和国家机构，协助政府将25名接受过联合国性暴力培训的女性治安法官部署到刚果民主共和国东部的检察院。在法治专家组的支持下，25名新任命的女性治安法官组成性暴力问题中心（Sexual Violence Cells），负责在民事司法系统中对性暴力案件的调查和起诉工作。

第二，协助有关国家制定或实施与冲突中性暴力有关的计划、政策和战略

2013年3月，特别代表访问了刚果民主共和国并促成了联合公报的发表。2013年7月，法治专家组在刚果民主共和国首都金萨莎举行了技术研讨会，协助当地政府制订了联合公报的实施计划。2014年，刚果民主共和国武装部队

---

1. 联合国刚果民主共和国特派团（MONUC）是联合国继联合国刚果行动（ONUC）后派往刚果民主共和国的第二个维和特派团，该特派团在1999年11月至2010年6月在刚果民主共和国执行维和任务。2010年7月，联合国刚果民主共和国稳定特派团（MONUSCO）在联合国刚果民主共和国特派团处接管了刚果民主共和国的维和任务。根据2019年安理会通过的第2502号决议，联合国刚果民主共和国稳定特派团任期至2020年12月20日。

正式启动了武装部队打击性暴力计划。法治专家组和联刚稳定团一起协助武装部队实施了该计划，促使武装部队发布了禁止性暴力行为的命令。

第三，指导国家当局对具体的性暴力案件进行调查和起诉

2009 年 9 月 28 日，几内亚首都科纳克里由于选举问题爆发了大规模示威活动，至少有 157 名示威者在几内亚安全部队与示威者的冲突中丧生，至少有 109 名妇女和女童遭受了性暴力侵害。2011 年 11 月，几内亚政府与联合国签署了一份联合公报，同意法治专家组协助政府当局对 2009 年 9 月冲突期间发生的性暴力犯罪进行调查，并对有关责任人提起诉讼。随后，法治专家组协助几内亚政府开展了长达数年的调查与起诉工作。自 2012 年 12 月起，法治专家组聘请的一位专家在科纳克里协助几内亚政府组织的法官小组对 2009 年 9 月发生的大规模强奸罪行和其他罪行开展调查，并提供咨询。在专家的帮助下，法官小组增加了听证的性暴力案件数量，听取了超过 200 名性暴力受害者和证人有关性暴力犯罪的证词。在此次案件中，有多名几内亚军方官员牵涉其中。在法治专家组的技术援助下，几内亚政府组织的法官小组对包括前总统穆萨·达迪斯·卡马拉（Moussa Dadis Camara）在内的 17 名政治和军事领导人提起诉讼。2017 年 12 月，几内亚法官小组的调查工作结束。在提供咨询之余，法治专家组还协助加强了对法官小组的安保工作。法治专家组为法官小组可能遭遇的威胁提供了应对建议，并积极呼吁将隶属于总统卫队的警察部队永久性部署至法官办公室，还为证据、证词和相关文件的保护提供了后勤保障。这一举措保护了法官、受害者和证人们的人身安全。法治专家组推动了几内亚政府对 2009 年 9 月 28 日事件中性暴力犯罪的起诉，但是几内亚境内性暴力犯罪中的有罪不罚现象仍然是常态。

第四，开展培训班，培训国家司法人员、军人和警察以提高应对冲突中的性暴力犯罪能力

2017年，为了加强军队和警察应对冲突中性暴力问题的能力，法治专家组和联合国南苏丹特派团（UNMISS）为南苏丹人民解放军310名军人和国家安全警察中的85名官员（其中有21名为女性）提供了培训。

第五，鼓励同样面对冲突中性暴力问题的国家在完善司法体系方面进行合作交流

2016年10月，法治专家组在科特迪瓦大巴萨姆召开会议，来自中非共和国、科特迪瓦、刚果民主共和国、马里、索马里、南苏丹和苏丹的高级军官参会。在会议期间，来自上述国家的高级军官就应对冲突中性暴力问题的做法进行了交流，并确定了面向非洲军队的新准则的内容。法治专家组还积极与地区区域组织开展合作，共同举办研讨会并提供多种交流平台。2014年，大湖地区国际会议正式成立了一个区域培训机构，用以培训司法工作人员、警察、社会工作者、医务工作人员等应对针对女性和儿童的性暴力问题的能力。2014年9月，特别代表与大湖地区国际会议方达成协议，联合国将通过法治专家组支持该机构的工作。2014年12月，该机构与法治专家组、非洲联盟共同举办了第一次技术研讨会，来自11个成员国的代表共同讨论了在性暴力案件中DNA技术的合理使用方法。技术研讨会为各成员国提供交流应对性暴力案件经验的平台，鼓励各成员国就包括应对冲突中性暴力在内的话题进行对话和经验分享。同时，法治专家组在研讨会中为成员国军队提供了与冲突中性暴力有关的国际法、安理会决议和实践方法上的培训，以提高其在解决性暴力问题和赔偿受害者方面的能力。

另外值得一提的是，法治专家组是依照妇女、和平与安全议程中的 1888 号决议所设立，但除了关注妇女和女童所遭遇的冲突中性暴力问题，法治专家组对于男性和男童在冲突中遭受的性暴力问题也予以了一定的关注。2013 年 7 月，特别代表办公室和美国国务院在纽约举办了一场与此话题有关的研讨会。会后，法治专家组撰写了有关报告，对男性和男童在冲突中遭受性暴力的情况、影响、法律框架进行了梳理，并建议国际社会应给予遭受性暴力的男性受害者以保护和关注。

（三）派遣保护妇女顾问

保护妇女顾问是 1888 号决议要求设立的顾问职位。2009 年 10 月 5 日通过的安理会第 1889 号决议也要求秘书长考虑在维和特派团中设立保护妇女顾问一职。在决议通过后，联合国着手设立保护妇女顾问一职的筹备工作。经过与"联合国行动"成员机构协商，政治事务部、维持和平行动部、人权高专办和特别代表共同拟定了保护妇女顾问的职责范围。根据安排，保护妇女顾问设立在特别代表办公室内，并与部署在人权和性别平等部门的保护妇女顾问紧密合作。保护妇女顾问应在协助人权、性别平等及其他相关部门加强对与冲突有关的性暴力问题的反应能力中起到补充作用。设置在特别代表办公室的保护妇女顾问负责协调联合国所有相关行为体，加强对与冲突有关的对妇女、男性和儿童实施的性暴力行为的监测、报告、预防与反应，还应参与完成安理会就冲突中性暴力问题规定的任务。设置在人权部门的保护妇女顾问还应领导技术层面的工作小组，加强对与冲突有关的性暴力的监测、分析和报告，筹划和协调多学科调查小组的工作。设置在性别平等部门的保护妇女顾问还应领导主流化、培训、能力建设和反应方面的工作，与特派团文职、警察和军事部门合作，确保将性暴力问题纳入维和特派团的工作中。保护妇女顾问职责被确定后，联合国着手部署保护妇女顾问至维和行动特派团中，监测、分析和报告与冲突有关的性暴力信息，促进对话，争取各方做出保护妇女的承诺。

二 制定打击冲突中性暴力的综合战略

制定打击冲突中性暴力的综合战略是1888号决议提出的一项不同于1820号决议的新举措。但事实上，在1888号决议通过之前，"联合国行动"已经资助联合国刚果民主共和国特派团和联合国国家工作队，帮它们制定了《打击刚果民主共和国境内性暴力综合战略》（Comprehensive Strategy on Combating Sexual Violence in Conflict in the Democratic Republic of Congo）。1888号决议通过后，"联合国行动"继续为《打击刚果民主共和国境内性暴力综合战略》提供支持，2009年11月，这一综合战略正式生效。"联合国行动"同时与其他国家开展合作，制定综合战略。2009年，"联合国行动"响应1888号决议要求，同科特迪瓦团结、家庭、妇女和儿童事务部一起为科特迪瓦制定了一份打击性暴力的综合战略。2012年7月，《打击科特迪瓦境内基于性别的性暴力的国家战略》（National Strategy to Combat Gender-Based Sexual Violence in Côte d'Ivoire）得以最终完成，并交由团结、家庭、妇女和儿童事务部部长审核并等待批准。但是直到2014年9月，在"联合国行动"和联合国人口基金会的支持和协调下，科特迪瓦政府才正式启动了打击性别暴力的国家战略。2010年初，在联合国人口基金会的支持下，一名顾问前往乍得，协助乍得政府制定该国东部打击性暴力的综合战略。联合国系统协助国家制定打击性暴力的综合战略，但这并不意味着战略能够实施和见效。2016年《秘书长关于冲突中性暴力的报告》（S/2016/361/Rev.1）显示，科特迪瓦打击性暴力综合战略的通过虽然表明了政府打击性暴力的政治意愿，但是由于缺乏足够的预算去实现战略中的目标，该战略的执行出现了停滞。国家打击性暴力综合战略的实施还需要政府高层领导的积极配合、工作人员的协调以及足够的预算和资源。

三 提高国家司法和保护受害者能力

在打击性暴力中，联合国系统帮助有关国家完善司法体系、提高司法能力一直是一个重点问题。无论是2009年刚果民主共和国实施的打击性暴力的综合战略，还是2014年正式启动的《打击科特迪瓦境内基于性别的性暴力的国家战略》，都将打击有罪不罚、在司法中响应幸存者需求作为重要的战略目标。1888号决议要求成立的法治专家组也为联合国协助有关国家提高司法能力提供了新的方式。司法体系的不足对于受害者而言，会使其在遭受性暴力侵害后，不知道如何诉诸法律以保护自我，或者在取得诉讼成功后仍无法获得应有的赔偿。联合国系统在对受害者的司法援助上，积极敦促有关国家出台法案或措施，使受害者可以通过司法途径维护自身权益并获得应有的赔偿。在东帝汶，联合国开发计划署和联合国东帝汶综合特派团（UNMIT）向东帝汶国民议会提供了拟定赔偿法案和起诉案件的技术指导，为冲突中的性暴力受害者提供司法救助。2009年12月，东帝汶国家议会第34/11号决议建议通过一项关于1974年至1999年人权被侵犯（包括被强奸和性奴役）的受害者的赔偿法。2010年，东帝汶国家议会通过了关于建立过去（包括强奸和性奴役）在内的侵犯人权行为受害人赔偿方案框架的法律草案。在司法能力建设方面，比如审判性暴力罪犯、确保受害者得到赔偿等，联合国更多地是在发挥协助作用，联合国并非取代政府去审判罪犯，而是通过调动自身的物力、人力资源，帮助政府提高司法能力，从而打击有罪不罚现象，保护受害者。

在向受害者提供服务以及医疗、心理、经济援助方面，联合国不断提高其各机构在当地服务和援助受害者的能力，也在努力地使更多受害者获得此类援助。在对受害者提供服务时，联合国一直尽可能地考虑到受害者的实际情况，为其提供全方位的援助。在之前联合国各实体机构采取的多部门办法中包括了医疗、社会心理、法律和重新在社会经济层面融入社会四大支柱；在其中还有一些更加具体的援助措施，比如在医疗方面，联合国考虑了艾滋病和艾滋病毒的潜在影响和危害。在这些常规援助之外，联合国还考虑到了残疾妇女缺乏社会支持和保护，更有可能遭受性暴力侵害，在面对性暴力时也可能更加脆弱。2010年，维持和平行动部所写的《排雷行动方案性别准则》（Gender Guidelines for Mine Action Programmes）中就将性暴力也列入其中，这是认识到了被地雷致残的妇女可能遭遇到性暴力侵害的风险。

四　在和平进程中处理冲突中性暴力问题

根据1888号提议，在和平进程中要增加参加冲突后的调解与和平重建工作的妇女代表人数，将性暴力问题纳入联合国发起的所有和平谈判进程。在扩大妇女参与和平进程方面，2009年10月，安理会通过了1889号决议，呼吁各方采取措施消除妇女参与和平进程的障碍。在将性暴力问题纳入和平进程方面，联合国积极采取行动，确保将处理性暴力问题纳入联合国参与的所有停火及和平协定中，并将其列为监测条款，包括列入有关附件中。2010年2月，联合国妇女发展基金提出在苏丹政府和"正义与平等运动"的停火协议中加列有关停止性暴力的条款。这一措辞为将性暴力问题纳入停火及和平协定树立了先例。为了促使联合国特别代表、特使和调解员更有成效地将性暴力纳入停火及和平协定，政治事务部与联合国系统、高级调解员和调解专家密切合作，于 2012 年 1 月正式出版了《联合国关于协调人在停火及和平协定中处理与冲突有关的性暴力问题指南》(*Guidance for Mediators：Addressing Conflict-Related Sexual Violence in Ceasefire and Peace Agreements*)。该指南可以指导特别代表、特使和调解员在预防性外交努力、调解与和平进程中有效地处理与冲突有关的性暴力问题。在关于在停火及和平协定中列入冲突中性暴力问题的原则上，该指南认为协调人有义务确保冲突各方参与讨论这一问题，并做出承诺，停止一切性暴力行为。该指南还要求将与冲突有关的性暴力包括在停火涵盖的行为的定义中，并与其他可能违反停火的行为一起进行监测，并将其排除在大赦条款之外。指南的出版有力地推动了纳入性暴力问题的停火及和平协定数量的增加。例如 2013 年 1 月 11 日在中非共和国签署的停火协定和原则宣言、2013 年 6 月 18 日签署的《马里总统选举和包容性和平对话初步协定》等文件都将性暴力问题纳入其中。

五　创立性暴力资料的监测、分析和报告制度

1888 号决议要求秘书长在提交给安理会的报告中应包括武装冲突中性暴力的具体事件、趋势、模式和预警指标等内容。1888 号决议第 26 段还要求秘书长说明如何利用资源促使联合国系统能够更加高效地监测和报告在武装冲突和冲突后局势中妇女和儿童遭受强奸和其他性暴力侵害的情况，同时寻找目前联合国实体机构应对冲突中性暴力的不足之处。按照 1888 号决议要求，联合国进行了一次初步的分析，查找机构的不足之处。《秘书长关于安全理事会第 1820 和第 1888 号决议执行情况的报告》汇报了联合国针对这些不足之处拟议的监测、分析和报告制度。

与冲突有关的性暴力行为的监测和报告制度借鉴了安理会第1612（2005）号和第1882（2009）号决议设立的对在武装冲突中严重侵犯儿童的行为进行监测和报告的机制的经验和做法。新的监测和报告制度依照相关的现有准则和标准，确定以下内容：监测的根据规范，对"惯常模式"、"范围"和"系统性侵犯"的定义，安全与道德方面的考虑，信息核查标准以及国家一级监测和报告安排的组成、功能和汇报关系。该制度可以确保在对性暴力问题进行监测和报告时保持协调一致，并在性暴力案件中关注事件本身和施害者。同时，该制度还可以确保安理会编制的任何信息都经过联合国的核查。

分析制度的重点在对信息的分析上，以便更好地了解与冲突有关的性暴力行为的趋势、模式和预警指标。在国家一级建立的分析安排包括了所有利益攸关方，包括联合国各机构、国家机构、民间社会组织、卫生服务提供者和妇女团体。更加深入和系统的分析，有助于了解侵权行为和施害者的信息，从而补充并加强对联合国国家工作队进行的监测和报告工作。

第五章 冲突中性暴力问题的分层解决方案：联合国安理会第1960号决议的发展与执行

武装冲突及冲突后环境是当前世界范围内性暴力问题存在的一个具体背景。联合国对"冲突中性暴力"进行了如下定义："冲突中性暴力"一词是指与冲突有着直接或间接的联系，对妇女、男子、女童或男童实施的强奸、性奴役、强迫卖淫、强迫怀孕、强迫堕胎、强迫绝育、强迫婚姻或严重程度相当的任何其他形式的性暴力，该术语还包括在冲突局势中犯下的为性暴力或性剥削目的而贩运人口的行为。[1]过去一段时间内，新发生或持续进行的武装冲突中出现了普遍的性暴力行为，令人担忧的是，恐惧和污名化共同阻止了大部分遭受冲突相关性暴力的幸存者出面举报这一暴行。[2]据该领域的相关人员估计，每一起被报告的与冲突相关的强奸案背后，都有10~20个类似案例没有

1.《消除冲突中性暴力行为国际日》,https://www.un.org/zh/events/elimination-of-sexual-violence-in-conflict/background.shtml, 最后访问日期：2020年3月21日。

2.《消除冲突中性暴力行为：联合国强调以幸存者为本》, https://news.un.org/zh/story/2019/06/1036561，最后访问日期：2020年2月21日。

被记录在案；而在幸存者报告自己案例的情况中，他们通常是为了获得医疗和心理支持，并认为正义在未来可以得到伸张。在有些环境中，文化习惯和规范比书面法律更重要，举证的负担便落在了受害者身上，司法系统基本无法落实赔偿和补救措施，同时由于司法系统缺乏意愿或能力、专门知识与资源，大多数性暴力案件调查进度缓慢，大部分性暴力罪犯仍逍遥法外。

基于上述冲突中性暴力问题在全球范围内愈演愈烈的背景，联合国第1960号决议（以下简称"1960号决议"）于2010年12月16日联合国安全理事会第6453次会议上获得通过，决议对以往涉及冲突中性暴力的重要国际条约、法律法规、会议文件等进行了简要回顾，重点聚焦及呼吁终止武装冲突中的性暴力，尤其是针对妇女及儿童的性暴力问题；指出了性暴力犯罪者未受惩罚的具体情况并倡议采取包括制裁和报告等在内的相应措施。[1]

本章将结合1960号决议，重点阐述联合国在解决冲突中性暴力问题的进程中所采取的措施：针对不同群体提出不同的要求并制定不同的解决方案。

第一节　内容的演进

一　回顾涉及冲突中性暴力的重要法律法规、会议文件等

1960号决议对以往包含冲突中性暴力相关内容的重要国际条约、法律法规、会议文件等进行了简要回顾。

---

1. 李英桃、金岳嵘：《妇女、和平与安全议程———联合国安理会第1325号决议的发展与执行》，《世界经济与政治》2016年第2期。

在对以往涉及冲突中性暴力问题的重要法律法规和会议文件等的回顾中，1960 号决议指出在《国际刑事法院罗马规约》和各特设国际刑事法庭规约中都明确规定了性暴力罪。《国际刑事法院罗马规约》是于 1998 年 7 月 17 日在罗马召开的由联合国设立的国际刑事法院全权代表外交会议上通过，于 2002 年 7 月 1 日生效的旨在保护国际人权、打击国际犯罪的刑事法律。[1]该规约将任何形式的性暴力行为视为犯罪行为；同时以国际人道主义法为代表的涉及冲突中性暴力问题的其他法律法规中规定，在武装冲突期间，妇女和儿童作为平民的一部分，由于面临风险较大，应得到特别保护，这些法律来源可追溯至 1974 年 12 月 14 日第 29 届联合国大会第 2319 次全体会议通过的《在非常状态和武装冲突中保护妇女和儿童宣言》[2]。

为了防止和应对冲突中性暴力对于妇女和女童的伤害，联合国也多次召开相关会议并通过了有关决议。在 1960 号决议通过之前，联合国已表决通过并执行了第 1325 号、第 1612 号、第 1674 号、第 1820 号、第 1882 号、第 1888 号、第 1889 号和第 1894 号决议等八项与冲突中性暴力问题密切相关的联合国安理会决议，1960 号决议也就此八项决议内容及所有相关安理会主席声明做出承诺，将继续以相互促进的方式全面执行有关决议和声明，同时也着重对第 1820 号和第 1888 号两项决议的执行情况进行了简短回顾。

联合国为预防及应对冲突中性暴力问题推动了多次会议的召开及相关法律法规和决议文件的出台，1960 号决议对涉及冲突中性暴力的重要法律法规、

1.《国际刑事法院罗马规约》，https://www.un.org/chinese/law/icc/index.html，最后访问日期:2020 年 3 月 22 日。

2. 王可菊：《国际人道主义法及其实施》，社会科学文献出版社，2004，第 69~70 页。

会议文件等再次进行的回顾，也体现了联合国对预防和应对冲突中性暴力问题的重视程度，以及进一步解决冲突中性暴力问题的决心。

二 梳理冲突中性暴力现象现状，提出分层次解决方案

针对世界各地武装冲突中均有性暴力发生的现状，1960 号决议对冲突中性暴力现象进行了一定的梳理，着重强调了有罪不罚现象，并按照武装冲突各方、所有国家和非国家当事方等不同层次提出了相应解决方案。

1960 号决议强调了尽管安理会一再谴责暴力行为并多次要求武装冲突中各方立即停止相关暴力行为，但此类行为在有些情况下仍旧有计划地、普遍地发生，且残暴性耸人听闻。在对性暴力现象现状的简短梳理中，决议重点强调了有罪不罚现象：在犯有诸多严重危害平民罪行的各国性暴力施暴者中只有少数被绳之以法，且各国司法系统在冲突发生时和发生后起到的作用遭到了严重削弱。1960 号决议同时提到，武装冲突中性暴力问题特别是针对妇女和儿童的性暴力问题已经引起了深切关注，决议也针对相关问题对不同群体提出了一些要求和解决方案。

在武装冲突各方层面，1960 号决议提出武装冲突各方负有采取措施保护平民的责任，在出现特别值得关注的武装冲突中性暴力情况时，各方应同联合国实地派驻人员合作，征得相关政府同意后，迅速部署专家组，解决相关问题。

在所有国家和非国家当事方层面，1960 号决议强调所有当事方都要充分履行国际法为其规定的义务，包括禁止一切形式的性暴力。各国也应在国际社会支持下，扩大性暴力受害者尤其是农村地区受害者及有特殊需要的残疾人受害者获得身心健康和社会经济方面重返社会的途径。为防止今后再次发

生此类侵害事件，应正视并杜绝有罪不罚现象，同时可考虑司法与和解机制；相关文职和军事领导人要按照指挥官负责原则，表明防止性暴力、打击有罪不罚现象和实施问责制的决心和政治意愿；相关机制必须既可促进追究有关责任的工作，也可促进追求和平、真相、和解的工作并维护受害人权利。

1960 号决议通过对冲突中性暴力现象现状的梳理以及对不同群体提出的分层次要求和解决方案，为联合国各职能部门采取相应措施积极应对相关问题积累了经验。

三 为制止冲突中的性暴力应采取的措施

在 1960 号决议中提出的终止冲突中的性暴力措施主要涉及冲突各方、联合国安理会、联合国维持和平行动特派团、联合国负责冲突中性暴力问题的秘书长特别代表和联合国秘书长等。

针对武装冲突各方，1960 号决议吁请各方做出并履行打击性暴力行为和及时调查侵害行为的承诺，以追究相关责任人责任。

联合国安理会在制止冲突中的性暴力方面发挥着重要作用，鉴于性暴力若在战争中作为策略或作为针对平民发动的广泛或有计划的攻击的一部分来使用可严重加剧武装冲突并延长其持续时间，为维护国际和平与安全，联合国安理会应采取有效步骤防止和应对这类性暴力行为，同时安理会应随时准备在审议其议程所列有关局势时，视需要采取适当步骤，处理武装冲突中发生的有计划的、普遍的性暴力问题。

联合国维持和平行动特派团在制止冲突中的性暴力行动中承担着重要责任，1960 号决议欢迎维持和平行动特别委员会根据报告（A/64/19）对以下事项进行提议、下结论和提建议：维持和平行动特派团需有足够的能力并按照相应准则以综合全面的方式来完成其规定的包括预防和应对针对妇女及女童的性暴力在内的所有任务[1]；特派团要完成任务，就要同当地社区保持有效沟通，增强沟通能力，同时必须确保特派团高级领导参加包括预防和应对武装冲突中性暴力行为在内的保护平民的工作，从而使得特派团所有部门和各级指挥链都适当了解并参与执行特派团的保护任务并履行其相关责任。

联合国负责冲突中性暴力问题的秘书长特别代表也在制止冲突中的性暴力行动中发挥着建设性作用。秘书长特别代表的工作将得到参与制止冲突中性暴力行为行动的各实体及联合国系统相关部门的继续支持，全系统应对工作也将得到改进，特别代表及相关问题工作组应与包括相关监测组和专家组在内的联合国安理会有关制裁委员会交流所有与性暴力有关的信息，从而减少总部和国家一级工作的重叠，与此同时，秘书长特别代表应负责定期提供相关问题的情况通报。

1960号决议同时强调了妇女本身在制止冲突中性暴力行动中可以发挥相当大的积极作用。一方面，决议鼓励会员国派更多女军人和女警员参加联合国维持和平行动，同时为方便相关人员履行其职责，应提供有关性暴力和基于性暴力的培训；另一方面，可将妇女以行使文职、军事和警察职能为名编入维持和平行动特派团，她们的存在可能会鼓励当地社区妇女报告相关性暴力行为。

联合国秘书长在消除冲突中的性暴力的任务中肩负着多项艰巨任务。针对正式和平进程中调解员和停火监督员群体中妇女代表人数不足、缺少接受过处

1.《联合国维持和平行动特别委员会的报告（2010年实质性会议大会正式记录第六十四届会议补编第19号）》（A/64/19），https://digitallibrary.un.org/record/681936?ln=zh_CN，最后访问日期：2020年2月13日。

理性暴力问题适当培训的代表、联合国主持的和平谈判中缺少女性首席和平调解人和女性主要和平调解人等问题，秘书长前期已取得一定工作成效，之后就以上问题应进一步做出努力；秘书长应加强对武装冲突各方履行承诺的追踪和监测，通过相关报告和情况通报会定期向安理会报告最新情况；秘书长应与各类有效团体建立联系，以加强相关数据的收集和分析工作，酌情就冲突所涉性暴力问题做出监测、分析和提交报告等工作安排，以协助安理会采取包括定向和逐级加强在内的多项措施，同时充分尊重根据安理会相关决议建立的监测和报告机制的完整性及特殊性，在外地一级运用协调一致的方法兼顾相关国家的特殊性；秘书长应继续确保负责相关问题的秘书长特别代表的工作透明高效、协调合作，继续对联合国相关人员的性剥削和性虐待行为采取"零容忍"政策，同时针对军事、警务人员、各特派团等进行相关培训，制定相应程序，确保技术支持及问题指导，并提供和分发有关处理性暴力问题的指导准则；秘书长应在提交的年度报告中提供相关武装冲突当事方根据有关决议规定的适用标准及详细信息，并把该标准用作联合国与相关当事方酌情按有关制裁委员会的程序采取措施进行重点交涉的依据；秘书长还应继续就第1820号和第1888号决议执行情况向安理会提交年度报告，并至迟在2011年12月提交上述决议及1960号决议执行情况的最新报告，此外，报告还应列入相关协调战略计划、进展状况、详细资料、标准附件、处理性暴力问题最新情况等。

第二节　执行措施

武装冲突中的性暴力常常被冲突方蓄意用作一种战略来破坏社会平衡，控制、恐吓社区，强迫人们逃离家园。这是一种对国际和平与安全的威胁，是对国际人道主义法和人权法的严重违反，同时是冲突后经济发展的严重障碍。[1]1960号决议的通过为进一步预防和解决冲突中的性暴力问题做出了重要贡献，在该决议的具体执行过程中，联合国秘书长就决议通过后的执行情况也定期向联合国大会提交报告，进行说明，联合国相关机构尤其是保护妇女权益的相关机构，在其中发挥着巨大的作用，所采取的措施主要包括：监测、分析性暴力问题并提交有关问题的报告；强化性暴力问题秘书长特别代表、保护妇女顾问、专家组等专门机构和人员的工作效用；增强联合国维和背景下防止和应对冲突中性暴力的能力；等等。

一 监测、分析性暴力问题并提交有关问题的报告

目前新发生或持续进行的武装冲突中普遍的性暴力行为，在某些情况下可能是武装部队团体为达到惩罚、侮辱和摧毁的目的，有计划地针对平民实施的性暴力。此外，针对妇女和女童实施的大规模强奸行为也时有发生。法律和秩序的全面崩溃、根深蒂固的歧视态度和行为，以及在这些情况中盛行的有罪不罚之风使这些犯罪行为得以发生；这些罪行不仅对受害者造成严重的影响，还从整体上破坏了社会结构。在所有此类情况中，大多数与冲突有关的性暴力事件由于多种因素未得到及时报告。因此，监测、分析性暴力问题并提交有关问题的报告就显得尤为重要。

作为循证行动的依据，联合国系统根据向联合国维持和平行动特派团、政治特派团和国家工作队发出的暂行指南，继续把重点放在为与冲突有关的性暴力行为建立监测、分析和报告制度之上。在建立监测、分析和报告制度

1.《安理会举行公开辩论，潘基文呼吁应对极端暴力团体的大规模性暴力行为》,https://news.un.org/zh/story/2016/06/257952,最后访问日期：2020年3月28日。

时考虑到目前业务活动和外地的协调安排，将工作组分为保护问题专题组、基于性别的暴力问题组、保护平民问题工作组，并重点关注有关严重侵害儿童问题的监测和报告机制。联合国人权高专办为配合联合国系统总体的监测、分析和报告行动，制订和试行了关于监测和调查与冲突有关的性暴力问题的人权干事和其他有关特派团和国家工作队人员的培训方案，重点将依然放在通过适当协调机制，加强人道主义实体（包括服务提供者）和联合国各机构，与维持和平行动特派团和政治特派团之间的协作之上。[1]

依据 1960 号决议相关内容，监测、分析性暴力问题并提交有关问题的报告的目的是保证采集信息系统化，可及时客观、准确、可靠地获取在各类情形下与冲突有关的性暴力行为的相关信息。此举可在一定程度上推动有关各方及时采取行动，加大行动力度，防止和应对与冲突有关的性暴力行为，同时为信息收集过程中采用更安全、更符合道德规范的方式并提升其可操作性提供机会，有效信息也将有助于为战略宣传提供依据、强化预防工作并在国家层面制定打击性暴力综合战略。

1960 号决议的通过也为解决与冲突有关的性暴力问题引入了一个新的机制。政策委员会根据有关冲突中性暴力问题的相关决定与联合国行动网络合作制定了监测、分析和提交报告安排准则及（或）与冲突有关的性暴力问题分析与概念框架，并于 2011 年 7 月在联合国外地工作组分发。据此，监测、分析和提交报告安排通过多个平台建立，方式灵活且因国情而异，避免了简

---

1. 联合国安理会：《1960 号决议的执行》，https://www.un.org/sexualviolenceinconflict/wp-content/uploads/resolution/resolution-1960-2010/Resolution-1960-2010-zh.pdf，最后访问日期：2020 年 3 月 28 日。

单复制和涣散的问题。

同时，监测、分析和提交报告也在技术层面对性暴力工作组的工作提出了相关要求。该工作组可以借助联合国现有的机构间机制，完成对相关信息开展的审核工作，监控并核实性暴力事件，分析数据、趋势和模式，编写报告，安排能力建设，协调冲突各方做出承诺等工作。联合国人权高专办、维和特派团人权事务部门及拥有必要授权和具备必要专长和能力的联合国其他机构也将负责领导工作组与监测和分析性暴力事件有关的工作。

监测、分析和提交有关性暴力问题报告还需要建立与冲突有关的性暴力联合协商论坛，审查并讨论从多种渠道获得的隐去身份资料的相关综合信息并进行分析，进而向工作组和联合国高级领导层提出建议，以便针对防止和应对冲突中性暴力事件进行宣传和采取行动。在联合国的积极推动下，目前在很多国家的人道主义平台中，已存在对性暴力问题进行咨询和协调的项目，如保护问题群组、基于性别的暴力责任区／工作组／子群组和性别平等专题小组等。在可能和适当的情况下，联合协商论坛将纳入工作组成员、国际和地方非政府组织代表、保健服务机构及相关政府代表，并在这些既有安排的主持下定期召开。[1]

二 强化冲突中性暴力问题秘书长特别代表等专门机构工作效用

安理会 1888 号决议通过后即设立了冲突中性暴力问题秘书长特别代表一职，它是联合国关于冲突中性暴力问题的发言人和政治倡导者，也是"联合国制止冲突中性暴力行动"的网络主持人。在 1960 号决议通过后，性暴力问题秘

1.《与冲突有关的性暴力：秘书长的报告》,https://digitallibrary.un.org/record/719758,最后访问日期：2020年2月16日。

书长特别代表发挥着更加积极的作用，该职位的存在使得国际社会对冲突中性暴力问题的态度和处理方式有所改变，并认为此罪行可以避免且应根据国际人权法对罪犯予以惩处，而不再将该问题视为战争不可避免的附带产物。

2010年4月，首任特别代表，瑞典的玛戈·瓦尔斯特伦成立了特别代表办公室，并担任联合国关于这一问题的发言人和政治倡导者。她率先提出了其授权任务的5个优先事项。2012年9月塞拉利昂的扎伊娜卜·哈瓦·班古拉接任其职，在任职期间，她还兼任了机构间网络"联合国制止冲突中性暴力行动"的主席，并在瓦尔斯特伦的优先事项基础上，增列了另一个优先事项。[1]

特别代表办公室6个优先事项现包括：第一，通过协助国家当局加强刑事问责、提高对幸存者及时救助能力和司法能力，结束冲突中性暴力有罪不罚现象。如波黑性暴力行为高度显现的现状，在某种程度上可以追溯到该国历史上的冲突，性暴力问题秘书长特别代表在敦促波黑政府迅速起诉性暴力施暴者、颁布立法以确保所有受害者获得相应赔偿的同时，任命了一名高级顾问，在整个法律进程中向受害者提供帮助[2]；第二，保护遭遇冲突中性暴力的平民，特别是保护成为该罪行施害目标的妇女和女童并增强其权能；第三，发扬政治主人翁精神，促进政府参与制定和执行各项打击性暴力行为的战略和政策；第四，通过国际和国家各级机构提高对强奸这一战争手段和后果的认识；第五，协调统一联合国对策，领导"联合国行动"这一由13个联合国实体机构组成的网络，在更广泛的联合国议程中扩大有关这一问题的规划和宣

1.《关于特别代表》，https://www.un.org/sexualviolenceinconflict/about-us/about-the-srsg/，最后访问日期：2020年2月16日。

2.《波斯尼亚和黑塞哥维那》，https://www.un.org/sexualviolenceinconflict/countries/bosnia-and-herzegovina，最后访问日期：2020年2月20日。

传范围；第六，着重加强国家自主权。

同时，在特别代表办公室的工作框架下，包含以下8个优先国家：波斯尼亚和黑塞哥维那、中非共和国、哥伦比亚、科特迪瓦、刚果民主共和国、利比里亚、南苏丹和苏丹。在处理以上8个国家的冲突中性暴力问题中，特别代表发挥着更加具有建设性的作用。

2018年4月，现任冲突中性暴力问题秘书长特别代表，毛里求斯的普拉米拉·帕滕（Pramila Patten）[1]在安理会关于妇女、和平与安全，主题为"通过赋权、性别平等和诉诸法律来防止冲突中性暴力"的公开辩论上做了题为《确保可持续发展议程不落下任何一个与冲突有关的性暴力幸存者》的发言。普拉米拉·帕滕在发言中强调，如今可持续发展目标为解决暴力侵害妇女行为、促进和平与共同繁荣提供了全面的蓝图，国际社会也应采取更多努力消除各种形式的性别不平等和性别暴力。[2]特别代表办公室还同其他联合国相关机构和非洲联盟等其他国际组织合作伙伴一起在纳科菲·安南国际维和培训中心的主持下制作了关于保护平民和性暴力问题的培训单元。如在科特迪瓦，针对平民强奸和轮奸案增加、冲突各方性暴力罪行均屡有发生的情况，特别代表办公室与科菲·安南国际维和培训中心及联合国人口基金合作发起了一项举措，为科特迪瓦安全部队开办了两个培训讲习班，这项举措也得到了该国国防部的支持。通过讲习班活动创建的冲突中性暴力问题全国培训人员库，有助于增强该国能力建设工作的持久性。

1.《普拉米拉·帕滕：冲突中的性暴力问题秘书长特别代表》,https://static.un.org/sg/zh/content/profiles/ pramila-patten, 最后访问日期：2020年2月19日。
2.《确保可持续发展议程不落下任何一个与冲突有关的性暴力幸存者》, https://www.un.org/zh/chronicle/ article/20495, 最后访问日期：2020年2月19日。

此外，针对与冲突有关的性暴力问题长期以来一直未受审查、未被列入主流冲突分析范畴的现状，冲突中性暴力问题特别代表办公室、联合国反性暴行动、联合国妇女署和其他相关联合国系统合作建立了一个具体针对与冲突有关的性暴力问题的预警迹象框架，其目的是将这类分析纳入现有和新出现的预警和预防系统，以帮助相关机构和人员及时做出应对。

另外，秘书长特别代表办公室内设有保护妇女顾问一职。保护妇女顾问是 1888 号决议要求设立的顾问职位，在 1889 号决议中也要求秘书长考虑在维和特派团中设立保护妇女顾问一职。在 1888 号决议通过后，联合国着手设立保护妇女顾问一职的筹备工作，经过与"联合国行动"成员机构协商，政治事务部、维持和平行动部、人权高专办和冲突中性暴力问题秘书长特别代表共同拟定了该职位的职责范围。秘书长特别代表办公室内的保护妇女顾问，其职责是负责协调联合国所有相关行为体，加强对与冲突有关的对妇女、男性和儿童实施的性暴力行为的监测、报告、预防与反应，参与完成安理会就冲突中性暴力问题规定的任务。具体而言，该顾问应重点负责监测、分析和提交报告安排的执行；为推进参与冲突各方对话，达成相关协议进行协调；协助将与冲突有关的性暴力问题纳入联合国的政策、规划、运作与培训当中等。保护妇女顾问还具有领导工作组的监测、分析、提交报告职能，协调报告编写工作；开展信息分析以加深对性暴力模式和趋势的了解；筹划并协调多学科调查小组工作；领导主流化、培训、能力建设和反应方面的工作；与特派团文职、警察和军事部门合作，将对性暴力问题的关切纳入相关政策、活动及标准运作程序当中，并应确保特派团所有部门人员都得到与冲突有关的性暴力问题的充分培训，并为制定和执行保护计划与综合战略做出贡献。与此同时，为执行与冲突有关的性暴力的相关任务，要采用三个方面工作相结合的方法，协助人权、性别平等及其他相关部门加强对与冲突有关的性暴力问题的反应能力，并与部署在人权和性别平等部门的保护妇女顾问紧密合作，相互补充。[1]该职位的设立，是基于联合国系统可以充分发挥在性别平等、人权等方面的知识专长的原因，通过培养一批兼具性别分析、人权及行动安全/保护专门知识的保护妇女顾问骨干，将其部署在数个特派团中，来协助处理相关事务。如在哥伦比亚，为解决性暴力问题，该国政府采取了一系列积极措施，2011年即任命了一位接受过相关培训、可为政府提供性别平等和公共政策等方面建议的妇女平等问题高级顾问；在发布的公开声明中，高级顾问也指出了防范冲突各方实施性暴力并将犯罪者绳之以法的必要性。

另一专门职能部门是由维持和平行动部、人权高专办和联合国开发计划署等相关机构人员组成的专家组。如在利比里亚，该专家组评估了在同联合国各实体、民间社会组织和利比里亚政府进行协商过程中发现的主要差距后，及时为利比里亚国家警察、巡回法庭及防止和应对冲突中性暴力工作组等部门提供了技术援助，此种加强司法环节能力的做法完全获得了该国政府的赞同。[2]在南苏丹，针对该国普遍和系统性的性暴力问题，专家组经过调研和勘察等前期工作，初步确定了重点领域，完成了对司法系统的评估及知识援助。值得注意的是，该专家组具有成员名单处于实时更新状态的特点，这也为专家组的行动方案可及时注入新鲜血液提供了一定的途径。

1.《保护妇女顾问职权范围》，https://www.un.org/sexualviolenceinconflict/digital-library/reports/team-of-experts-reports，最后访问日期：2020年2月16日。

2.《利比里亚》，https://www.un.org/sexualviolenceinconflict/about-us/un-action/，最后访问日期：2020年2月20日。

三　增强联合国维和背景下防止和应对冲突中性暴力的能力

在联合国妇女、和平与安全议程涉及的具体执行机构中，防止和应对冲突中性暴力是联合国维持和平行动中保护平民职责的重要组成部分。在维持和平特派团和政治特派团内部，设有负责保护妇女的专职顾问，肩负着对安理会关于冲突中性暴力问题的决议的执行情况进行审查职责。根据安理会相关决议，保护妇女顾问是特派团在维和行动中应对与冲突有关性暴力的专业核心力量，履行如下职责：监测核实与冲突有关的性暴力事件；将与冲突有关的性暴力纳入特派团进程和政策规划；在应对与冲突有关性暴力的过程中，与负责冲突中性暴力问题的秘书长特别代表协调，加强与捐助界、政府间机构和区域组织的合作；帮助东道国政府和民间社会应对与冲突有关的性暴力并促进国家发挥主导作用等。在冲突中性暴力高发的地区内，中非稳定团、马里稳定团、联刚稳定团、达尔富尔混合行动和南苏丹特派团 5 个维和特派团均已部署保护妇女高级顾问和保护妇女顾问。在南苏丹，联合国南苏丹特派团已将 9 名保护妇女顾问列入预算，7 名顾问已经部署。在刚果民主共和国，联合国多方合作伙伴信托基金为联刚稳定团部署了一名为期一年的保护妇女顾问，并在预算外提供了经费支持。联合国行动资金还就此进行了拨款，在联合国科特迪瓦行动部部署了为期一年的两名保护妇女顾问，在联合国中非共和国建设和平综合办事处部署一名保护妇女顾问。在马里稳定团，妇女保护顾问、马里宪兵队和马里国防安全部队建立了协调人机制，协同解决性暴力问题，协调人在向保护妇女高级顾问通报与冲突有关的性暴力的风险和案件中发挥了重要的作用，之后这些信息会传达给其他相关的特派团。协调人还需接受相关培训，推动关怀性暴力幸存者的工作。保护妇女顾问还通过履行以下职责支助特派团预防和应对与冲突有关的性暴力：为特派团领导提供关于执行与冲突有关的性暴力任务的建议，从而制定整个特派团的规划、运行机制和方案；根据联合国的方法和指导原则，领导对与冲突有关的性暴力的监测、分析和报告的工作；支助并开展特派团与东道国政府、国家和非国家行为体的配合工作，寻求他们的承诺并支助他们预防和解决与冲突有关的性暴力以及保护性暴力的幸存者；促进与所有特派团以及联合国和非联合国合作伙伴的协调与协作，统一预防和应对与冲突有关的性暴力的行动。在联刚稳定团，军事观察员帮助保护妇女顾问协调组织建立了三个流动诊所，为流离失所者营地的与冲突有关的性暴力幸存者提供了心理、医疗、法律和经济支助。

此外，联合国在巩固联合国警务人员尤其是女性警务人员重要地位方面发挥了积极作用。自20世纪60年代以来，联合国一直在部署警务人员，服务于和平行动。每天联合国警察都在完成保护平民免受伤害、调查性暴力事件等相关工作。在南苏丹特派团，预警和反应工作组遵循冲突中性暴力早期预警指标，加强预防和保护工作。在日常巡逻中突出预防和保护，主要包括护送妇女离开保护地点去从事日常工作，预防和阻止在保护地点之外或在返回保护地点途中的针对妇女的侵害事件等。其中，女警的参与对联合国警方的所有活动至关重要，女警在性别平等、激励妇女和女童争取自己的权利和从事执法职业等方面发挥了模范作用，为妇女和女童提供了更大的安全感，改善了执法机构与当地妇女的交流。此外在联合国解决和应对性剥削和性虐待问题方面，女警发挥着更加积极的作用。在苏丹，为提高苏丹政府警察处理与冲突相关的性暴力事件的工作效率，在各部队和境内流离失所者营地的社区警务中心部署了更多的达尔富尔混合行动女警务人员。女警务人员在设有军事前哨站的地点进行定期巡逻，并在耕作和种植季节为境内流离失所的妇女和儿童从事拾柴、打水和割草等生产活动提供护送服务，帮助降低了这些地区性暴力案件的发生率。近年来联合国致力于招募更多女性警察，2009 年联合国即发起了"全球努力"的倡议，并与会员国及各国警察部门合作，希望在全世界招募更多的女警参与到联合国警察行动中来。为响应"全球努力"的倡议，联合国与各会员国密切合作，规划、资助并实施了具体培训，在联合国警察参与部署中增加能够满足维和行动需求的女性警察人数。女警部队的壮大在警察机构改革、重组或重建时，能够帮助恢复人们尤其是妇女和儿童对警察的信任和信心，同时将性别敏感的警务工作纳入主流，也为防止和应对冲突中性暴力行为做出了独有贡献。[1]

在维和背景下执行处理与冲突相关的性暴力问题的任务面临许多挑战，主要包括：因持续的不安全状态和当地政府拒绝准入，相关机构和人员无法监测或核实性暴力实施者所犯下的性暴力罪行；与冲突有关的性暴力事件少报或瞒报；由于社会污名化，以及家庭和社会对性暴力幸存者仍然存在的歧视，联合国维和部难以获取当地实情；对犯罪者有罪不罚的现象仍然存在，且这种现象还因刑事司法体系能力缺乏、资源差距以及缺少刑事问责的政治承诺而加剧。针对预防和应对冲突中性暴力问题面临的诸多挑战，联合国加强了对维和部门人员有关冲突中性暴力问题的培训。2010 年 6 月，联合国出版了《解决与冲突有关的性暴力：维持和平做法分析概论》，妇女署和维持和平行动部在联合国反性暴行动的主持下开展协作，在维合行动部署前，就预防和解决与冲突有关的性暴力问题专门制作了培训单元。这些培训单元目前正在由一些部队派遣国及区域维和培训中心试行，参加者对当地人民面临的性暴力危险或正在遭受性暴力的各种假设情形进行评估，并以某个特定特派团的任务为背景制定适当的

1.《联合国警察》，https://peacekeeping.un.org/zh/un-police，最后访问日期：2020 年 2 月 17 日。

行动方针。此外，2011年制定了"联合国警察关于调查和预防冲突环境中的性暴力和基于性别的暴力问题的标准化培训课程"，该课程包括11个单元，内容涉及微观的具体案件示例和宏观的技术方面的调查技巧以及与性暴力和基于性别的暴力有关的罪行。联合国同时印发了出版物《处理与冲突有关的性暴力现象——维和做法分析汇编》等作为性暴力实景培训教材，其中汇编了预警系统、根据妇女流动模式进行巡逻和护送、在高风险区进行夜间巡逻以及有效社区联络方法等。在"联合国行动"的主持下，维持和平部和妇女发展基金设立了一个性暴力流动支援小组，负责将该汇编分发给部队派遣国。在联刚稳定团内，相关安全部门为东方省和南基伍省的刚果军官制订了培训方案，使其成为性暴力、儿童保护、人权和国际人道主义法等的培训员。刚果东部与刚果（金）国家警察等一起实施了类似特别侧重于安置并保护性暴力和基于性别的暴力案件的受害者和证人的举措，在这两种情况下制定的培训模块将成为刚果（金）为国家安全部队进行性暴力和基于性别的暴力的培训主要教材，并提高其核心国家人员的认识。在苏丹，在联合国的帮助下，政府警察进行了调查技能的高级培训，苏丹政府也通过制订一项打击暴力危害妇女行为的国家计划而开始处理各种性暴力案件。苏丹政府在国家一级以及7个州设立了打击暴力危害妇女行为单位，在达尔富尔等3个州均设立了打击暴力危害妇女和儿童行为的州委员会，它们将确保将这类案件向苏丹政府警察报告并使之得到调查。对于新到任的达尔富尔混合行动军事和警务特遣人员，也提供了特派团内部与冲突相关的性暴力问题培训。此外，维持和平行动部和外勤支助部为维和行动军事人员编制的性别问题准则也涉及保护妇女和女童免受性暴力的问题。为突出对禁止性暴力工作的尊重，人道主义事务协调厅和儿童基金会合作制定了促请冲突各方参与和提高警觉的工具，这项研究将深化对促使和制约各种犯罪的因素的了解，让与非国家武装团体接触的行为体知道如何利用它们的资源去防止性暴力。[1]另外，联合国针对维和人员派遣前的核心培训、针对部队派遣国和建制警察部队的特别培训、执行关于与冲突相关的性暴力的任务所需的综合培训等多项培训任务也得到了有效执行。

与此同时，安理会也鼓励各国在国际社会的支持下，扩大性暴力受害者获得保健服务、心理辅导、法律协助和在社会经济方面重返社会的各项支助途径。政府是保护和服务的主要提供者，联合国的作用是支持政府而不是取代政府，性暴力影响受害者各方面的生活，因此需要参照儿童和成人受害者的具体情况全面综合应对，这些支助不应只治疗个人，还要帮助他们重新融入社会和经济结构。在各类受害者中，残疾妇女在遭受性暴力和剥削时，受到的伤害更大，为维护该群体合法权益，联合国也制做了相关行动问卷，问卷中也调查了妇女被地雷致残或受到其他伤害后面临的风险，预防与应对冲突中的性暴力已被明确列入联合国维持和平部排雷行动处制定的《2019—2023 年联合国排雷行动战略》[2]。

四　联合国为解决与冲突有关的性暴力问题而采取的其他举措

如何更好地解决与处理在停火及和平协定中与冲突有关的性暴力问题也是联合国关注的重点问题之一。迄今为止，停火或和平协定中很少有重点关注与冲突有关的性暴力问题的条款。将这一问题明确列入协定可以促进持久

1.《联合国为解决与冲突有关的性暴力而采取的主要举措》，https://www.un.org/sexualviolenceinconflict/current-trends-and-emerging-co，最后访问日期：2020 年 2 月 17 日。

2. "The United Nations Mine Action Strategy 2019-2023," https://mineaction.org/sites/default/files/publications/un_mine_action_strategy_2019-2023_lr.pdf，最后访问日期：2020 年 2 月 22 日。

和平，减轻安全顾虑，提高各方信心。针对这一情况，联合国提出在可能发生了与冲突有关的性暴力的情况下，联合国调解员及其团队必须积极提交关于这类暴力行为的评估报告，并让各方参与讨论该如何迅速制止这类暴力行为。由联合国斡旋的任何停火与和平协定必须将性暴力列为停火协定中的禁止行为之一，并纳入监测条款及有关附件当中。政治事务部与联合国系统内其他有关机构及高级调解员和调解专家密切合作，针对停火及和平协定中存在的这一问题，编写了《联合国政治事务部关于性别平等和包容性调解战略的指南》和《联合国关于协调人在停火及和平协定中处理与冲突有关的性暴力问题指南》[2]。相关指南包含规范性原则和可行战略，将指导特别代表、特使和调解员在调解和平进程中处理与冲突有关的性暴力问题。[3]

联合国在推进多部门多领域工作齐头并进的同时，也面临着挑战。在努力实施有效方法来解决与冲突有关的性暴力的过程中，联合国强调必须采用多部门方法，以消除助长这一暴力现象普遍存在的有罪不罚现象，促进安全部门改革，增强预防和保护机制，同时加强向幸存者提供服务的工作。在肯尼亚和几内亚，冲突中性暴力问题特别代表访问过后，该国政府和联合国发表了联合公报，致力于制止性暴力事件中的有罪不罚现象，同时欢迎联合国法治和冲突中性暴力问题专家组提供

1.《联合国政治事务部关于性别平等和包容性调解战略的指南》,https://peacemaker.un.org/sites/peace maker.un.org/files/DPA_GenderMediation–Guidance_2017%28CH%29.pdf，最后访问日期：2020年2月17日。

2.《联合国关于协调人在停火及和平协定中处理与冲突有关的性暴力问题指南》,https://peacemaker.un.org/sites/peacemaker.un.org/files/GuidanceAdressingConflictRelatedSexualViolence_UNDPA%28Chinese%29.pdf，最后访问日期：2020年2月17日。

3.《妇女、和平与安全》,https://dppa.un.org/zh/women–peace–and–security，最后访问日期：2020年2月19日。

协助，以加强为起诉所指控的罪行而任命的法官小组的能力。在哥伦比亚，军事和司法当局也在开展相关工作，确保建立问责机制，总检察长在相关指令中也重申了打击性暴力犯罪有罪不罚现象的决心，特别是在武装冲突中针对妇女和女童的性暴力；为打击性犯罪的有罪不罚现象，总检察长陆续采取了一系列积极举措。在中非共和国，为了消除该国有罪不罚的现象，经总统法令颁布了订正的刑法典，将包括强奸在内的性暴力行为定为犯罪，政府与利益攸关方协商，还修订了其现有的关于保护妇女免予暴力行为的法律，以增强关于打击性暴力行为的规则保障。

联合国特派团同时注意到，解决与冲突有关的性暴力问题而采取的举措存在着巨大的资金缺口，同时面临政府脆弱和工作环境不安全的挑战；机构间协调力量薄弱；必须探索一种有效模式，弥补人道主义、建设和平努力与发展方案之间的资金需求差距，确保资金连续性；必须在卫生、社会福利、司法和安全部门广泛持续开展能力建设，以有效应对与冲突有关的性暴力问题；必须在本地和全球各级机构，投入大量资源，加强就职前和在职培训，设计适合具体情况的资源包以及相关国内宣传和简报材料；必须创建可随时部署的专家名册，以丰富可用人才库储备；维和人员和其他关键安全行为体必须主动参与实施保护策略并采用预警系统。各种鼓励长期规划、能力建设和协调方案拟订的机会也要牢牢抓住，包括通过多方捐助信托基金机制汇集资金等，用以支持国际安全与稳定支助战略筹资等活动。2010 年妇女参与建设和平报告（A/65/354-S/2010/466）中也呼吁将联合国管理的冲突后建设和平项目资金的至少15%用于在建设和平背景下促进性别平等、赋予妇女权能和满足妇女的特定需求，包括预防和应对性暴力行为。[1]

1.《2010 年联合国秘书长关于妇女参与建设和平的报告》（A/65/354-S/2010/466），https://digitallibrary.un.org/re cord/691385?ln=zh_CN，最后访问日期：2020年2月17日。

联合国系统建立起的行动协调平台等打击性暴力综合战略的措施也发挥着积极作用。安理会在相关决议中吁请拟定了政府—联合国打击性暴力行为联合综合战略，即"联合国行动"向各联合国特派团提供战略支持，帮助他们拟定这种战略，其中确立了联合国采取对策的共同基础，以防止出现空白点和重叠之处，这种方法已在科特迪瓦、乍得等国付诸实施。针对刚果民主共和国东部与冲突有关的性暴力现象，联合国推出了《打击刚果民主共和国境内性暴力综合战略》，建立了提供专门资源和服务的行动协调平台；针对苏丹的达尔富尔混合行动，整个特派团广泛讨论了关于在达尔富尔境内预防和应对性暴力和基于性别的暴力的综合战略的范围和目标。根据这一过程中提出的建议和结论，按照达尔富尔混合行动的任务规定，在不损害苏丹政府保护其主权责任的前提下，为最终确定特派团的综合战略提供了依据。在科特迪瓦，联合国科特迪瓦行动和国家工作队已请求通过联合国反性暴行动提供战略支持，协助家庭、妇女和儿童事务部和联合国系统，恢复实施《关于性暴力和基于性别的暴力问题国家战略》。

第六章　冲突中性暴力问题的差异化解决倡议：联合国安理会第2106号决议的发展与执行

目前，世界各地冲突中的性暴力事件屡有发生，但针对性暴力的报告数量不足几乎是一个普遍现象，性暴力问题处理不当与广泛的不安全问题和安全部门改革问题、解除武装、复员和重返社会工作等方面的不健全也有密不可分的关系。此外，在性暴力受害者方面，逃离过程中和背井离乡后的平民人口依然是最易遭受性暴力危害的对象。

针对上述冲突中性暴力问题在全球范围内愈演愈烈的态势，为展现全球层面防止和应对冲突中性暴力问题的决心，2013年6月24日联合国安理会第6984次会议通过第2106（2013）号决议（以下简称"2106号决议"），决议在对以往涉及冲突中性暴力的重要国际条约、法律法规、会议文件等进行了简要回顾的同时，强调应采取有效步骤防止和应对性暴力行为，维护国际和平与安全；任何预防和保护对策都必须让妇女参与进来；性别平等顾问应发挥其独特作用，并为性暴力的受害者提供非歧视性的综合保健服务等。[1]

本章将结合2106号决议，重点阐述联合国为预防和应对冲突中的性暴力问题所采取的措施：结合特定部门和群体特点，提出不同的倡议和要求。

第一节　内容的演进

一　回顾涉及冲突中性暴力的重要会议文件、法律法规等

为了更好地预防和应对冲突中性暴力问题，国际社会曾多次召开会议，制定国际公约，多项法律法规中也有相关内容涉及该。就此，2106号决议对以往包含冲突中的性暴力相关内容的重要国际条约、法律法规、会议文件等进行了简要回顾。

为了防止和应对冲突中性暴力对于妇女和女童的伤害，在2106号决议通过之前，联合国已表决通过并执行了第1265（1999）号、第1296（2000）号、第1325（2000）号、第1612（2005）号、第1674（2006）号、第1738（2006）号、第1820（2008）号、第1882（2009）号、第1888（2009）号、第1889（2009）号、第1894（2009）号、第1960（2010）号、第1998（2011）号和第2068（2012）号决议等14项涉及冲突中性暴力问题的联合国安理会决议，2106号决议同时也就此14项决议内容及所有相关的安理会主席声明做出承诺，将继续以相互促进的方式全面执行有关决议和声明，并着重对1888号和1960号两项

---

1. 李英桃、金岳嵘：《妇女、和平与安全议程——联合国安理会第1325号决议的发展与执行》，《世界经济与政治》2016年第2期。

决议中提出的重点问题的执行情况进行简短的汇报说明。

在对以往涉及冲突中性暴力问题的相关国际条约的回顾中，2106 号决议对《武器贸易条约》持有较高的关注度。《武器贸易条约》是联合国为监管八类常规武器的国际贸易制定的共同国际标准，该条约于 2013 年 4 月 2 日在联合国大会上获得通过。《武器贸易条约》指出，妇女和儿童尤其受到冲突和武装暴力局势的影响，而常规武器的非法贸易和未加管制的贸易将造成严重的安全、社会、经济和人道主义后果，因此出口武器的缔约方应认识到在商议武器出口的进程中，应与涉入转让的其他国家一道采取联合行动，以避免武器用于实施基于性别的暴力或用于暴力侵害儿童的行为，或为其提供便利。[1]

在对以往涉及冲突中性暴力现象的重要会议文件等的回顾中，2106 号决议再次确认了《在冲突中防止性暴力的宣言》所做承诺的重要性。《在冲突中防止性暴力的宣言》是 2013 年 4 月 11 日在伦敦由八国集团外长和联合国共同发布的重要文件，旨在呼吁国际社会携起手来共同防止和应对冲突中性暴力等此类野蛮事件。《在冲突中防止性暴力的宣言》承诺将更加努力提高对这些犯罪行为的认识，重视有罪不罚现象，将犯罪人绳之以法，为受害者提供更多支持，并支持各国和国际社会提高预防和应对冲突中性暴力行为的能力。[2]

另外，2106 号决议对《联合国向非联合国安全部队提供支持的人权尽职政策》（S/2013/110）进行了回顾，该政策提出联合国所有实体必须确保向非

1.《武器贸易条约草案》，https://digitallibrary.un.org/record/792896?ln=zh，最后访问日期：2020 年 4 月 5 日。

2.《2013 年 11 月 26 日大不列颠及北爱尔兰联合王国常驻联合国代表给秘书长的信（附件）》，https://digitallibrary.un.org/record/761986?ln=zh_CN，最后访问日期：2020 年 4 月 5 日。

联合国部队提供的任何支持符合《联合国宪章》所载联合国的宗旨和原则，并符合联合国有关促进、鼓励和尊重国际人道主义、人权和难民法的规定，[1]因此，该政策也被定义为是加强遵守相关国际法律法规的意识、处理武装冲突中和冲突后的性暴力问题等的工具。

2106号决议同时对《联合国宪章》及以《国际刑事法院罗马规约》、各特设国际刑事法庭规约、《日内瓦公约》及其《附加议定书》为代表的与防止和应对冲突中性暴力问题相关的国际性的法律法规进行了简要回顾。

《联合国宪章》是联合国的基本大法，它既确立了联合国的宗旨、原则和组织机构设置，又规定了会员国的责任、权利和义务，以及处理国际关系、维护世界和平与安全的基本原则和方法。以尊重所有国家的主权、领土完整和政治独立为前提处理相关事件，即为《联合国宪章》的基本要求。

《国际刑事法院罗马规约》是经67个国家批准 、139个国家签署后于2002年7月1日正式生效的旨在保护国际人权、打击国际犯罪的刑事法律，该规约主要条目中的"危害人类罪""战争罪"中均明确列有性暴力罪的不同类型，[2]它同其他有关国际法类似，列有禁止强奸和其他形式性暴力的法律条目。

《日内瓦公约》及其《附加议定书》是包含旨在限制战争野蛮性的最重要规则的国际条约，是给予那些没有参与战斗的人（平民、医务人员、救援人员）以及那些不再参与战斗的人（如伤病和遇船难士兵及战俘）的特别保护。同时

1.《关于联合国向非联合国安全部队提供支持的人权尽职政策》，https://digitallibrary.un.org/record/745567?ln=zh, 最后访问日期：2020年4月5日。

2.《国际刑事法院罗马规约》，https://www.un.org/chinese/law/icc/idex.html, 最后访问日期：2020年4月5日。

《日内瓦公约》及其《附加议定书》也是国际人道法的核心，是规制武装冲突行为并试图限制其影响的国际法部门。[1]鉴于该公约及其附加议定书的特殊地位，2106 号决议表示暂不寻求对相关局势是否属于上述公约范畴内的武装冲突做出任何法律认定，也不预先判定此类局势所涉非国家当事方的法律地位。

2106 号决议通过对上述相关重要国际条约、法律法规、会议文件等进行的简要回顾，彰显了以联合国为代表的国际社会各方力量解决冲突中性暴力问题的毅力和决心，以及为此做出的长期努力。

二 梳理预防和应对冲突中性暴力问题现状

2106 号决议在对 1960 号决议执行情况的简要回顾中提到，根据秘书长 2013 年 3 月 12 日提交的关于 1960 号决议的执行情况和"关于预防和应对武装冲突中性暴力问题的全球现状的报告"（S/2013/149）中的定义，性暴力可构成危害人类罪或灭绝种族罪，武装冲突中的强奸和其他形式的重大性暴力均为战争罪。目前，世界各地的武装冲突中均有性暴力发生，当其作为一种战争方法或策略，或作为针对平民发动的有计划、广泛攻击的一部分来使用或施行时，可严重加剧武装冲突并延长其持续时间，阻碍国际和平与安全的恢复；且在 1960 号决议通过后，其中涉及的相关内容在执行过程中也面临着一定程度上的进展受阻碍的情况。[2]

武装冲突中和冲突后的性暴力与艾滋病毒的感染也有很强的关联性，它对以

1.《日内瓦公约》及其《附加议定书》,https://www.icrc.org/zh/document/geneva-conventions-1949-additional-protocols,最后访问日期：2020 年 4 月 5 日。

2.《冲突中的性暴力——秘书长的报告》, https://digitallibrary.un.org/record/745567?ln=zh, 最后访问日期：2020 年 4 月 8 日。

妇女和女童为代表的极易遭受此类暴力的群体具有很大的影响，一定程度上给妇女和女童造成了极大的负担，也阻碍了此类群体为社会做出贡献，阻碍了和平、安全、性别平等与可持续发展的目标的实现。决议同时强调防止和阻止性暴力的关键是认识到不断积极起诉性暴力罪行的重要性，各国应充分发挥主导作用并承担责任以消除武装冲突中性暴力行为的根源；并对武装冲突中性暴力是一种文化现象、是战争的必然结果或是一种较轻的罪行等说法提出了一定的质疑。

此外，为杜绝国际社会密切关注的危害妇女和女童等重大罪行有罪不罚现象，国际刑事法院、特别和混合法庭以及国家法院的特别法庭已分别开展工作，并取得了一定成果。在预防和保护对策制定中，妇女的意见十分必要，妇女、包括妇女组织在内的民间社会和社区正式和非正式领袖也发挥了重要作用，一方面在处理性暴力问题上对武装冲突各方积极施加影响，另一方面使社区在武装冲突中和冲突后进一步保护妇女不受性暴力侵害，并协助幸存者寻求公正和赔偿。

对预防和应对冲突中性暴力问题的现状的简短梳理，也为联合国相关职能部门及有关国家进一步落实积极有效的措施提供了借鉴。

三　预防和应对冲突中性暴力行为应采取的进一步措施

在对以往涉及冲突中性暴力问题的相关文件和法律法规等进行了回顾并简短梳理冲突中性暴力问题的现状后，2106号决议针对相关部门和群体的特点及属性提出了采取进一步措施的不同倡议和要求。

针对与冲突中性暴力问题联系最紧密的武装冲突各方，决议强调必须在适当时，在调解工作中、停火和和平协议中处理武装冲突中和冲突后的性暴力问题。2106 号决议再次提出严正要求，武装冲突各方负有确保平民得到保护的首要职责，应立即完全停止一切性暴力；并对有关各方再次发出呼吁，各方应做出并履行有具体时限的消除性暴力的承诺，并根据这些承诺同监测承诺履行情况的有关联合国特派团人员合作；同时有关各方应酌情指定高级别代表，负责确保这些承诺得到有效履行。针对被强行劫持入武装团体和武装部队的妇女以及儿童尤其容易受武装冲突中和冲突后的性暴力侵害的情况，武装冲突各方应立即在自己部队中找出易施暴者并让其离队。

2106 号决议对以往涉及冲突中性暴力问题的相关决议和法律法规的进一步执行也提出了期望和要求。第 1325 号决议是联合国关于"妇女、和平与安全"的首要决议，后续相关决议均在此决议基础上进行了延伸与拓展，因此，2106 号决议强调了继续全面执行该项决议的重要性，并为此制定了一套用于执行该决议和其后有关妇女、和平与安全的各项决议的指标，并对联合国妇女署在其中的努力给予了一定肯定；之前通过的 1888 号决议强调了保护妇女顾问，2106 号决议则在此决议基础上呼吁进一步加强保护妇女顾问的设置，以协助执行安理会关于妇女、和平与安全的各项决议，同时呼吁秘书长确保在规划和审查联合国维和行动、政治特派团行动过程中系统评估是否需要保护妇女顾问并审核顾问的相关资料，从而确保相关人员经过适当培训方可及时部署；各国也应认识到按照相关国际法规定，各国负有尊重和保障本国境内和受其管辖的地区的所有人的人权的首要责任。

2106 号决议对各制裁委员会、联合国各会员国、联合国维和特遣队等联合国各有关实体，以及联合国秘书长等发挥积极作用提出了进一步要求。

决议敦促现有的各制裁委员会根据之前通过的第 1960 号决议，在符合相关指认标准时，应对在冲突中实施性暴力的人进行定向制裁，并酌情将强奸行为和其他形式的重大性暴力行为的指认标准列入采取或延长定向制裁的情况中。

联合国各会员国是预防和应对冲突中性暴力问题的重要组成部分，2106号决议主要针对有罪不罚现象等现状提出了呼吁、鼓励及要求。决议呼吁各会员国积极履行相关义务，并酌情利用第1888号决议所设联合国专家组的专业人员来加强法治，提高文职、军事司法系统处理武装冲突中和冲突后的性暴力的能力；继续通过调查和起诉消除有罪不罚的体制，联合国安理会也将继续采用适当方式与各会员国保持一致，大力清除有罪不罚现象并追查相关责任人责任。同时决议鼓励各会员国在本国刑法内列入性暴力罪行以便起诉相应行为，并与捐助方合作支持如罗马规约和规约执行伙伴设立的被害人信托基金等援助性暴力受害者的国家和国际方案。此外，决议还敦促有关会员国确保在本国人员有此类行为时使用提起诉讼等方案来全面追究责任，并再次确认有效调查和记录武装冲突中的性暴力对于将暴力实施者绳之以法和为幸存者伸张正义都具有非常重要的作用。

联合国各相关实体也将在未来的工作中扮演更重要的角色。联合国维持和平行动特派团在制止冲突中的性暴力行动中承担着重要责任，性别平等顾问是联合国维持和平行动特派团中的重要组成部分，决议强调应继续增强该职位的职责和功能，从而推进所有相关维和人员和文职人员全面的性别平等培训；考虑到儿童的不同需求，应对儿童所遇情况进行特殊处理；此外，鼓励部队和警察派遣国在维和行动中更多地招聘妇女，从而更好地维护妇女的相关权益。联合国其他相关实体也应做出努力，确保武装冲突中和冲突后的联合国调查委员会在必要时拥有可准确记录相关罪行的性犯罪、性别犯罪领域的专业人员，并鼓励所有会员国支持这些努力；联合国相关实体还应增拨资源，为预防和应对性暴力提供服务。与此同时，2106 号决议创造性地首次提出为及时向性暴力幸存者提供援助，联合国实体和捐助方应为性暴力的幸存者，尤其是有特殊需求的残疾人幸存者，提供非歧视性的综合保健服务及其他多领域服务，同时支持各国相关机构和地方民间社会网络增加资源，提高为性暴力幸存者提供援助的能力；在此基础上，还应与会员国和捐助方合作，培养和加强国家保健系统和民间社会网络的能力，持久地为武装冲突中和冲突后感染艾滋病毒和受艾滋病毒影响的妇女和女童提供援助。

联合国秘书长在消除冲突中的性暴力任务中也肩负着多项艰巨任务。秘书长应继续加强努力，对联合国人员的性剥削和性虐待行为采取"零容忍"政策；秘书长应和联合国相关实体在妇女切实参与的情况下协助各国当局酌情采用综合办法处理在解除武装、复员和重返社会进程，安全部门改革进程和司法部门改革方面的性暴力问题；此外，2106 号决议在监测、分析性暴力相关报告方面也对秘书长的后续工作提出了更高要求，秘书长应在今后的工作中更加系统地监测和注意武装冲突中和冲突后的性暴力问题和其他有关妇女、和平与安全的承诺，并酌情利用所有相关手段增加妇女权能，让妇女参与冲突调解后恢复和建设工作的所有方面的工作；同时在应有更加及时客观、准确可靠的信息来进行预防和处理的前提下，秘书长应和联合国相关实体加快做出安排，以便监测、分析和报告包括武装冲突中和冲突后的强奸行为在内的性暴力，并在考虑到各国的具体情况的同时，继续重点执行 1888 号决议中有关的重点内容；秘书长还应和会员国、区域组织等协商，确保调解人和特使在性暴力被用作战争方法或策略，或作为针对平民发动的广泛、有计划攻击的一部分时，参与处理性暴力问题，确保在和平协议，包括安全安排和过渡司法机制协议的具体规定中体现这些关注；强调将性暴力列入停火协议所禁止的有关行为的定义中并监督停火规定的执行，在解决冲突的过程中，不得将性暴力罪行列入有关大赦的规定中等。决议在最后要求秘书长应继续就有关妇女、和平与安全的各项决议和本决议的执行情况向安理会提交年度报告，并在2014年3月提交下一次报告。

第二节　执行措施

现任联合国秘书长安东尼奥·古特雷斯曾在纽约致辞中说道：性暴力威胁到每个人的生命尊严以及人类的和平与安全。出于控制领土、人口或资源的政治、军事或心理目的，与冲突有关的性暴力常常针对弱势群体，产生心理创伤、羞辱和流离失所等严重后果。随着时代的进步和各界的重视程度的提高，根据国际人权法、国际人道主义法和国际刑法，与冲突有关的性暴力已不再是战争不可避免的副产品，而是一项可以预防和惩罚的罪行。[1]基于此，2106号决议的通过为进一步预防和解决冲突中的性暴力问题做出了重要贡献。在该决议的具体执行过程中，联合国秘书长就决议通过后的执行情况定期向联合国大会提交报告，说明情况，联合国相关机构尤其是保护妇女权益的相关机构，在其中发挥着巨大的作用。联合国各相关部门所采取的措施主要包括监测、分析性暴力问题和提交有关报告；完善联合国制止冲突中性暴力行动网络工作；加强保护妇女顾问的部署；加强联合国法治和冲突中性暴力问题专家小组地位；发挥联合国支持采取行动消除暴力侵害妇女行为信托基金

1.《与冲突有关的性暴力》，https://peacekeeping.un.org/zh/conflict–related–sexual–violence，最后访问日期：2020年7月27日。

的作用，更积极地发挥联合国相关下属机构的作用；等等。

一 监测、分析性暴力问题并提交有关报告

作为循证行动的依据，监测、分析与冲突有关的性暴力问题并提交报告一直是联合国系统的重点工作之一。在监测、分析和提交报告时考虑到目前业务活动和外地的协调安排，联合国相关机构进行了系列的分组工作，包括保护问题专题组（保护平民问题工作组）、基于性别的暴力问题组以及严重侵害儿童问题的监测和报告机制。联合国人权事务高级专员办事处也制订和试行了关于监测和调查与冲突有关的性暴力问题的、对人权干事和其他有关特派团和国家工作队人员的培训方案，重点依然放在通过适当的协调机制，加强人道主义实体和联合国各机构与维持和平特派团和政治特派团之间的协作。

在缅甸，联合国和伙伴组织无法进入关切地区，这阻碍了对性暴力案件的监测和报告，以及向幸存者提供的服务。在苏丹达尔富尔地区，联合国工作人员进入相关地区的步伐同样受到阻碍，难以完成对性暴力案件的监测、分析和报告。为此，联合国秘书长也向安理会、会员国和区域组织发出了呼吁，以确保在调解、停火、和平和预防性外交进程中，特使和调解员可以参与冲突各方关于与冲突有关的性暴力的对话，并在和平协定中解决把性暴力作为冲突中战术或方法的问题；确保将性暴力问题纳入停火协议中严禁行为的范畴，并将其作为停火监测机制的一部分来进行监测，这也得到了一些国家的积极响应。在安哥拉，该国政府与联合国发表了一项联合公报，在公报中，政府承诺要在其安全部队中执行对性虐待的"零容忍"政策，采取行动加强与联合国各机构的合作，监测性暴力行为并为安全部队提供适当培训。

2014 年，联合国制作了若干工具和知识产品，公布了一份关于监测、分

析和报告与性暴力信息管理系统之间交汇的新的指导说明，以保障幸存者的权利和保护需要为前提，改进向安理会报告的数据的收集方式。在监测有大规模人口流动的冲突局势时，应适当考虑性暴力的风险因素和迹象，并监测在令人关切的局势中，媒体煽动或使用煽动性措辞来针对冲突中性暴力和其他形式的暴力的情况。性别平等能力也作为重要考核标准纳入各停火监测与核查安排小组，小组中应有均等数量的女性和男性观察员参加。

2016 年，为了应对暴力极端主义事件增多的局势，联合国安理会通过了第 2331 号决议。这是处理贩运人口、性暴力、恐怖主义和跨国有组织犯罪之间关系的第一份安理会决议，决议为系统地监测和报告以及加强信息共享和司法合作铺平了道路。决议还申明，恐怖团体性暴力罪行的受害者有资格作为恐怖主义的受害者获得正式补偿。承认性暴力是一种恐怖主义战术，也正式将性暴力问题与旨在制止资助恐怖主义的全球行动包括相关制裁工作联系在了一起。依照 1960 号、2106 号和 2331 号等与妇女、和平与安全等密切相关的决议内容，冲突中的国家当事方和非国家当事方的有效接触，可促使它们就冲突中的性暴力问题达成共识并做出具体承诺，制订预防计划并系统监测落实情况。

二 完善联合国制止冲突中性暴力行动网络工作

联合国制止冲突中性暴力行动网络包括 13 个联合国实体，由冲突中性暴力问题特别代表担任主席，提供开发培训、指导和宣传资源，旨在建设联合国驻各国机构的协调能力和全面应对冲突中性暴力的能力。

冲突中性暴力问题特别代表是联合国与冲突有关的性暴力问题的发言人和政治倡导者，她负责主持联合国打击冲突中的性暴力行动，工作得到了联合国法治/冲突中性暴力问题专家小组的支持。2012 年 9 月，扎伊娜卜·哈瓦·班古拉接替玛戈·瓦尔斯特伦，担任新的冲突中性暴力问题特别代表，同时担任联合国反性暴行动主席。班古拉在巩固其前任在五点优先事项议程方面所取得的成果（即打击有罪不罚现象；赋予受战争影响的妇女权能，以寻求补救并实现其权利；加强政治意愿，以全面解决性暴力问题；协调和加强国际反应；进一步认识到性暴力既是战争中使用的一项战术，也是战争后果）的同时，强调了另一优先事项，即必须提高国家在应对性暴力问题方面的自主权、领导作用，并增加其责任。2017 年 4 月，毛里求斯的普拉米拉·帕滕接任冲突中性暴力问题特别代表，她确定了任期内三个战略重点。通过持续有效的起诉，将有罪不罚的文化转变为正义和问责文化；至关重要的是，预防应首先放在预防性暴力上，预防是可能的，因为性暴力绝非偶然；对有关冲突中性暴力的斗争已经演变为打击有罪不罚现象，只有通过一贯和有效的起诉，才能制止犯罪者，以使强奸者不再被免罪。促进国家自主权和领导权的提升，以便采取可持续的、以幸存者为中心的对策；只有以幸存者为中心的优先考虑幸存者权利、需要和愿望的方案才能更好地促进幸存者的康复，这也意味着工作重点将放在确保幸存者在不被家庭接纳时能够获得包括医疗保健、心理和社会支持、法律服务和生计支持在内的适当、可获得和高质量的服务上。结构性的性别不平等和歧视、贫穷和边缘化是和平时期战争的隐形驱动力，也是导致冲突中性暴力问题的根本原因。[1]

　　2015 年，联合国支持拟定干预措施，在科特迪瓦执行打击性别暴力的国家

1.《关于秘书长特别代表办公室》，https://www.un.org/sexualviolenceinconflict/about-us/about-the-office/，最后访问日期：2020 年 4 月 18 日。

政策；在波斯尼亚和黑塞哥维那，联合国资助了一个支持过渡时期正义的联合项目。为改进社区做法，联合国相关机构开发出一些工具和知识产品，包括：联合国毒品和犯罪问题办公室和世界卫生组织合作拟定了《加强法医应对冲突中性暴力准则》；联合国儿童基金会、联合国人口基金和联合国难民事务高级专员公署合作编制了性别暴力信息管理系统与监测、分析和报告之间交汇指导说明；联合国促进性别平等和增强妇女权能署和司法快速响应机制合作编制了性暴力和基于性别的暴力罪行国际调查员名册，近 30 名专家被部署到问责机制中，包括阿拉伯叙利亚共和国问题独立国际调查委员会、厄立特里亚人权问题调查委员会、伊拉克和利比亚实况调查团及国家战争罪行进程等。[1]

2016 年，联合国制止冲突中性暴力行动网络在中东和北非资助了 5 个项目，主要是为叙利亚和伊拉克的幸存者提供支助；同时该网络还在约旦举办讲习班，促进不同项目之间的协同，并为制定注重成果的监测和评价框架提供支持。为做好这些项目，需要考察并改进与冲突有关的暴力问题的政府政策环境。[2]

2017 年，联合国制止冲突中性暴力行动网络通过联合国反性暴行动多伙伴信托基金提供的支助资金，帮助了一个关于伊拉克因强奸而出生的儿童的项目，并支持建立了性别暴力信息管理系统，该系统是一项机构间倡议，使人道主义行为体能安全地收集、储存、分析和分享数据；继续为在伊拉克的保护妇女高级顾问提供资金，并成功地倡导将其列入特派团的经常预算；为在马里设立一

1.《冲突中的性暴力——秘书长的报告》，https://digitallibrary.un.org/record/827554?ln=zh，最后访问日期：2020 年 4 月 18 日。

2.《冲突中的性暴力——秘书长的报告》，https://digitallibrary.un.org/record/1298526?ln=zh，最后访问日期：2020 年 4 月 18 日。

名顾问提供资金，以支持该国政府制定一项关于性别暴力包括冲突中性暴力问题的国家战略；在约旦推动通过了一项关于妇女、和平与安全的国家行动计划，为难民中的性暴力幸存者提供了一个保护框架；同时该网络前往孟加拉国、波斯尼亚和黑塞哥维那、中非共和国、伊拉克、约旦和黎巴嫩，执行了联合技术支助任务，帮助改进了应对冲突中性暴力行为的工作。[1]

2018 年，联合国制止冲突中性暴力行动网络通过联合国反性暴行动多伙伴信托基金资助了两个项目，分别是援助波斯尼亚和黑塞哥维那幸存者的项目，以及协助部署两名专家的项目，以制定一项关于性别暴力的通盘战略；支持了伊拉克的两个项目，一个侧重于向幸存者提供法律援助，另一个侧重于协调对儿童，包括强奸致孕所生儿童的援助；资助了约旦和黎巴嫩的项目，主要惠及叙利亚难民，旨在通过增加诉诸司法的机会和加强与社区领导人的接触来改进预防工作。[2]

联合国制止冲突中性暴力行动网络是联合国妇女、和平与安全议程实践的一个有力缩影，它使得联合国相关机构的合作效用得到了充分发挥。

三　加强保护妇女顾问的部署

保护妇女顾问的设置是联合国预防和应对冲突中性暴力相关工作中的重要一环。安理会 1888 号决议中强调了保护妇女顾问具有监测和核实与冲突有关的性暴力事件的职责；在应对与冲突有关的性暴力的过程中，与负责冲突

1.《冲突中的性暴力——秘书长的报告》，https://digitallibrary.un.org/record/1482258?ln=zh，最后访问日期：2020 年 4 月 18 日。

2.《冲突中的性暴力——秘书长的报告》，https://digitallibrary.un.org/record/3799661?ln=zh，最后访问日期：2020 年 4 月 18 日。

中性暴力问题的秘书长特别代表合作与协调；加强与捐助界、政府间机构和区域组织的合作等重要职责。[1]同时，通过秘书长提交的多份年度报告不难看出，负责安排在外地对冲突中性暴力进行监测、分析和报告的保护妇女顾问极大提高了相关资料的可用性和质量。

在维和特派团和后续组建的特别政治特派团内部，以保护妇女顾问形式出现的专门人员，充分及时地执行了安理会关于冲突中性暴力问题的各项决议。目前，中非稳定团、马里稳定团、联刚稳定团、达尔富尔混合行动和南苏丹特派团5个维和特派团均部署了保护妇女高级顾问和保护妇女顾问。为了增强实地能力，联合国反性暴行动还为刚果民主共和国和科特迪瓦境内的保护妇女顾问承付了催化资金，并特别部署了保护妇女高级顾问，顾问在预防和应对冲突中性暴力问题方面向特派团领导提供指导，并与冲突方进行对话，协同联合国国家工作队和伙伴组织机构加强预防和制定对策，并牵头执行监测和报告安排。

保护妇女顾问具有不可替代的重要作用，联合国官方及有关国家给出的数据显示，保护妇女顾问的部署地及部署人员近年来均有一定数量的增加。

四　强化联合国法治和冲突中性暴力问题专家小组地位

目前，一些国家存在缺乏足够能力和专门知识因而无法对性暴力行为进行调查和起诉的问题，这些国家在追究相关罪行的过程中存在障碍，导致有罪不罚现象普遍存在，并影响到幸存者诉诸司法和求得安全保障渠道的畅通。法治和冲突中性暴力问题专家组为解决如上问题，在刑事调查和起诉、收集和保存证据、军

1.《联合国维和——与冲突有关的性暴力》，https://peacekeeping.un.org/zh/conflict-related-sexual-violence，最后访问日期：2020年4月11日。

事司法系统的调查和起诉、刑法和程序法改革，以及对受害者、证人和司法官员的保护等方面做出了许多努力。在几内亚，在专家组的技术援助下，由本国法官组成的小组委员会对大规模强奸行为和其他罪行展开调查，最终对包括前总统穆萨·达迪斯·卡马拉在内的 17 名政治和军事领导人提起诉讼。通过加强与邻国的司法合作，他们还促成了一些重大嫌疑犯的被捕。

专家组的结构和组成有助于专家组直接向秘书长特别代表汇报工作，运作依据是与维持和平行动部、联合国人权事务高级专员和联合国开发计划署协调制定的一个联合方案，专家小组补充和促进联合国的实地工作，让国家主管部门牵头工作。在南苏丹，专家组的援助工作重点是协助提出和澄清与性暴力有关的立法改革的优先事项和方法，以加强国家和州级司法部门的能力；专家组也对国家能力做了评估，商议了支助框架。在刚果民主共和国，专家组与开发署协调，加强了国家当局的能力，以调查刚果民主共和国武装部队和其他安全部队实施的性暴力，并对责任者提起诉讼；开发署和联刚稳定团的起诉支助小组合作，在调查和起诉方面向军事法官和军事流动法院提供了支助。专家组一直致力于鼓励南南合作，特别是促进经验交流；专家组持续与面临类似挑战的国家加强经验交流，协助制订了诸如《驻非洲武装部队指导方针》等各类政策和工具。在科特迪瓦，专家小组支持其与塞拉利昂交流经验，让科特迪瓦代表团有机会了解塞拉利昂多部门解决冲突中性暴力问题的经验，科特迪瓦政府目前正在施行的全国战略和政府在国内的一些其他措施均借鉴了这方面的经验。在索马里，专家小组与设在索马里的联合国机构相协调，协助政府起草了关于打击性暴力的国家行动计划，该计划成为预防和打击性暴力罪行的路线图；此外，专家小组还协助明确了由议会讨论的有关性犯罪法案的规定。在南苏丹，专家小组针对该国进展情况做了一次访问，推进了特别代表访问期间举行的磋商，讨论了技术援助的具体方式，重点研究了向总检察长办公室提供的支持。此外，应该国有关部门的要求，专家小组还为该国国防部为警察和军队编写的解决冲突中性暴力问题指导方针提供了支助。

冲突中性暴力问题法治专家小组在预防和应对冲突中性暴力问题方面具有丰富的经验，能加强法治并提高民事和军事司法系统的能力，也有着丰富的实践经验，是加强打击有罪不罚现象的体制保障的重要一环。专家组的工作也表明，只要有政治意愿和专门援助，各国政府可以追究冲突中性暴力施害者的责任，并为受害者伸张正义。因此，在联合国的倡议下，各会员国对冲突中性暴力问题法治专家小组的重视程度在日益提高，为支持这一对国家十分宝贵的资源而提供的可持续资金投入也在不断增加。

五　发挥联合国支持采取行动消除暴力侵害妇女行为信托基金的作用

联合国支持采取行动消除暴力侵害妇女行为信托基金是根据大会第50/166号决议设立的一个全球多边赠款提供机制，由联合国促进性别平等和增强妇女权能署代表联合国系统进行管理。该署通过其区域办事处和各国办事处为信托基金提供了坚实的体制基础和及时的外勤支助。信托基金支持和加强了该署在预防和消除暴力侵害妇女和女童的行为方面的工作，并通过其方案咨询委员会成员与联合国系统其他组织密切合作。

信托基金专门致力于消除一切形式的暴力侵害妇女和女童的行为，支持为系统性地预防、应对和坚持不懈地消除这一全球痼疾而提出的国家、区域和跨区域倡议。信托基金以协调增效方式与该署、其他联合国机构和方案咨询委员会成员合作，在推动集体努力以联系范围更广泛的社区、妇女和男性、女童和男童方面也发挥着重要作用。

信托基金的资金集中用于三个优先方案领域：预防暴力侵害妇女和女童行为、扩大幸存者获得支助服务的途径及加强法律、政策和行动计划的执行工作。信托基金还设立了用于支持全球学习举措的三个特别专题窗口，每一个窗口把在类似干预领域工作的受赠方集合在一起：在冲突中、冲突后和过渡情况下暴力侵害妇女的行为，艾滋病（毒）与暴力侵害妇女和女童行为之间的关联，以及暴力侵害少女的行为。

安理会 2106 号决议首次概述了防止冲突中性暴力犯罪的全面方针和框架，[1]随后，冲突中和冲突后环境下的暴力现象持续受到国际社会的关注。2014年 6 月，大不列颠及北爱尔兰联合王国在伦敦主办了制止冲突中性暴力问题全球峰会。会议旨在将联合国《结束冲突中性暴力承诺宣言》转变为实际行动方案，[2]在论坛上，若干国家做出新的承诺，多国高级军事领导人，包括陆军参谋长探讨了安全部门在这一努力中的作用。科特迪瓦、刚果民主共和国和索马里联邦政府的代表介绍了为打击性暴力而正在实施的举措。有关方面认捐，以支持这些进程，向幸存者提供补偿，并为国际刑事法院受害者信托基金提供资金支助。[3]会议的一项成果就是达成了《冲突中性暴力事件备案和调查国际议定书：关于性暴力作为国际法规定的一项罪行的备案最佳做法的基本

1.《冲突中的性暴力——秘书长的报告》，https://digitallibrary.un.org/record/768129?ln=zh, 最后访问日期：2020年4月18日。

2.《全球峰会——终结冲突中性暴力的难得机遇》，https://www.ohchr.org/CH/NewsEvents/Pages/EndSexualViolenceInConflict.aspx, 最后访问日期：2020年4月12日。

3.《冲突中的性暴力——秘书长的报告》，https://digitallibrary.un.org/record/790993?ln=zh, 最后访问日期：2020年4月18日。

标准》，作为信托基金受赠方的医生促进人权协会也在设计议定书和推进议定书签署方面发挥了作用。

六 联合国系统做出的其他努力

冲突和暴力极端主义的兴起和重新抬头，以及随之产生的武器扩散、大规模流离失所和法治崩溃，使性暴力更多地成为战争和恐怖主义的重要策略，同时以各种模式出现，是新的令人关切的问题。2015年6月19日，联合国大会通过决议，宣布每年6月19日为消除冲突中性暴力行为国际日，以促使人们进一步认识到结束冲突中性暴力的必要性，纪念世界各地性暴力受害者和幸存者，并向所有为消除性暴力罪行勇敢献身和牺牲的人致敬。2019年4月，安理会就冲突中性暴力问题举行公开辩论，联合国秘书长古特雷斯在发言中指出，性暴力被蓄意用作一种战争策略，用来恐吓人民、侮辱人格、破坏社会稳定，导致社会秩序数年甚至数十年都难以恢复。尽管人们做出了巨大努力，但一线的实际情况并没有改变，性暴力仍然是世界各地冲突的一个可怕特征。冲突中的性暴力主要影响妇女和女童，因为它与更广泛的性别不平等和歧视问题密切相关。因此，必须在冲突之前、冲突期间和冲突之后的所有领域促进妇女权利和性别平等。古特雷斯呼吁国际社会用正义取代有罪不罚，用行动取代漠不关心，确保冲突中性暴力的肇事者受到惩罚，并在充分尊重幸存者人权的情况下向她们提供全面支持。古特雷斯还指出，冲突中的性暴力不同于在联合国开展行动的复杂环境中继续发生的性剥削和性虐待事件，在其提交的关于防止性剥削和性虐待的特别保护措施的报告中，提供了关于采取措施加强全系统应对性剥削和性虐待的资料，以更好地应对相关问题。[1]冲突中

1.《防止性剥削和性虐待特别措施——秘书长的报告》，https://digitallibrary.un.org/record/1476262?ln=zh, 最后访问日期：2020年4月18日。

性暴力问题特别代表帕滕则强调，目前关键的挑战之一是如何确保秘书长年复一年列出的冲突各方能充分遵守国际法和安理会的决议。如果这些当事方认为他们的行动既没有得到审查，也不会造成任何后果，他们就没有停止这些侵权行为的动力。安理会应该考虑采取更多有针对性的措施，对这些行为方施加压力。帕滕表示，必须将承诺转化为行动，将决议转化为解决方案，必须为此发出明确信号，即世界不会容忍使用性暴力作为战争和恐怖主义的策略。[1]

联合国下属的专门机构如世界卫生组织等也在预防和应对冲突中性暴力事件中发挥着重要的作用。在利比里亚，蒙罗维亚海洋之星卫生中心是该国第一家在提供卫生服务的同时向妇女提供社会心理和法律支持的机构。该机构是利比里亚政府、世卫组织、联合国其他机构和民间社会之间强有力伙伴关系的产物，世卫组织在该中心为精神卫生和社会心理服务提供支持，并帮助开展咨询师的能力建设。该项目也是利比里亚向发展一个不再接受性别暴力的社会迈出的重要一步。[2]2013 年，世卫组织发布了《暴力对待妇女行为的全球及区域概况：伴侣暴力和非伴侣性暴力的现状及其健康影响》，报告提出暴力对待妇女是一个严重的公共卫生问题，也是对妇女人权的严重侵犯。此外，报告指出未来仍需要在很多方面拓展工作，一方面要从源头预防暴力发生，另一方面要为遭受了暴力的妇女提供必要服务。[3]同年，世卫组织出版了

1.《90 国参与安理会冲突中性暴力问题辩论　性暴力作为战争策略和受害者照顾问题备受关注》，https://news.un.org/zh/story/2019/04/1032961，最后访问日期：2020 年 4 月 18 日。

2.《在利比里亚抵制性暴力和基于性别的暴力》，https://www.who.int/features/2012/psychosocial_support_liberia/zh/，最后访问日期：2020 年 4 月 18 日。

3.《暴力对待妇女行为的全球及区域概况：伴侣暴力和非伴侣性暴力的现状及其健康影响》，https://apps.who.int/iris/bitstream/handle/10665/85241/WHO_RHR_HRP_13.06_chi.pdf?sequence=4，最后访问日期：2020 年 4 月 18 日。

《针对妇女的暴力行为：卫生部门的应对措施》，该出版物强调当前针对妇女的暴力行为普遍存在且多种多样，性暴力包括与冲突有关的性暴力就是其中一种；针对妇女的暴力会造成严重的健康后果、恶劣的经济影响、危害整个家庭的生活等不良影响。针对相关情况，世卫组织提出，针对妇女的暴力是可控可防、人人可以参与进来的，卫生部门也应在其中承担给予受害者综合卫生服务，收集普遍率、风险因素和健康后果的相关信息，制定关于针对妇女的暴力行为的政策，促进和协助制订相关保护规划，将针对妇女的暴力行为视为一项公共卫生问题等责任。[1]2015年，世卫组织与联合国毒品和犯罪问题办公室一起发布了工具包，这份工具包括对法医检查、书面记载事件情况和做出的反应、开展初步调查以及必须秉持的伦理标准所提出的建议，从而帮助各国对性暴力做出医疗与法律反应。这项倡议得到了"联合国制止冲突中性暴力行动"的支持。"世卫组织强烈谴责针对妇女和女童的暴力行为，并支持合作伙伴和各国努力使这类暴力行为去正常化，确保男女平等是这种努力中的一项重要内容"，时任世卫组织总干事陈冯富珍如是说。工具包的使用也将有助于终结对性暴力实施者的有罪不罚的状况并且有助于使受害者获得司法公正。[2]此外，世卫组织也在同相关国际机构和组织进行合作，利用有关倡议在全球减少并消除亲密伴侣暴力和性暴力，这样的倡议和组织有：性暴力研究倡议、"为女童团结起来"伙伴关系、国际妇产科联合会针对妇女的暴

1.《针对妇女的暴力行为：卫生部门的应对措施》，https://apps.who.int/iris/bitstream/handle/10665/82753/WHO_NMH_VIP_PVL_13.1_chi.pdf;jsessionid=64BFEB9BE16F36913656007F6735E83D?sequence=10，最后访问日期：2020年4月18日。

2.《世卫组织发布用以帮助各国应对性暴力的工具包》，https://www.who.int/zh/news-room/detail/25-11-2015-who-launches-toolkit-to-help-countries-respond-to-sexual-violence，最后访问日期：2020年4月18日。

力行为工作小组以及联合国制止对妇女的暴力问题基本服务联合规划等。[1]

　　冲突中的性暴力现象目前仍然是全球范围内具有一定影响力的问题，而如何更好地预防和应对冲突中性暴力是联合国近年来在妇女、和平与安全议程中的热门讨论话题之一，从起初的决议中有所涉及，到相继通过的几项专门针对该问题的决议，再到多次在大会上就此问题进行公开辩论，并设立每年一度的消除冲突中性暴力行为国际日，联合国的一系列举措均体现了在此问题上的诸多努力和对于该问题的重视程度。随着冲突中性暴力问题特别代表等专门职位的设置及职责的履行，联合国针对此问题的规划部署得到了进一步落实和细化。此外，联合国妇女署、世界卫生组织、联合国维和特派团等专门机构在认真履行各自机构职能的同时，也在结合有关国家具体情况，协调各方，通力合作，为解决此问题提供支助。这些举动也使得一些受冲突中性暴力影响较大的国家的情况得以改善，可以说，在预防和应对冲突中性暴力问题方面联合国及其下属机构做出了卓越贡献。

1.《针对妇女的暴力行为》，https://www.who.int/zh/news-room/fact-sheets/detail/violence-against-women，最后访问日期：2020年4月18日。

第七章 暴力极端主义对妇女的影响：
联合国安理会第2122号决议的
发展与执行

2013年10月18日，联合国安理会第7044次会议通过了第2122（2013）号决议（以下简称"2122号决议"），这是继1325（2000）号决议后安理会通过的关于妇女、和平与安全的第七个决议。安理会明确指出2122号决议的重点是执行妇女、和平与安全议程，并在决议中承诺以相互促进的方式继续全面执行1325号、1820号、1888号、1889号、1960号和2106号决议和所有相关安理会主席声明。为了消除阻碍全面执行1325号决议的障碍，安理会在2122号决议中重申增强妇女和女童的权能、实现性别平等对努力维护国际和平与安全至关重要，强调要坚定对增强妇女的权能、促进妇女参与和维护妇女人权的承诺，并通过提供统一的领导、一致的信息、行动及支持，让妇女参与各级决策。承接四个月前通过的2106号决议，2122号决议高度关注武装冲突中和冲突后暴力侵害妇女的问题，总结和回顾了在防止和保护等领域取得的进展，提出了减少武装冲突对妇女和女童影响的新举措，明确了联合国各相关行为体的任务，敦促和呼吁相关各方采取切实行动。此外，值得注意的是，由于恐怖主义行为多发，全球恐怖主义指数明显上升，造成大量包括妇女和女童在内的平民伤亡，2122 号决议明确表示打算在恐怖主义行为对国际和平与安全造成威胁的专题工作领域中，更加注意妇女、和平与安全问题。[1]

本章将结合 2122 号决议，重点阐述暴力极端主义对妇女的影响，以及联合国采取的应对措施。

第一节　内容的演进

一　总结应对冲突中性暴力问题的成就和不足

针对武装冲突中和冲突后暴力侵害妇女的行为，联合国安理会已经颁布多项决议，以引起各方对此类问题的重视，并提出了相应的解决措施，明确了各方的责任和义务。在联合国的倡导下，对此类行为的监测、防止和起诉工作明显加强。安理会还认可了包括妇女组织在内的民间社会对预防冲突、解决冲突和建设和平做出的重大贡献，认识到了妇女同各国和国际决策者进行协商和开展对话的重要性。

2013 年 4 月通过的《武器贸易条约》涉及妇女的相关内容，体现了妇女、和平与安全议程与联合国安全议程的协作和对接。例如条约第 7（4）条规定，出口武器的缔约方应考虑到条约涵盖的常规武器或物项有被用于实施或协助实施重大性别暴力或侵害妇女和儿童的严重暴力行为的风险。

---

1. 联合国安理会：《第 2122（2013）号决议》，S/RES/2122（2013），https://undocs.org/s/res/2122（2013），最后访问日期：2020 年 2 月 18 日。

在 2122 号决议中，安理会表示，妇女、和平与安全议程一直未得到全面执行，并对此表示深深地关切。各行为体在保护妇女和女童人权、给予妇女发挥领导才能的机会、提供资源以满足妇女需求和帮助她们行使其权利等方面都还有很大的进步空间。各行为体参与执行 1325 号决议和其后各项决议的能力还需要加强。

二 提出进一步应对冲突中性暴力问题的举措

2122 号决议强调法治的重要性，提出在法律方面要消除妇女在冲突中和冲突后诉诸司法的障碍。在武装冲突中和冲突后，妇女往往处于脆弱的状况。妇女由于缺少平等的公民权利，在适用庇护法时容易遭受性别偏见，难以登记和获取身份证件，因此容易被迫流离失所。此外，处于不利境况的妇女和女童在武装冲突中和冲突后面临着各种威胁，可能成为侵害对象，遭受暴力，其人权可能受到侵犯和践踏。对此，安理会在 2122 号决议中指出，必须进一步开展工作，确保过渡司法措施能够处理各种侵犯和践踏妇女人权的行为。此外，决议提出要促进有利于性别平等的法律、司法和安全部门的改革和其他机制，并呼吁各会员国加强司法和卫生系统的能力以及民间社会网络的能力，终止有罪不罚现象。[1]

安理会指出，需要在自身的工作中更加系统地关注和履行有关妇女、和平与安全的承诺，尤其是让妇女进一步参与预防冲突、解决冲突和建设和平的工作。为此，安理会需要及时和系统地就妇女、和平与安全问题提交报告。决议还提出在联合国总部进行实地访问时，安理会成员要与包括妇女组织在内的民间社会进行交流。

---

1. 联合国安理会：《第 2122（2013）号决议》，S/RES/2122（2013），https://undocs.org/s/res/2122（2013），最后访问日期：2020 年 2 月 18 日。

安理会还认识到，在处理议程时包含和性别相关的信息和分析非常重要，比如武装冲突对妇女和女童的影响、妇女在建设和平中的作用以及和平进程中和解决冲突中涉及的性别平等问题。为了能够及时地获取这些信息，安理会鼓励联合国相关实体和工作人员在报告中更多地涉及妇女、和平与安全问题。具体而言，联合国副秘书长、妇女署执行主任、负责冲突中性暴力问题的副秘书长和特别代表要定期向安理会通报涉及妇女、和平与安全问题的情况；维持和平行动部、政治事务部和其他有关高级官员要向安理会通报涉及妇女、和平与安全问题的最新情况（包括执行情况），作为定期情况通报的一部分；联合国秘书长、秘书长派到联合国特派团的特使和特别代表要向安理会通报邀请妇女参加关于预防和解决冲突、维护和平与安全以及冲突后建设和平的讨论的情况的最新进展，包括同妇女组织等民间社会进行协商的情况，作为定期情况报告的一部分；维持和平行动部和政治事务部在提交给安理会的报告中要系统地列入涉及妇女、和平与安全问题的信息和相关建议；所有调查安理会议程的联合国调查委员会要在其情况通报中列入武装冲突对妇女和女童产生的不同影响的信息，尤其是关于在冲突中、冲突后和过渡期间推进问责、为受害者伸张正义和保护受害者的建议。

2122号决议还明确了会员国和联合国实体的相关责任。具体而言，会员国和联合国实体必须为受武装冲突和冲突后局势影响的妇女提供人道主义援助和用于医疗、法律、心理和生计服务的资金，而且要在不带歧视的情况下提供各种性保健和生殖保健服务，包括为强奸造成的怀孕提供服务。

决议呼吁会员国制订行动计划和执行纲要，加强监测、评价和协调；重点关注妇女在解决冲突和建设和平工作中的领导作用和参与问题；处理缺少关于武装冲突对妇女和女童的影响、妇女在建设和平中的作用、和平进程和解决冲突涉及的性别平等问题的信息与分析的问题，以及信息与分析质量欠佳的问题。

决议提出在预防和解决武装冲突、维护国际和平与安全和冲突后建设和平的讨论中，要让妇女更多地参与处理和审议性别平等的相关问题，为此：联合国特派团的特使和特别代表在进行部署时就要开始定期同妇女组织、妇女领导人以及在社会或经济领域遭受排斥的妇女进行协商；各会员国要设立专门的筹资机制以支持妇女领导才能的培养和参与各级决策；向联合国调解小组提供性别平等专业知识和性别平等专家；此外，要确保妇女全面平等参加各个阶段的选举工作；增加派到联合国维和行动的女军事人员和警察的百分比；确保妇女全面切实参加打击和消除小武器和轻武器的非法转让和不当使用的行动。

想要持久地消除对妇女和女童安全的威胁，势必要从根本上消除武装冲突的根源，创造和平与安全的国际环境。为此，2122 号决议重申增强妇女和女童的权能和实现性别平等对努力维护国际和平与安全的重要性，强调要保障妇女发挥领导才能的机会，为其提供相应资源，使妇女和妇女的意见在防止和解决冲突、妇女保护和建设和平过程中得到重视。因此，安理会认为要加强联合国和平与安全、人权和发展领域工作的联系，填补两大工作领域之间存在的空白。例如，增强妇女的经济权能大大有助于摆脱武装冲突后的社会实现经济复苏、社会稳定和可持续发展。对此，建设和平委员会还在 2013 年 9 月 26 日发表了《增强妇女经济权能促进建设和平》的宣言。宣言着重指出妇女在预防冲突，支持、参与和开展建设和平，冲突后重建及经济复苏等方面能够发挥至关重要的作用，然而社会和经济机会的不平等、歧视妇女和女童的行为成为有效建设和平和冲突后复原的障碍，因此在展开冲突后的重建工作时适当纳入性别平等视角十分必要。建设和平委员会不仅牵头提出了冲突后恢复的举措和方案，以增强妇女经济权能，让她们与男性一起平等参与冲突后的经济复苏工作，还敦促会员国、国际组织和区域组织采取进一步措施，提高妇女在和平进程的各个阶段，尤其是在解决冲突、冲突后规划和建设和平阶段的参与度，参与政治和经济的决策。为此，会员国要一方面为妇女提供财政支持，使她们能够获得生产资源并开展可持续创收活动以维持生计；另一方面要通过培训培养妇女的工作技能，提高妇女的领导能力，增强她们参与援助管理和规划的能力。要提高农村地区妇女对金融的认识，在国家建设和平战略中列入农村地区妇女金融知识普及计划；要提供土地利用、农业推广、长期和短期信贷服务等业务支助服务，努力克服社会对妇女平等参与能力持有的负面态度。[1]

三 在反恐议程中更重视妇女、和平与安全问题

联合国《防止暴力极端主义行动计划》指出，暴力极端主义是一个有不同表现形式的现象，并没有一个明确的定义。暴力极端主义不局限于某一区域、国家或信仰。"伊拉克和黎凡特伊斯兰国"（"伊黎伊斯兰国"）、"基地"组织和博科·哈拉姆等恐怖主义团体在近年成了暴力极端主义的代表。这些恐怖主义团体宣扬宗教对文化和社会的不包容性，占据地盘，做出严重违反国际法的行为，他们利用社交媒体在全球实时传播他们的思想和行为，试图挑战人类共有的和平、公正和人类尊严的价值观，在世界许多地方产生重大不良影响。数百万人被迫逃离恐怖主义分子和暴力极端主义团体控制的地

1.《增强妇女经济权能促进建设和平》，https://undocs.org/ch/PBC/7/OC/L.1，最后访问日期：2020年7月25日。

区。暴力极端主义对人们享有的各项人权，包括生命、人身自由、人身安全权利，以及表达、结社、思想、宗教信仰自由权利直接构成威胁，加剧了在一些区域发生的本就十分严重的人道主义危机，破坏有关区域的稳定。[1]恐怖主义已经成为人类社会的公敌，是当今世界各国面临的最严峻和紧迫的安全威胁，合力打击恐怖主义既是国际社会的当务之急，也是应尽之责。

2006 年 9 月 8 日，第六十届联合国大会第九十九次全体会议通过《联合国全球反恐战略》（60/288），就反恐战略达成普遍协议，标志着国际反恐领域形成迄今为止 21 世纪最重要的共识。该战略表示一切形式和表现的恐怖主义行为、方法和做法，是旨在损害人权、基本自由和民主，威胁领土完整、国家安全，颠覆合法组成的政府的活动，构成对国际和平与安全的最严重威胁，因此国际社会应采取必要措施，加强合作来防止和打击恐怖主义。该战略除回顾、重申以往联合国在反恐问题上的一贯观点外，还充分认识到发展、和平与安全、人权相互关联并相辅相成，认为有必要消除有利于恐怖主义蔓延的条件，主张各国都应该在制定和落实战略的过程中发挥作用和专长，敦促各国迅速采取行动确保战略得到充分执行，并决定对战略执行情况进行定期审查，推动战略取得实效并得到发展。

《联合国全球反恐战略》不仅是一项决议，还附有行动计划，由四大支柱组成：消除有利于恐怖主义蔓延的条件；防止和打击恐怖主义的措施；提高各国防止和打击恐怖主义的能力以及加强联合国系统在这方面的作用的措施；确保尊重所有人的人权和实行法治作为反恐斗争根基的措施。然而时任联合

---

1. "Plan of Action to Prevent Violent Extremism: report of the Secretary-General," https://digitallibrary. un.org/record/816212?ln=en，最后访问日期：2020 年 3 月 25 日。

国秘书长潘基文表示，在过去人们重点关注支柱二措施的执行工作，常常忽略了支柱一和支柱四措施的执行。对此，他提出把加强联合国预防议程，特别是预防武装冲突、暴行、灾害和危害妇女和儿童的暴力行为，以及与冲突相关的性暴力作为优先事项，果断采取举措，实行人权先行。[1]

对妇女和女童而言，暴力极端主义的蔓延构成了严重的威胁。暴力极端组织把"使妇女处于从属地位"置于其议程的首要位置。自从"伊黎伊斯兰国"出现以来，侵害妇女和女童被当作羞辱和征服社区的一种恐怖手段。"伊黎伊斯兰国"还利用性暴力调动资源，通过人口贩卖和奴隶市场上的勒索为其运转提供资金。据估计，自2014年初至2015年底，有多达2000名妇女和女童被博科圣地等组织绑架。研究还表明，被博科圣地绑架和拘禁的妇女和女童受到一系列侵犯，包括身心虐待、强迫劳动、强迫参加军事行动、强迫与抓获者结婚、强奸、强迫怀孕、性虐待和暴力等行为。显然，性暴力和基于性别的暴力被恐怖分子用作一种恐怖主义策略，用于帮助其控制领土、虐待受害者和招募新的支持者。负责冲突中性暴力问题的特别代表表示，像"伊黎伊斯兰国"这样的暴力极端主义团体，将女性身体视为生产下一代的工具，控制妇女的性和生殖，根据其激进的意识形态来抚养下一代。在此背景下，性暴力和暴力极端主义之间的联系越来越明显，打击暴力极端团体成为解决与冲突有关的性暴力问题的一个重要组成部分。[2]

---

1. "Plan of Action to Prevent Violent Extremism: report of the Secretary-General," https://digitallibrary. un.org/record/816212?ln=en，最后访问日期：2020年3月25日。

2. "Report of the Secretary-General on the Threat Posed by ISIL（Da'esh）to International Peace and Security and the Range of United Nations Efforts in Support of Member States in Countering the Threat," https://digitallibrary.un.org/record/818744?ln=en，最后访问日期：2020年3月26日。

此外，妇女和女童不仅是暴力极端主义行为的受害者，还是暴力极端组织宣传和招募的对象。联合国反恐执行局执行主任让 - 保罗·拉博德（Jean-Paul Laborde）曾表示，"伊黎伊斯兰国"、博科圣地和青年党等恐怖组织正在着力让妇女在其组织的犯罪行径中发挥更多的作用，例如让妇女来招募更多的妇女，唆使妇女充当自杀式炸弹的袭击者等。然而许多妇女对于自己被招募的目的并不知情。[1]因此，恐怖主义不再只是一个男性主导的问题。

全球恐怖主义指数 2014 年报告显示，2013 年共发生了近 1 万件恐怖袭击事件，比上一年增长了 44%。2012～2013 年，恐怖主义导致的死亡人数增加了 61%。面对如此严峻的全球反恐局势，考虑到妇女和女童深受暴力极端主义威胁，2013 年 9 月 4 日，时任联合国秘书长潘基文在关于妇女、和平与安全的报告中呼吁安理会将妇女、和平与安全问题列入与恐怖主义、反恐措施有关的专题辩论。[2]一个月之后，安理会在 2122 号决议中特别强调了要在恐怖主义行为对国际和平与安全造成威胁的专题工作领域中更加注意妇女、和平与安全问题。这一举措大大推动了反恐议程以及妇女、和平与安全议程之间的协作，使联合国系统负责反恐的机构和人员在工作中加入性别视角，更多地尊重和保护妇女和女童的权益，在防止和打击恐怖主义的工作中真正实现人权先行，并且通过促进妇女参与建设不利于恐怖主义蔓延的社会环境，从根本上实现和平与安全。

1.《联合国反恐局呼吁让妇女在反恐中发挥更大作用》，https://www.chinanews.com/gj/2015/09-10/7516023.shtml，最后访问日期：2020 年 3 月 26 日。

2. "Report of the Secretary-General on Women and Peace and Security 2013," https://digitallibrary.un.org/record/758633?ln=en，最后访问日期：2020 年 3 月 25 日。

四　部署2015年高级别审查的筹备工作

2122号决议重申安理会要在2015年进行一次高级别审查，以评估全球、区域和国家各级执行1325号决议的进展，调整承诺，消除在执行1325号决议过程中出现的障碍和制约因素。开展高级别审查，安理会的一个主要关切就是意识到了妇女、和平与安全议程的相关决议的执行工作如果没有重大转变，那么在可以预见的未来，妇女和妇女的意见在防止和解决冲突、妇女保护和建设和平的过程中仍会得不到重视，因此有必要以高级别审查为契机，回顾和梳理妇女、和平与安全议程的工作进展和不足，推动各方全面执行决议，并且在1325号决议通过15周年之际对其做出必要的调整，以更好地实现保护妇女权利、促进妇女参与建设和平的愿景。

为迎接此次高级别审查，安理会鼓励已经制订执行纲要和计划的会员国、相关区域组织和联合国实体着手审查现有的执行计划和目标，并鼓励会员国评估和加快进展，为提出新目标做准备。安理会还请联合国秘书长委托进行一项关于1325号决议执行情况的全球研究，在2015年提交给安理会的年度报告中呈现这一研究的结果，并提供给联合国所有会员国。全球研究将主要关注执行中的良好做法、执行差距和挑战、新趋势和行动优先事项。除此之外，安理会还表示打算把执行安理会有关妇女、和平与安全的任务的规定作为2015年高级别审查前的一次定期实地访问的重点。[1]

---

1. 联合国这理会：《第2122（2013）号决议》，S/RES/2122(2013)，https://undocs.org/s/res/2122(2013)，最后访问日期：2020年2月18日。

第二节　执行措施

一　编写和发布《执行安理会 1325 号决议全球研究报告》

为了迎接联合国安理会于 2015 年 10 月进行的对 1325 号决议及后续决议的执行情况的高级别审议，2122 号决议提请秘书长委托进行一项关于 1325 号决议执行情况的全球研究。此后，全球研究报告的编写工作和相关的高级别审查纷纷启动。报告主笔人是前儿童与武装冲突问题特别代表和前暴力侵害妇女问题特别报告员拉迪卡·库马拉斯瓦（Radhika Coomaraswamy）。由 16 名杰出成员组成的高级别咨询小组，联合国促进性别平等和增强妇女权能署（以下简称妇女署）秘书处，妇女、和平与安全问题常设委员会及"全球研究报告之友"会员国小组努力评估妇女、和平与安全议程从全球到地方一级的落实情况。来自近 50 个会员国以及各区域和次区域组织、联合国实体和包括研究机构在内的民间社会提供了 120 份书面材料。全球研究筹备工作包括与会员国和民间社会进行协商和访问，以及与布鲁塞尔、亚的斯亚贝巴、加德满都、地拉那、巴尼亚卢卡、萨拉热窝、波斯尼亚和黑塞哥维那、维尔纽斯、荷兰海牙、危地马拉城、坎帕拉、开罗和苏瓦等国家和城市的学术界进行区域协商。2015 年 2 月 13 日至 5 月 1 日，妇女署和妇女和平建设者全球网络合作进行了民间社会调查，并收到 71 个国家的 317 件答复。联合国实体、会员国、区域组织和包括研究机构在内的民间社会为编写全球研究报告做出了杰出贡献。[1]

---

1. "Report of the Secretary-General on Women and Peace and Security 2015," https://digitallibrary.un.org/record/806086?ln=en，最后访问日期：2020 年 2 月 19 日。

2015年10月12日，联合国妇女署召开记者招待会，发布了《执行安理会1325号决议全球研究报告》。报告系统总结了15年来全球执行1325号决议所取得的成就，主要包括：国际社会已经接受了关于冲突中性暴力问题的综合性规范框架；联合国消除对妇女歧视委员会通过《第30号一般性建议：关于妇女在预防冲突、冲突及冲突后局势中的作用》；参与和平对话、签署和平协定的妇女有所增加；联合国系统内部的女性高级领导亦有所增加，联合国在南苏丹、利比里亚、塞浦路斯、海地和科特迪瓦的五个维和行动由妇女领导；塞浦路斯的克里斯汀·隆德（Kristin Lund）将军是维和部队的第一位女性最高指挥官；2013年，玛丽·鲁滨逊（Mary Robinson）被任命为非洲大湖区特使；2005年至2015年对脆弱国家的性别平等援助有大幅度增长等。

报告同时指出，很多进步都还只是"第一次"而不是常规做法，全面执行妇女、和平与安全议程仍面临许多障碍和挑战，比如，对性暴力犯罪有罪不罚，妇女参与和平进程进展缓慢，暴力极端主义在世界许多地方威胁妇女生活，用于妇女、和平与安全的资金仍很少，对脆弱国家的双边援助仍很有限等。该报告以大量翔实的材料证明，执行1325号决议的任务迫切而紧要，必须被置于联合国和平与安全工作的中心。[1]

二　进行和平与安全审查

全球研究报告、和平行动问题高级别独立小组、2015年联合国建设和平架构审查专家咨询组与2016年世界人道主义首脑会议协商的主要结果惊人的相似。以上三项和平与安全审查都描绘了当前严峻的和平与安全形势，其特

---

1. 李英桃、金岳嵘：《妇女、和平与安全议程——联合国安理会第1325号决议的发展与执行》，《世界经济与政治》2016第2期，第36～59页、第157页。

点包括：公然违反人权和人道主义法；冲突起因复杂，涉及越来越多的非国家武装行为体、新技术和正在改变战争性质的跨国联系。这些挑战突出表明，应更加注重预防和采取更全面一致的方法，将人权置于安全、保护、人道主义、建设和平和社会经济发展工作的核心。这些审查还强调，在全球、区域和国家各级地区，妇女和女童在使其呼声得到倾听、需要得到满足等方面遇到诸多挑战。

在进行这些审查的同时，发生了现代历史上最残忍的有组织的暴力浪潮之一。武装冲突在多个地点爆发或升级，终止或急剧扭转了取得的进展。在2005年至2015年，需要国际人道主义援助的人数增加了2倍，其中80%受武装冲突影响。2014年全世界流离失所人数创历史最高纪录，5950万人被迫流离失所，而2013年前为5120万人，2005年前为3750万人。冲突和迫害每天平均迫使42500人逃离家园，在本国境内或境外寻求保护。在此期间，暴力极端主义日益蔓延，特别是侵犯和践踏妇女和女童权利的行为。

在此背景下，全球研究报告涉及的区域和国家协商并呼吁停止进一步军事化，增加对政治解决冲突措施的投入。以上三个和平与安全审查都大力强调，应根据法律和人权方面的义务，加强妇女参与和平与安全各领域决策的力度，因为妇女有效和有意义的参与极有助于增加和平、安全和人道主义努力的实效及和平的可持续性。除此之外，这些审查还指出，应更加重视预防、维持和平、解决冲突根源问题，以避免危机再次发生、升级和旷日持久。[1]

---

1. "Report of the Secretary-General on Women and Peace and Security 2015," https://digitallibrary.un.org/record/806086?ln=en，最后访问日期：2020年2月19日。

三　保障妇女有效参与和平进程

为全球研究报告进行的研究表明，如果妇女有效和有意义地参与建设和平、制宪和国家对话的进程，那么会谈的结果与各项协定的执行及可持续性成正比。然而，妇女参与正式和平进程仍然有争议。许多谈判只注重冲突的军事和政治方面，参与的妇女人数仍然偏少。在高级别和平进程中担任领导职务的妇女也较少。为了保障妇女能够有效参与和平进程，联合国系统在许多方面做出了努力。

首先，联合国注重在和平协定中纳入与性别有关的条款，增加和平协定对性别平等问题的敏感度。自1325号决议通过之后至2015年1月1日之前，共达成了504项和平协定，其中有138项协定（27%）涉及妇女议题。

在调解进程中，联合国采取了多种举措以确保妇女能够发出声音。这些举措包括：利用调解员论坛（如联合国政治事务部性别与包容性调解进程高级别研讨会等）交流经验并探讨有关包容性建设和平的办法，增进代表联合国、区域组织和会员国的特使、调解员和调解专家对包容性的战略价值和包容性调解的现有工具、实际战略和办法的认识，使各方在拟定进程时系统地考虑旨在消除妇女参与的后勤障碍的各项举措；引入第三方调解小组，协助促进更具包容性的进程，例如，挪威外交团队队长达格·尼兰德（Dag Nylander）担任哥伦比亚和平进程调解员有助于确保将妇女和性别平等观点纳入哈瓦那和平会谈；在正式和平调解进程中，确保所有联合国调解支助小组（100%）至少包括一名妇女；通过联合国高级调解专家待命小组和高级技术专家名册为和平进程提供性别平等专门知识，例如在2014年，联合国应要求向9个相关进程的6个进程（67%）提供性别平等专门知识；调解小组与妇女民间社会组织定期协商，例如在 2014 年，联合国参与的所有和平进程都包括了与民间社会定期协商，其中 88% 是与妇女组织协商，与 2011 年的 50% 相比明显上升；将提交立场文件和会晤调解员、谈判员或技术顾问的"内部策略"与发布公开报告、游说国际行为体和开展媒体外联等"外部策略"相结合，例如妇女联盟编制表达跨部门妇女团体统一立场的共同文件，供调解小组和谈判小组使用，从而能够为调解员和谈判方提供信息和建议。此外，联合国与合作伙伴共同确定参与全国对话和调解进程的妇女组织和民间社会领导人。

四 增强妇女权能，建设包容性和平社会

妇女有效参与能够扩大和平红利的范围，使得交战方和利益攸关方都从中受益，从而使他们能够提高当地社区的复原能力，以建立更持久的和平。然而，在就冲突后复原和施政做出决策时，妇女和女童往往被忽视。因此，除了确保妇女做出贡献外，建设和平举措必须支持妇女的各项权利并增强妇女经济、政治和社会权能，以便最大限度地发挥妇女在稳定和恢复方面的作用。此外，建设和平不仅必须解决冲突的根源问题，还要制定使妇女和女童受益的长期发展战略，处理在冲突期间和达成和平协定之后继续侵犯妇女和女童人权的问题。

为了进一步促进妇女参政，联合国帮助会员国提供对妇女有针对性的培训，设置政党名单配额，与选举管理机构共同努力确保妇女能够在安全的环境中参政。在此方面，联合国开发署采取了多项有效的举措，包括：为尼日利亚的年轻女政治家建立妇女政治论坛；在巴基斯坦支持组建和运营妇女核心小组，牵头就一些重要的优先发展事项采取立法行动；在萨尔瓦多协助制定了 30% 的选举配额，大幅增加了女议员人数。到 2015 年 7 月，在已经通过选举配额立法的冲突和冲突后国家，妇女几乎占议员的 23%，而在未采取这

类特别措施的国家则为15%，差距显而易见。

联合国支持会员国建立反应迅速和代表广大民众的安全机构，进行安全部门改革，以增加妇女和妇女组织在文职监督领域的代表权，增进公众信任。在联合国的指导下，会员国还对安全部门新工作人员进行冲突中侵害妇女罪行，包括性暴力和基于性别的暴力方面的审查。例如，在联合国冲突中性暴力问题特别代表及法治和冲突中性暴力问题专家组的支持下，刚果民主共和国国家军队制订和实施了一项行动计划，对有性暴力罪行的指挥官进行问责，2013～2014年共起诉刚果民主共和国武装部队包括高级官员在内的137名成员。科特迪瓦、索马里和南苏丹的军队也在联合国的支持下采取了类似举措。

联合国系统帮助前女战斗人员以及与武装部队有关联的妇女复员和重返社会。2014年，联合国外地特派团解除武装、复员和重返社会方案措施中44%的受益者是妇女。在开发署的支持下，在8个国家实施前战斗人员和问题青年重返社会方案，26%的受益者是妇女。在哥伦比亚、马里和索马里，妇女受益率超过40%。在布隆迪妇女受益率在50%以上，因为该国受益者包括境内流离失所者和返回者，帮助的重点主要是促进就业、建立市场、修复道路和提供赚取现金的工作。

五　加强对妇女和女童权利的保护

在危机和紧急情况下，妇女和女童的一些人权容易受到侵害，如获得食物、保健、教育、住房、人身安全甚至国籍的权利。全球研究报告清楚地表明，促进和保护人权对妇女和女童的和平与安全至关重要。司法体系本应是妇女伸张正义的平台，然而对妇女而言，她们诉诸法律的行为往往由于歧视和体制障碍等原因受到阻碍。为此，联合国采取多项措施以保障妇女诉诸法律的机会。

联合国难民事务高级专员公署在2014年发起在2014年至2024年期间结束无国籍状态的全球行动计划，其中的关键行动之一就是要消除直接和间接歧视妇女和女童的国家法律。

《国际刑事法院罗马规约》提供了关于基于性别的罪行的最进步和最全面的国际法律框架，明确认定强奸、性奴役、强迫卖淫、强迫怀孕、强制节育和其他形式的性暴力是危害人类罪、战争罪，并构成灭绝种族罪。若干缔约国已经根据该规约规定的义务修订了刑法，把一系列基于性别的多种罪行定为刑事罪行，指出国际规范在国内可能产生的重要连带效应。

冲突中法治和性暴力问题专家组和妇女署性暴力和性别暴力的司法专家组向会员国家提供技术支持，使会员国的国家司法机关有能力将性暴力和性别暴力作为国际罪行进行调查和起诉。2005年至2015年，多国建立了专门的分庭或法庭来处理与冲突有关的罪行（如克罗地亚、刚果民主共和国、利比里亚、塞尔维亚和乌干达），并设立起诉和调查单位专门处理性别暴力和性暴力。在几内亚，在联合国专家组为几内亚法官小组提供的技术支持下，后者起诉了16名高级别人士，这些人在2009年被指控犯有包括性暴力在内的罪行。被告包括前国家元首穆萨·达迪斯·卡马拉和总统卫队队长克洛德·皮维。

2014年，联合国支持马里、菲律宾和突尼斯三国分别设立了真相委员会。其中突尼斯和菲律宾的真相委员会均由妇女领导，并且至少1/3的委员是妇女（突尼斯33%，菲律宾50%）。《过渡期司法法律》设立了突尼斯真理和尊严委员会，规定在揭示真相和拟定赔偿时应考虑侵权行为对妇女的影响。该法呼吁真相委员会制定措施，确保保护妇女权利，包括尊重听证会期间的隐私权。

委员会将群体和家庭成员纳入"受害者"的定义及其任务规定中，以审议腐败等侵犯社会经济权利的行为，此举为委员会处理使妇女易遭受暴力的结构性歧视问题提供了一个强有力的框架。

联合国系统利用调查委员会记录冲突中性暴力的罪行并建立历史记录。为此，妇女署还把性别问题顾问及性暴力和性别暴力调查员借调给联合国人权事务高级专员办事处领导的调查委员会和实况调查团。

联合国帮助会员国建立将法律服务与幸存者更广泛需要相结合的一站式中心，在同一个地点为幸存者提供医疗服务、心理咨询、与警方调查人员接触的机会和法律援助。例如，在刚果民主共和国东部，开发署、联合国组织刚果民主共和国稳定特派团（联刚稳定团）和其他伙伴支持建立了一个庞大的法律援助诊所网络，以消除性暴力和性别暴力的有罪不罚现象。这些诊所提供医疗、社会心理和法律援助等服务，并通过举办扫盲班和提供经济援助的方式处理受害人所面临的重返社会问题。

六 推动反恐与妇女、和平与安全议程间的协作

在2014年有关妇女、和平与安全的公开辩论通过的主席声明中，联合国安理会深为关切地表示"可能成为恐怖主义的暴力极端主义往往造成更多的人流离失所，而且常常以妇女和女童为目标，严重侵犯和践踏她们的人权，包括谋杀、诱拐、劫为人质、绑架、奴役、将其出售和强迫她们结婚、贩卖、强奸、性奴役和其他形式的性暴力"。从那时起，暴力极端主义对妇女的影响引起了全球更大的关注。

在性别平等程度较高的社会里，暴力极端主义扎根的可能性较小，因此

妇女受其影响的可能性也较小。联合国大会在对联合国全球反恐战略进行审查的第68/276号决议中，明确提及妇女对执行该战略的重要贡献，并鼓励会员国、联合国各实体以及国际、区域和次区域组织考虑到妇女对防止和打击恐怖主义各项努力的参与。[1]然而，妇女在打击恐怖主义和极端主义方面的作用仍没有得到充分发挥。因此，联合国致力于推动会员国、联合国各实体和民间社会之间在反恐及妇女、和平与安全工作中的协作。

时任联合国秘书长潘基文呼吁会员国和有关联合国实体将性别平等观点，妇女参与、领导和增强妇女权能纳入反恐和防止暴力极端主义框架。此外，秘书长还要求确保被授权防止和应对暴力极端主义的机制和程序具备履行其职责所需的性别平等问题的专门知识。这包括提供能力建设和其他援助的联合国实体、制裁监测小组以及为跟踪恐怖融资、进行真相调查和刑事调查建立的机构。

在指导性文件方面，联合国安理会积极响应秘书长的号召，在与恐怖主义有关的决议和声明中越来越多地提到妇女，将包括妇女参与、领导和增强妇女权能在内的性别平等观点纳入反恐和防止暴力极端主义框架。2013年12月17日，安理会将妇女、和平与安全的实质内容列入了第2129（2013）号反恐决议中，并回顾2122号决议，重申打算在其议程上的所有相关专题工作领域中更多地注意妇女、和平与安全问题，包括在恐怖行为对国际和平与安全的威胁方面注意这些问题。[2]2013年12月18日联合国大会的决议《构建一个反对暴力和暴力极端主义的世界》，谴责暴力极端分子对妇女和儿童的攻击行

1.《联合国全球反恐战略审查》，A/RES/68/276，https://undocs.org/ch/A/RES/68/276，最后访问日期：2020年3月26日。

2. 联合国安理会：《第2129（2013）号决议》，S/RES/2129(2013)，https://undocs.org/ch/S/RES/2129(2013)，最后访问日期：2020年3月26日。

UN Women, Peace & Security

为，强调指出各国必须不以习俗、传统或宗教为由来规避《消除对妇女的暴力行为宣言》所规定的消除暴力侵害妇女行为的义务。[1]2014年9月通过的第2178（2014）号决议首次承认应增强妇女权能，将其作为促进家庭和社区复原、预防暴力极端主义和激进化蔓延的措施的一部分。[2]

暴力极端组织的一个共同点是，在其行动中往往伴随着针对妇女的性暴力行为。因此，联合国强调各国必须继续加深对性暴力作为一种恐怖主义策略的认识，并正式承认性暴力受害者就是恐怖主义受害者，因此有必要确保将追究性暴力行为的责任作为联合国反恐战略的一部分，必须与起诉恐怖行为一样积极地起诉性暴力行为。联合国禁止酷刑委员会在其第五十五届会议上通过了关于伊拉克的结论性意见（A/HRC/28/18），注意到"伊黎伊斯兰国"已将针对妇女和女童以及属于宗教和族裔少数群体的性暴力、奴役、绑架和人口贩运模式化，该意见建议伊拉克采取措施加强对妇女的保护，并消除对犯罪者有罪不罚的现象。此外，联合国强调必须开展集体努力，以保全"伊黎伊斯兰国"犯下的性暴力罪行的证据。

联合国强调各国打击暴力极端主义的努力不应损害妇女的权利。为了粉碎暴力极端分子借用宗教名义将强奸合法化的企图，联合国呼吁会员国推动宗教领袖的参与，使犯罪者对性暴力行为产生耻辱感。对于暴力极端分子利用社交媒体平台和短信应用程序贩卖妇女和儿童的行为，联合国要求各国立

---

1. "A World Against Violence and Violent Extremism:Resolution Adopted by the General Assembly," https://digitallibrary.un.org/record/765945?ln=en，最后访问日期：2020年3月26日。

2. 联合国安理会：《第2178（2014）号决议》，S/RES/2178(2014)，https://undocs.org/ch/S/RES/2178(2014)，最后访问日期：2020年3月26日。

法，确保将其定为刑事犯罪。[1]

当然，妇女不仅是暴力极端主义的受害者，也可能成为暴力极端主义行为的积极参与者和领导者。妇女在暴力极端组织中可能扮演多种角色，包括实施自杀式爆炸、参与武装组织内部的妇女部门或女兵旅、收集情报以及充当征聘人员和调动人员。暴力极端组织利用媒体作为征聘工具、宣传和庆祝极端分子活动的平台，而妇女往往在此类媒体中发挥重要作用。暴力极端主义组织还鼓励年轻女性通过与战斗人员结婚和生育子女的方式加入其事业。为此，联合国呼吁会员国和国际行为体从微妙的性别视角获得关于有利于恐怖主义的条件的信息，了解将妇女推向暴力极端主义的不满情绪，并努力加强妇女抵制暴力极端主义的能力。

时任联合国秘书长潘基文建议会员国和联合国各实体投资于对性别问题有敏感认识的研究和确定导致个人加入暴力极端主义团体的驱动因素的数据收集工作，投资于研究全面反恐战略对妇女人权的影响，以便拟定有针对性和以证据为基础的政策和方案。这将有助于根据当地的需要和社区观点（包括妇女的观点）拟定对环境和性别有敏感认识的反恐对策。

联合国呼吁各国政府在制订防止暴力极端主义的国家行动计划时，将与妇女有关的举措纳入框架内，以阻止恐怖组织招募妇女；并且敦促会员国制定和执行不同策略来处理具体类别的回返者，尤其是妇女和其他潜在的易受伤害的个人。

---

1. "Report of the Secretary-General on the Threat Posed by ISIL（Da'esh）to International Peace and Security and the Range of United Nations Efforts in Support of Member States in Countering the Threat," https://digitallibrary.un.org/record/818744?ln=en，最后访问日期：2020 年 3 月 26 日。

七 加强妇女在防止和打击暴力极端主义工作中的参与和领导

随着暴力极端组织的力量和影响力持续扩大，国际行为体一直侧重于阻止它们取得进展的军事和安全解决方案。但是这种方法不足以解决这一不断演变的问题，并可能导致侵犯人权的行为，进一步引发不满。比如军事化的反恐行动会破坏经济和社会活动并摧毁不用于军事目的的民用基础设施，导致妇女和女童流离失所，使她们更容易遭受性暴力和性别暴力以及其他的侵犯人权行为。最终，更多的贫穷和绝望可能导致暴力极端主义进一步扩散。暴力极端主义的根源是治理和发展的不足以及不够尊重人权和法治。要建立具有抗冲突能力，并能永久地消除有利于暴力极端主义的条件的社会，就必须投资于支持善治和可持续、基于权利的发展的政策和方案。正如《执行安理会1325号决议全球研究报告》证明的那样，要建立具有抗冲突能力，并能永久地消除有利于暴力极端主义的条件的社会，必然涉及将妇女人权、增强妇女权能和妇女积极参与整合在一起的政策和方案。

联合国《防止暴力极端主义行动计划》在防止暴力极端主义的行动议程下有明确一节，题为"性别平等和增强妇女权能"，足见联合国对妇女在防止和打击暴力极端主义中发挥的作用的重视。计划强调，在性别越平等的社会，暴力极端主义越不容易滋生，因此要更好地增强妇女在社会中的参与和领导，让妇女在政府、安全部门和民间社会机构中有更大的权能。具体而言，联合国建议会员国在所有防止暴力极端主义的工作中考虑到性别平等问题，在国家执法机构和安全机构中吸纳妇女群体代表，并让妇女代表加入防止和应对恐怖主义框架。

联合国要求每个会员国都应考虑制订防止暴力极端主义的国家行动计划，

以确立本国消除促成本地暴力极端主义的因素的重点，并在已有国家反恐战略的情况下对其起补充作用。在国家计划的制订上，联合国要求各会员国应征求包括妇女在内的各方的意见，使妇女成为制定社区、国家和区域抵制暴力极端主义蔓延战略的关键参与者。为了消除许多促成暴力极端主义的因素，联合国强调应让国家发展政策与可持续发展目标保持一致，其中一项重要目标就是要实现性别平等，加强对所有妇女和女童的赋权。

暴力极端主义分子需要获得大量同情者的支持才能生存下去。如果能够有效阻止暴力极端组织获得这种支持，就可以大大削弱他们造成破坏和逃避惩罚的能力。因此，制定和实施有成效的社区参与战略十分关键。妇女扮演着社区的领导者、专家，或者是家庭中的母亲、妻子、姐妹和女儿的角色，能够在塑造社区成员价值观的方面发挥重要作用。在此方面，联合国建议会员国协助妇女组织建立区域和全球网络，让它们交流好的经验和做法，以便改进自己社区的工作，促进不同文化和信仰间的对话。

妇女参与应对包括暴力极端主义在内的和平与安全的新威胁需要充足的资金支持。调查显示，在应对危机前线的妇女民间社会组织往往面临着重大的资金短缺问题。联合国将投入至少15%的建设和平资金以满足妇女的具体需要和支持以促进性别平等为主要目标的项目。此外，时任联合国秘书长潘基文请会员国、多边组织和开发银行在内的所有行为体，确保为妇女、和平与安全议程提供充足的资金。

要让妇女有效地参与防止和打击暴力极端主义工作，培养妇女和妇女民间社会团体的能力至关重要。除了要增加妇女受教育的机会，联合国要求各国政府应确保不会在有意无意中限制或管制妇女民间社会组织的工作，包括促进性别平等以及妇女参与和领导的工作。

此外，联合国各实体，包括反恐怖主义委员会执行局、联合国妇女署以及联合国系统的其他许多成员机构，在处理与防止暴力极端主义有关的问题时，十分注重为妇女赋能，使妇女在其中发挥更大的参与和领导作用。

2015年9月10日，联合国总部举行了以"妇女在打击恐怖主义和暴力极端主义过程中的作用"为主题的公开通报会和研讨会。联合国反恐怖主义委员会执行局执行主任让-保罗·拉博德在当天的记者会上表示，应当增强妇女能力，以使其在全世界的反恐和应对暴力极端主义的斗争中发挥更大作用。

反恐怖主义委员会和反恐怖主义委员会执行局在世界多国协助举办区域和国家讲习班，讨论制订打击煽动和实施恐怖行为和暴力极端主义的全面办法。这些讲习班有助于各国政府部委和包括妇女团体在内的非政府行为体之间建立在反暴力极端主义领域的战略伙伴关系。比如在哈萨克斯坦，妇女专家应邀作为主持人参加联合国中亚地区预防性外交中心和反恐怖主义执行工作队举办的一个关于加强中亚宗教领袖和宗教机构在预防冲突和打击暴力极端主义中的作用的中亚区域讲习班。

联合国妇女署认为理解妇女、性别和暴力极端主义之间的复杂关系对于防止暴力极端主义至关重要，因此努力确保预防和打击暴力极端主义和恐怖主义的努力能够反映妇女的需求、参与和领导能力。妇女署支持对暴力极端主义的性别驱动因素以及反恐战略对妇女和民间社会的影响的研究；在反恐框架及其实施机构中促进性别平等和保障妇女权利；为暴力极端行为的幸存者提供支持服务。总的来说，妇女署致力于通过促进妇女参与、领导和保护其权利，来建立能够消除暴力极端主义根源的、包容的、对冲突有抵抗力的社会。

根据2016年的全球恐怖主义指数，南亚是世界第二大受恐怖主义影响的区域。为此，联合国妇女署有专门针对亚洲的防止暴力极端主义的区域计划，致力于支持妇女在当地社区的领导和参与，以增强社会凝聚力和经济能力，扭转极端主义日益加剧的趋势。计划主要覆盖四个核心领域：（1）赋权提高妇女的领导力和经济能力，以促进和平共处、增强社会凝聚力和社区应急能力；（2）增强妇女在预防和应对恐怖主义和暴力极端主义方面的参与和领导，例如培养妇女识别早期预警信号的能力，以及使妇女通过新媒体和传统媒体发出反对暴力极端主义的声音；（3）扩大和深化关于性别因素驱动暴力极端主义和暴力极端主义对妇女和女童的影响的研究；（4）用政策确保国家和区域反恐框架考虑性别因素，并借鉴妇女的经验。

联合国妇女署还支持民间社会组织为妇女增加权能。例如，印尼瓦希德基金会在联合国妇女署的支持下，为妇女提供小额信贷支持，并将各种宗教和信仰的妇女聚集在一起，以促进对话和增强社区内部的包容性。[1]

---

1. "Preventing Violent Extremism," https://asiapacific.unwomen.org/en/focus-areas/peace-and-security/preventing-violent-extremism，最后访问日期：2020年3月27日。

第八章　加强妇女在反对暴力极端主义行动中的领导：联合国安理会第2242号决议的发展与执行

2015年是联合国成立70周年，也是北京举办第四次世界妇女大会暨《北京宣言》和《行动纲领》通过20周年。这两份历史性文件旨在提高全球妇女地位，为促进妇女和女童权利确定基准，并为武装冲突中保障妇女权利的重要国际义务铺平道路。在《北京宣言》和《行动纲领》的引领下，全球妇女事业取得重要进展，但仍然面临许多困难和挑战。2015年9月27日，中国与联合国妇女署在纽约联合国总部合作举办了全球领导人促进性别平等和增强妇女权能会议。包括约80个国家元首和政府首脑在内的近百个国家代表出席会议，并围绕全球妇女发展议题交换意见。这是历史上首次在国家领导人层面举行妇女峰会，是继北京世界妇女大会后国际妇女事业发展的又一里程碑，具有开创意义。

2015年也是联合国安理会关于妇女、和平与安全问题1325号决议通过15周年。2015年10月13日，安理会召开第7533次会议，审议了2000年通过的关于妇女、和平与安全的1325号决议的执行情况。来自联合国机构和非政府组织

的代表就1325号决议及其后续决议的执行情况做了通报，来自各国政府的代表
分别介绍了本国就相关议题所采取的措施、取得的成绩、做出的新的承诺，并
就相关问题进行了辩论。1325号决议通过后，联合国安理会每年都召开会议，
就相关主题进行公开辩论，根据情况做出新的承诺并陆续通过了7个决议。正
值1325号决议通过15周年之际，此次高级别审议具有非同一般的意义。

2015年9月，联合国大会第七十届会议上通过了《2030年可持续发展议
程》（A/RES/70/1）。新议程呼吁各国采取行动，为今后15年实现17项可持续
发展目标而努力。这些目标述及发达国家和发展中国家人民的需求并强调不
会落下任何一个人，目标范围广泛且雄心勃勃，涉及可持续发展的三个层面：
社会、经济和环境。其中目标五明确提出，要实现性别平等，增强所有妇女
和女童的权能。

在这一重要而特殊的历史节点，2015年10月13日联合国安理会第7533次
会议通过了第2242（2015）号决议（以下简称"2242号决议"），会上113名参
会者作了发言，是安理会辩论历史上发言人数最多的一次，近70个会员国明确
承诺执行妇女、和平与安全议程。2242号决议是继1325号决议后安理会通过的
关于妇女、和平与安全的第八个决议。2242号决议再次承诺以相互促进的方式
继续全面执行1325号、1820号、1888号、1889号、1960号、2106号、2122号
决议和所有相关的安理会主席声明，并强调在全面执行安全理事会关于妇女、
和平与安全的各项决议的规定方面，会员国应发挥首要作用，联合国实体和区
域组织有重要辅助作用。除此之外，随着全球和平与安全局势不断变化，2242
号决议将重点放在了妇女、和平与安全面临的新问题上，其中最为突出的就是
可滋生恐怖主义的暴力极端主义上升，加剧了对妇女和女童的威胁。

本章将结合2242号决议，重点阐述联合国推动妇女反对暴力极端主义的措施：推动受暴力极端主义影响的妇女在反对暴力极端主义行动中发挥领导作用。

第一节 内容的演进

一 回顾妇女、和平与安全相关的最新报告

在2015年这一具有特殊意义的年份，联合国对1325号决议的执行情况进行了高级别审议，并为此做了大量的筹备工作，动员了多方力量来进行全球研究并发布研究报告。不难理解，联合国之所以做出如此耗时耗力的举措，主要是为了梳理妇女、和平与安全工作的进展，总结经验和不足，为下一阶段的工作提供借鉴和指导。此外，还有一个原因是妇女、和平与安全的决议一直未能得到全面的执行。尽管多年来安理会不断在决议中提及这一问题，指出全面和有效地执行决议的重要性，鼓励各级行为体做出努力，但这一局面仍然没有得到明显改观。这一点在下文所述的全球研究报告中也有所体现。因此，在15周年的时间节点进行回顾和总结能够进一步引起各方对妇女、和平与安全议程的重视，推动各方在执行决议时发挥更多的主动性，使各方的工作重心应从"承诺"转向"行动"。

2015年9月，联合国秘书长潘基文根据安全理事会2122号决议要求，提交了《2015年关于妇女、和平与安全的秘书长报告》。报告分为导言，关于妇女、和平与安全的全球研究报告的进展，成果概述以及结论意见和建议三个部分。报告特别强调了要加强妇女在和平与安全工作中的参与和领导；在冲突期间和冲突后，尤其是在新的和正在出现的威胁下保护妇女和女童的人权；

为确保性别平等的规划和成果实行问责制；加强性别平等结构和提升技术专门知识水平；以及妇女、和平与安全议程资金的筹措这五个方面。

除了和妇女、和平与安全直接相关的报告之外，安理会还在2242号决议中提及了两份与和平进程相关的报告，分别是秘书长的《联合国和平行动的未来：执行和平行动问题高级别独立小组的各项建议》（S/2015/682）和《联合国建设和平架构审查咨询专家组的报告》（S/2015/490）。安理会对这些报告中提出的关于妇女、和平与安全的建议表示欢迎，还敦促所有行为体考虑执行这些建议。秘书长在《联合国和平行动的未来：执行和平行动问题高级别独立小组的各项建议》（S/2015/682）中提出，支持妇女全面参与和平与安全的统筹机制非常关键。基于海地的成功试点，秘书长决定以后将要求联合国和平行动的性别平等问题高级顾问设在秘书长特别代表办公室，由特派团职能部门的性别平等问题专家提供支持。[1]

联合国建设和平架构审查咨询专家组在报告中提出，在建设和平中反映妇女的需要需要进行一些具体层面的工作，包括：对性别问题有敏感认识的安全部门改革，这对于妇女能够安全地重新进入公共空间至关重要；经济恢复战略需要考虑到妇女的有酬和无酬工作；需要优先考虑恢复社会基础设施和建立基本社会服务，否则妇女将因为冲突增加了受抚养人和残疾人的数量而承担过重的照顾负担；在冲突中（甚至在冲突后）打击暴力侵害妇女行为有罪不罚现象。联合国建设和平架构审查咨询专家组认为确保妇女充分参与建设和平进程是一个权利问题，但并不局限于此。妇女的参与对于实现经济

1.《联合国和平行动的未来：执行和平行动问题高级别独立小组的各项建议》，https://undocs.org/ch/S/2015/682，最后访问日期：2020年7月26日。

恢复、提高政治合法性和社会凝聚力也很重要。因此，从早期试图结束暴力到后阶段巩固和平，如果没有妇女的参与，社会重新陷入暴力的风险会大大增加。

安全理事会通过 1325 号这一里程碑式的决议之后的 15 年时间里，出现了一种模式转变，即不再仅仅将妇女视为暴力冲突的受害者，而是承认妇女作为改革推动者的重要作用，特别是在建设和平领域。大多数国家根据上述决议制订了国家行动计划，各国政府与民间社会通力合作，确定具体战略，建立独立的监测机制，并在许多情况下划拨专门预算。但是，联合国建设和平架构审查咨询专家组指出，所有这些措施尚未给妇女生活带来足够重大的变化，并指明了一些具体问题。例如，联合国组织内部在妇女和建设和平工作方面存在各自为政的问题。特派团往往关注政治参与和防止与冲突有关的性暴力和性别暴力等范围狭窄但非常重要的问题，而联合国国家工作队则致力于在经济复苏和包容方面制定对性别敏感的办法，却并不总能采用全面考虑建设和平视角，而且特派团与国家工作队各自有不同的筹资渠道和机构要务，因此亟须加强双方之间的协调和整合。除此之外，联合国在任何一个参与国都未能将至少 15% 的联合国建设和平支出划拨到解决妇女的具体需求、推进性别平等或增强妇女权能等领域，没有实现这一不高的指标，更没有超过这一指标。2014 年，直接用于性别平等和赋予权能的建设和平基金项目拨款仅为拨款总额的 9.3%。[1]

安理会还提及了在同一年通过的 2030 年可持续发展议程，重申增强

1.《2015 年 6 月 29 日联合国建设和平架构审查咨询专家组主席给大会主席和安全理事会主席的同文信》，https://undocs.org/ch/S/2015/490，最后访问日期：2020 年 7 月 26 日。

妇女和女童的权能和实现性别平等对于防止冲突和更广泛开展维护和平与安全工作至关重要，并且指出《和平行动问题高级别独立小组的报告》（S/2015/446）、《联合国建设和平架构审查咨询专家组的报告》（S/2015/490）和全球调查报告都强调，有必要增加对预防冲突和增强妇女权能的投资，因为只有通过坚定承诺增加妇女的权能、参与和保护人权，通过提供统一的领导、一致的信息和行动以及通过支持让妇女参与各级的决策，才能消除全面持续阻碍执行1325号决议的障碍。

总的来说，安理会在2242号决议中表示认可1325号决议通过15周年的重要意义和取得的进展，与此同时，也认识到需要进一步落实"妇女、和平与安全"议程，需要继续深切关注妇女在许多维护国际和平与安全的正式进程和机构中没有足够代表权，国家、区域和国际处理政治、和平与安全问题的机构中担任高级别职务的妇女人数不多，人道主义对策没有充分考虑到性别平等问题和不支持妇女发挥领导作用，妇女、和平与安全方面的工作缺少资金等问题。安理会赞扬包括妇女组织在内的民间社会在过去15年执行第1325（2000）号决议的过程中发挥了重要作用。

二　加快执行妇女、和平与安全决议

一系列研究和报告都指出，妇女、和平与安全决议的执行进程已经严重滞后，必须加快行动，将承诺转化为现实。因此，督促各级行为体加快执行关于妇女、和平与安全的决议成为2242决议的重点。具体来讲，安理会对自身、联合国秘书长、联合国实体、区域、会员国和民间社会都提出了下一步工作的重点。

首先，安理会认为需要根据2122号决议，进一步把1325号决议列入自己的工作之中。对于未来的工作，安理会表示打算召集妇女、和平与安全问题非正式专家小组的有关专家开会，以便在自己的工作中更加系统地处理妇女、和平与安全问题，加强对执行工作的监督与协调。此外，安理会还打算邀请包括妇女组织在内的民间社会向安理会通报各国的具体情况和相关专题，并请副秘书长、妇女署执行主任和负责冲突中性暴力问题的秘书长特别代表定期地向安理会通报各国的情况和安理会议程中相关专题工作领域的情况，包括通报冲突和危机中的妇女和女童的危急境况。安理会决定，将根据每个国家的具体情况，把妇女、和平与安全问题纳入安理会有关各个国家的局势的议程中，并根据需要在定期举行的安全理事会具体国家局势磋商中专门讨论妇女、和平与安全的执行情况。不仅如此，安理会还派出特派团与地方和国际妇女团体协商，加大对性别因素和妇女权利的关注和考虑。

对于联合国秘书长和联合国相关实体，如维持和平行动部、政治事务部和建设和平支助办公室等实体，安理会鼓励他们加倍努力，在所有政策的制定、规划和评估工作中顾及妇女的需求和性别平等因素，弥补问责方面的不足。安理会敦促维和部和政治部在特派团规划、任务拟定和执行、审查和特派团缩编过程中，始终有负责保障性别平等的专业人员，确保在特派团任务期的各个排定阶段都顾及妇女的需求并保障妇女的参与。不仅如此，维和部、政治部和妇女署应相互加强合作，充分利用各实体的比较优势，使联合国维和行动和政治特派团更多地考虑性别平等问题，在实地派驻性别平等顾问，为特派团在执行 1325 号决议和其后各项决议时提供政策、实务和技术支持。安理会还鼓励联合国内部负责执行妇女、和平与安全议程的机构，包括妇女署和负责冲突中性暴力问题的秘书长特别代表，考虑其在妇女、和平与安全问题方面的协调和问责作用，加强它们之间的工作关系。

秘书长在与联合国总部和外地高层管理人员的契约中要增添性别平等的具体目标，作为考核个人业绩的指标。安理会还欢迎秘书长承诺让性别平等问题高级顾问到特别代表办公室工作，促请为性别问题高级顾问和其他性别平等干事职位编制预算，并在委派政治特派团和多层面维和行动后迅速进行征聘，考虑各区域代表性情况并按照关于行政和预算问题的现有细则和条例，优先任命更多的妇女担任联合国领导职务。安理会还鼓励秘书长调查有哪些障碍阻碍妇女应聘和升职，努力增加妇女在联合国维和行动军事和警察人员中的人数，并促请秘书长与会员国协作，着手修订战略，在今后5年内使联合国维和行动军事和警察特遣队中的妇女人数翻番。

为了加强问责，安理会鼓励秘书长坚定执行对性剥削和性虐待"零容忍"政策，公布联合国人员的不当行为，按时向安理会通报"零容忍"政策的执行情况，禁止多次被列入秘书长关于儿童与武装冲突问题的报告和武装冲突中性暴力问题的报告的附件的国家参加联合国维和行动。安理会还请秘书长在提交给安理会的关于各国情况的报告中加入一个章节，阐述行为举止和纪律问题，包括对性剥削和性虐待"零容忍"政策的遵守情况。

会员国是落实与妇女、和平与安全相关的决议的重要行为体，负首要责任。因此，安理会在多个方面对会员国的决议执行工作提出了建议和意见。在促进妇女参与和领导和平进程方面，安理会敦促会员国根据高级别审查评估结果执行妇女、和平与安全议程的战略并使用相关资源，确保妇女在预防和解决冲突的国家、区域和国际机构和机制的决策层中有更多的代表，协助妇女切实参加出席和平谈判的各方的代表团。安理会还促请捐助国为参加和平进程的妇女提供资金和技术援助，包括提供调解、宣传和谈判所涉技术领域的培训，并且为调解人员和技术小组提供支持和培训，以了解妇女参与的作用和让妇女切实参与的战略。此外，安理会要求会员国加强与增强妇女权能和性别平等相关的国际合作，并邀请提供者跟踪重点关注性别平等问题的援助的情况。

关于对军事、文职和警察人员等联合国维和人员和非联合国部队人员实施性剥削和实施性暴力的指控，安理会敦促警察和部队派遣国积极进行关于性剥削和性虐待的部署前培训并对其维和人员进行审查，迅速对被指控军警人员进行彻底调查和酌情提起诉讼，及时向联合国通报调查情况和结果。联合国在接到合作请求后酌情并及时与各国当局、负责调查指控的法院合作。安理会还请联合国部队和警察派遣国在需要时开会讨论性剥削和性虐待问题，并请联合国军事参谋团定期讨论这些问题。此外，由于侵害妇女和女童的最严重罪行不受惩罚的现象时有发生，安理会敦促会员国迅速调查、起诉和惩罚性暴力和性别暴力行为人，增强冲突和冲突后局势中妇女获得司法救助的能力，酌情补偿受害人。

安理会鼓励区域和会员国制订区域框架和国家行动计划，吁请会员国通过广泛协商，包括同民间社会尤其是妇女组织协商，进一步在国家行动计划和其他规划框架中列入与妇女、和平与安全有关的议程并提供足够资源。对于已经有国家行动计划的国家，安理会请这些国家在出席安理会关于妇女、和平与安全问题年度公开辩论时，通报它们执行和审查计划的进展情况。

资金不足是阻碍决议全面执行的因素之一。因此，安理会鼓励会员国在妇女、和平与安全方面提供更多的资金，为发生冲突地方的促进性别平等和增强妇女权能的方案提供更多的援助，并支持民间社会。

在1325号决议通过以后的15年间，民间社会在推动决议执行方面做出了显著的贡献，得到了安理会的肯定。安理会鼓励民间社会组织发挥监督的作用，酌情参加国际和区域和平与安全会议，以帮助确保政策和方案的制定、轻重缓急、协调和执行都顾及了性别平等问题，并且鼓励这类会议的主办方适当考虑为各方面的民间社会参与者参加会议提供便利。

在2242号决议的最后，安理会提及2016年在土耳其伊斯坦布尔举行的世界人道主义首脑会议，并促请会员国、联合国和其他相关行为体确保在会议的议事进程和成果中给予妇女、和平与安全议程应有的考虑。安理会认为必须在所有人道主义方案中顾及性别平等因素，包括争取让妇女在不受任何歧视的情况下受到保护和获取各种医疗、法律、社会心理和生计服务，让妇女和妇女团体切实参加人道主义行动并得到支持使其成为行动的领导人。为了实现这一点，安理会敦促秘书长在各级机构加强关于这个问题的领导责任和政治意愿，确保对与增强妇女权能和两性平等相关的现有各个人道主义框架问责，促进执行"妇女、和平与安全"议程。

三　打击暴力极端主义:新环境中的妇女、和平与安全

安理会在2242号决议中表示，全球和平和安全局势不断变化，尤其是可滋生恐怖主义的暴力极端主义上升、难民和境内流离失所者人数增加、气候变化加剧和流行病的全球扩散等，为妇女、和平与安全带来了新挑战。其中，2242号决议重点聚焦的问题是暴力极端主义对妇女的影响以及妇女在防止和打击暴力极端主义行动中的参与和领导。这一点在2122号决议中已经有所体现。2111号决议首次明确表示打算在恐怖主义行为对国际和平与安全造成威胁的专题工作领域中，更加注意妇女、和平与安全问题。两年后通过的2242号决议不仅重申了这一点，还用大量的篇幅呼吁会员国和联合国进一步把

"妇女、和平与安全"议程,反恐议程和反对可滋生恐怖主义的暴力极端主义议程综合统一起来,确保妇女和妇女组织参加反恐战略和反可滋生恐怖主义的暴力极端主义战略的制定工作并发挥领导作用。

恐怖主义和暴力极端主义对妇女和女童的人权,包括对她们的健康、教育和公共生活的参与,都产生了不同的影响,并且妇女和女童经常成为恐怖团体的直接目标,这引起安理会高度的重视和深深的关切。时任联合国秘书长在2015年3月23日《关于冲突中性暴力问题的报告》(S/2015/203)中表示,性暴力和性别暴力是某些恐怖团体的战略目标和意识形态的一部分,被视作恐怖主义策略之一,是被用来提供资金、进行招募和毁灭社区以加强其团体力量的工具。

在此基础之上,2242号决议明确了在防止和打击暴力极端主义方面关注妇女、和平与安全问题的具体措施,主要包括以下四个方面的内容。

第一,呼吁会员国和联合国进一步把"妇女、和平与安全"议程,反恐议程和反对可滋生恐怖主义的暴力极端主义议程综合统一起来,请反恐怖主义委员会(反恐委员会)和反恐怖主义委员会执行局(反恐执行局)把性别平等问题作为一个贯穿不同领域的问题列入各自任务规定的所有活动,包括列入国家评估和报告、对会员国的建议、对会员国的技术援助和对安理会的情况通报;鼓励反恐委员会和反恐执行局进一步同妇女及妇女组织进行协商;还鼓励反恐怖主义执行工作队在其任务规定内开展活动时采用相同做法。

第二,敦促会员国并请反恐执行局等联合国相关实体,在其当前授权任务范围内与妇女署合作,开展顾及性别平等问题的研究,收集数据,以查明妇女激进化的起因和反恐战略对妇女的人权和妇女组织的影响,以便制定有针对性的循证政策和方案对策,确保对联合国防止和应对可滋生恐怖主义的暴力极端主义任务的监测和评估；并且确保相关制裁专家组和为进行实况调查和刑事调查设立的机构都有必要的性别平等专业知识来完成它们的任务。

第三，敦促会员国和联合国系统确保妇女和妇女组织参加反恐战略和反可滋生恐怖主义的暴力极端主义战略的制定工作并起领导作用，包括根据联合国全球反恐战略——A/RES/60/288制止煽动恐怖行为，编写反驳材料和采取其他适当措施，培养有效开展这一工作的能力；消除有利于恐怖主义和可滋生恐怖主义的暴力极端主义传播的条件，包括增强妇女、青年、宗教领袖和文化领袖的权能；欢迎对在上游开展包容性预防工作提高重视程度；鼓励秘书长即将提交的《防止暴力极端主义行动计划》列入让妇女参与和起领导作用以及增强妇女权能的内容，并将其作为联合国战略和对策的核心；呼吁在这方面提供足够的资金；呼吁在联合国反恐和反可滋生恐怖主义的暴力极端主义的资金内，增加有关增强妇女权能等性别平等问题的项目的资金。

第四，在武装冲突中实行定向制裁或延长定向制裁时，酌情考虑指认包括恐怖团体行为人在内的有以下行为的人：违反国际人道主义法、侵犯和践踏人权、实施性暴力和性别暴力、强迫失踪和强迫流离失所。[1]

总的来说，安全理事会2242号决议在推动各方加快执行与妇女、和平与安全相关的决议的基础之上，还重点敦促了会员国和联合国系统确保妇女和妇女组织参加反恐战略和反暴力极端主义战略的制定工作并起领导作用。该决议请反恐机构把性别平等问题作为一个贯穿不同领域的问题列入其活动，

---

1. 联合国安理会：《第2242（2015）号决议》，S/RES/2242（2015），2015年10月13日，https://digitallibrary.un.org/record/807245?ln=en，最后访问日期：2020年4月17日。

敦促会员国和联合国实体开展研究，以查明激进化的起因和反恐战略对妇女的人权和妇女组织的影响。决议还呼吁在反恐和反暴力极端主义的资金内，增加用于性别平等问题的资金。

第二节　执行措施

在 2242 号决议通过以后，联合国系统为加速执行与妇女、和平与安全相关的决议采取了多项措施，取得了明显的成效，为会员国做出了积极的表率。不仅如此，在落实 2242 号决议所关注的防止和打击暴力极端主义方面，联合国各实体积极行动，主要在以下三个方面取得了明显进展。

一　推动反恐与妇女、和平与安全议程间的协作

2016 年 1 月，时任联合国秘书长潘基文向大会提交了《防止暴力极端主义行动计划》。性别平等和增强妇女权能是计划中的七个优先领域之一。在 2016 年 7 月通过的关于联合国全球反恐战略的第 70/291 号决议中，大会敦促会员国和联合国各实体在制定打击恐怖主义和助长恐怖主义的暴力极端主义的战略时力争与妇女和妇女组织进行更多协商。时任联合国秘书长潘基文鼓励会员国和联合国各实体将性别平等内容纳入其后续行动。

现任联合国秘书长安东尼奥·古特雷斯在关于妇女、和平与安全的报告中肯定了安全理事会 2242 号决议、《防止暴力极端主义行动计划》和 2016 年《联合国全球反恐战略》的通过所带来的进展。他鼓励会员国让妇女发挥领导作用，并将性别平等问题纳入防止和打击暴力极端主义和恐怖主义的政策和战略。此外，联合国秘书长安东尼奥·古特雷斯欢迎会员国努力采取基于人权

和对性别问题有敏感认识的办法，使回返者、受害者、被释放的囚犯和有资格接受起诉替代办法的嫌疑人恢复正常生活，重返社会。

为了解决恐怖主义团体招募战略中的性别层面问题，铲除暴力极端主义和恐怖主义产生的根源，联合国实体加强了与民间社会的合作，并资助相关项目。例如，联合国阿富汗援助特派团人权股征询了民间社会，以了解民间社会对暴力极端主义的观点，评估现有措施，为采取进一步行动提供蓝图，促进妇女、和平与安全工作与防止暴力极端主义直接挂钩。安理会还鼓励会员国在制定打击贩运人口的国家战略框架，国家行动计划以及关于妇女、和平与安全的其他规划框架时，要经过包括民间社会在内的各组织的广泛协商。联合国秘书长安东尼奥·古特雷斯敦促会员国和负责执行安全理事会2242号决议及《联合国全球反恐战略》的联合国实体将上游的预防工作和有效接触妇女民间社会组织列为优先事项。澳大利亚、日本、约旦、荷兰、挪威、阿拉伯联合酋长国和英国等会员国与国际反暴力极端主义卓越中心、Al-Hayat民间社会发展中心、WO=MEN[1]和荷兰性别平台等民间社会行为体一道为研究和方案拟订工作提供支持。

2018年，联合国秘书长安东尼奥·古特雷斯在其关于妇女、和平与安全的报告中，明确表示采取对性别敏感的办法打击恐怖主义和暴力极端主义，要求尊重、保护和促进妇女和女童的人权，将性别平等分析纳入主流研究，为旨在了解暴力极端主义和恐怖主义的性别动态及影响的研究提供投资；在设计和执行预防与打击暴力极端主义的和反恐措施时，确保妇女和妇女民间

---

1. Dutch Gender Platform, http://www.wo-man.nl，最后访问日期：2020年4月19日。

社会组织的代表权和切实参与；包括全面和有针对性的起诉、恢复和重返社会方案在内的反制措施，以及包括解除武装和复员在内的安全政策和战略也必须对性别问题有敏感认识；提供更多按性别和年龄分列的数据，开展更多实质性研究，探讨妇女如何看待被指认属于恐怖主义或暴力极端主义的团体以及她们与这些团体的关系。[1]

联合国高级别联合访问团以妇女、和平与安全为重点开展工作。2018年7月，联合国常务副秘书长和非洲联盟妇女、和平与安全委员会主席特使访问了乍得、南苏丹和尼日尔。其他联合国领导人以及安全理事会7月主席国（瑞典）在不同时间、地点加入了该访问团。凭借广泛的代表性和丰富的专门知识，访问团处理了妇女领导力、性暴力和性别暴力、防止激进化、暴力极端主义和恐怖主义等方面的相关问题。

在联合国的倡议下，会员国积极推动反恐与"妇女、和平与安全"议程间的协作。越来越多的国家开始执行第二代或第三代"妇女、和平与安全"议程国家行动计划，并且将暴力极端主义加入新出现的优先事项中。例如尼日利亚的第二个国家行动计划扩展了安全概念，将暴力极端主义、解除武装和复员等问题包括在内。截至2017年，至少有7个国家行动计划特别强调了妇女在预防冲突方面的作用。

反恐怖主义委员会是2001年9月11日美国发生恐怖袭击以后，联合国安理会成立的机构，用以监测第1373号决议实施情况。该决议的条款规定所有国家应把协助恐怖活动定为犯罪，制止资助恐怖分子，不给予恐怖分子安全

---

1. "Report of the Secretary-General on Women and Peace and Security 2018," https://digitallibrary. un.org/record/1648965?ln=en，最后访问日期：2020年4月19日。

庇护，并交流有关策划恐怖袭击的集团的信息。2004年，为了做好委员会的工作，安全理事会通过了第1535号决议，成立反恐怖主义委员会执行局，以便就第1373号决议涉及的所有领域向反恐委员会提供专家咨询意见，向各国提供技术援助，促使联合国系统各组织内部以及区域和政府间机构开展更紧密的合作。

安理会通过2242号决议后，反恐执行局开始更加重视反恐背景下的性别问题，从预防、制止、应对恐怖主义和暴力极端主义的行动到恢复和重返社会等行动上，更多地考虑性别因素。反恐执行局在评估1373号、1624和2178号决议的执行情况、确定良好做法和满足技术援助需求时也考虑到了性别问题。

联合国妇女署在推动反恐与妇女、和平与安全议程间的协作方面也发挥了重要作用。妇女署努力确保防止和打击暴力极端主义和恐怖主义的工作考虑性别因素、反映妇女的需求并且促进妇女参与和领导。妇女署支持对暴力极端主义的性别驱动因素以及反恐战略对妇女和妇女组织的影响的研究，先后发布了关于"伊斯兰国"控制妇女的信息策略、约旦的妇女与暴力激进化、欧洲和中亚的妇女与暴力极端主义以及肯尼亚妇女和暴力极端主义等的多份报告。此外，妇女署支持在反恐框架及其实施机构中促进性别平等、保障妇女权利；为暴力极端主义行动幸存者提供支持服务；通过能够促进妇女参与和领导、保护妇女权利的预防措施来建立能够消除暴力极端主义根源的、能够在冲突后复原的包容的社会。

安理会2242号决议要求反恐执行局与妇女署合作，开展对性别问题敏感的研究，并收集关于妇女激进化的动因以及反恐战略对妇女人权和妇女组织影响的数据，以制定有针对性和有根据的政策和方案。在妇女署和反恐执行局的伙伴关系的推动下，两机构首次联合向安理会关于反恐怖主义的第1373（2001）

号决议所设委员会通报了"反恐工作的性别层面问题"的相关情况，将妇女署专家提供的性别平等专门知识纳入了 2017 年开展的各项评估任务中，并在新的对性别有敏感认识的研究领域加强了协作。妇女署和反恐执行局还于 2017 年 9 月在泰国曼谷举办以"让社区参与反暴力极端主义和煽动行为的措施"为主题的论坛。妇女积极分子、民间社会代表、专家和政府官员共同分享在南亚和东南亚建设和平社区的经验和好的做法。2018 年 7 月 18 日，根据安理会的要求，反恐执行局和妇女署在联合国总部举行了联合研究专题讨论会。约有 20 名研究人员参加了此次专题讨论会，其中包括受妇女署委托进行研究的学者、反恐执行局全球研究网络的成员以及其他知名研究人员和学者，他们讨论了这一领域的新趋势和研究成果。专题讨论会为反恐执行局、妇女署和与会的研究人员认识研究差距并讨论今后的合作方案提供了平台。[1]

二 保护受恐怖主义和暴力极端主义影响的妇女和女童

恐怖主义和暴力极端主义团体对妇女的健康权、受教育权、身体完整权和公共生活权等多项基本权利造成威胁。联合国牵头的调查发现，恐怖主义团体和暴力极端主义团体，特别是"伊黎伊斯兰国"和博科圣地，将性犯罪和性别犯罪用作策略，实施强奸、强迫婚姻、绑架和性奴役等行为，构成战争罪、危害人类罪甚至灭绝种族罪。因此，2016 年，时任联合国秘书长潘基文在关于妇女、和平与安全的报告中明确提出起诉工作应包括这些恐怖主义和暴力极端主义团体犯下的针对性别的国际罪行。[2]2017 年上任的联合国秘书长安东尼奥·古

---

1. "CTED/UN-Women Research Symposium," https://www.un.org/sc/ctc/wp-content/uploads/2018/08/Summary-report_final.pdf，最后访问日期：2020 年 4 月 19 日。

2. "Report of the Secretary-General on Women and Peace and Security 2016," https://digitallibrary.un.org/record/845446?ln=en，最后访问日期：2020 年 4 月 18 日。

特雷斯也强调在对恐怖主义和暴力极端主义团体成员的起诉中，必须考虑到罪行的性别问题的相关性质和整个国际刑法，包括危害人类罪和灭绝种族罪，而不能只限于恐怖主义罪行本身；必须加强国家司法系统，以便遵照国际标准并遵守不歧视原则，调查和起诉性暴力和基于性别的犯罪。安理会1373号决议决定，所有会员国均应确保将任何参与资助、规划、筹备、实施恐怖主义行为或支持恐怖主义行为的人绳之以法，敦促所有国家确保本国法律及条例规定严重刑事罪，反映了为支助恐怖主义组织或个人恐怖分子而贩运人口的罪行的严重性。联合国毒品和犯罪问题办公室和联合国人权事务高级专员办事处努力确定并处理针对恐怖主义的刑事司法对策的性别层面因素。

对于恐怖主义和暴力极端主义组织危害妇女和女童的行为，联合国安全理事会多次表示强烈谴责。在2249号决议中，安全理事会谴责"伊黎伊斯兰国"严重、系统和广泛侵犯人权和违反国际人道主义法的行为。在2253号决议中，安全理事会谴责包括"伊黎伊斯兰国"、努斯拉阵线以及有关个人、团体、企业和实体等的绑架妇女和儿童的行为，对他们的强奸、性暴力、逼婚和奴役等剥削和虐待行为表示愤慨，并明确指出任何直接或间接地向"伊黎伊斯兰国"转移与这种剥削和虐待有关的资金的个人或实体将被列入安理会关于"伊黎伊斯兰国""基地"组织以及有关个人、团体、企业和实体的第1267（1999）、1989（2011）和2253（2015）号决议所设委员会的名单。[1]

恐怖主义和暴力极端主义组织获得资金的一个重要渠道就是贩运人口，尤其是贩运妇女和女童。在贩卖和交易人口时，这些团体滥用信息和通信技

1.《第2331（2016）号决议》，S/RES/2331(2016)，https://undocs.org/ch/S/RES/2331(2016)，最后访问日期：2020年4月19日。

术。对此，安理会强调必须打击此类因特网的犯罪行为，并将此作为反恐努力的一部分。安理会呼吁尚未批准、加入或充分执行《联合国打击跨国有组织犯罪公约》《关于防止、禁止和惩治贩运人口特别是妇女和儿童行为的议定书》以及相关国际文书的会员国，将批准或加入这些文书作为优先事项，并予以充分执行。安理会呼吁会员国立即采取果断行动，防止、惩治、调查、起诉贩运人口的罪行，并确保追究贩运人口者的责任，特别要注意收集和保存此类罪行的证据，以便后续调查和起诉。

为了监察用于资助恐怖主义的人口贩运的资金流动情况，安理会鼓励金融行动任务组、类似此类任务组的区域机构与反恐执行局、分析支助和制裁监测组、毒品和犯罪问题办公室密切合作；呼吁会员国分析为恐怖主义提供资助的贩运人口案件，提升金融情报机构的能力；鼓励会员国、有关联合国实体以及其他国际和区域组织应可能有此需要的国家的请求，提供其需要的财政、物质和技术援助；呼吁会员国加强法律和管制措施，根据适用的国际和国内法律，促进执法和监管机构与私营部门之间以及私营部门内部在国内和国际上分享信息，以帮助确定和发现与资助恐怖主义的贩运人口行为有关的可疑金融活动，同时需要确保受害者个人资料的机密性。

安理会申明恐怖主义团体实施的各种形式的贩运人口行为和性暴力行为的受害者都应被归入恐怖主义受害者类别，使他们有资格获得官方为恐怖主义受害者提供的支持和救助，能够利用国家的救济和赔偿方案，摆脱此类犯罪为他们带来的社会上的污名，逐渐康复和重返社会。安理会强调幸存者应享有的救济和康复方案包括医疗保健服务、心理支持、安全住所、生计支助和法律援助。对于贩运受害者，安理会呼吁会员国要实施健全的查验受害者身份机制，毫不拖延地为已查明的受害者提供保护和援助，全面满足受害者的需要，并确保将受害者作为犯罪受害者对待，并遵照国内立法，不因其被迫参与非法活动而受到惩罚或蒙受耻辱。安理会还呼吁联合国毒品和犯罪问题办公室、联合国难民署以及移民组织等国际和区域机构，根据请求协助会员国查明和协助贩运受害者。

自 2017 年 4 月以来，联合国妇女署实施了"通过向博科圣地的前人质提供充分支持与极端主义作斗争"的项目，在喀麦隆极北大区米纳瓦奥难民营建造了两个妇女凝聚力空间，为女性难民和幸存者提供安全的空间和包括心理治疗和经济援助在内的一系列服务。她们能够分享信息并学习新技能，例如服装制作和小型企业管理，还可以获得直接转送以接受医疗、法律和司法等服务。通过解决弱势妇女和女童的迫切需求并为她们提供赚钱的机会，该项目能够帮助她们从战争和性暴力的创伤中恢复，增强自身的抵御能力。在尼日尔，妇女署和难民署合作，为女性难民和博科圣地幸存者提供必需品和小型企业管理的培训。此后，她们还可以通过当地的小额信贷机构获得启动资金来摆脱贫困。

另一方面，一些妇女参与了恐怖主义和暴力极端主义团体，在意识形态和行动上积极支持恐怖主义集团，并发出自己的声音，企图使暴力极端主义言论合法化。"伊黎伊斯兰国"和博科圣地等团体为了建国而战略性地招募妇女。这些团体还操纵性别规范和定型观念进行招募和袭击。例如，博科圣地已越来越多地利用妇女和女童开展自杀式袭击。在喀麦隆、乍得、尼日尔和尼日利亚，几乎每 5 名自杀炸弹手中就有 1 名是儿童，并且 3/4 的儿童自杀炸弹手是女童。根据反恐执行局发布的"受外国恐怖主义作战人员影响国家执行安全理事会第 2178 号决议的情况"报告，妇女占外国恐怖主义战斗人员的 20% 至 30%，妇女参与率增至前所未有的水平。虽然妇女参与恐怖主义活动并非新现象，但防止暴力极端主义和反恐怖主义的全球框架现已确认，对性别问题有敏感认识的分析和对该问题的应对措施是有效实现这两个目标必不可少的部分。在此方面，地中海联盟、妇女署和联合国开发计划署共同努力，研究发现政治边缘化和侵犯人权行为是在一定程度上促使妇女加入暴力极端主义团体的原因。[1]

三 加强妇女在防止和打击暴力极端主义工作中的参与和领导

2242 号决议不仅要求把妇女和女童当作全球冲突的受害者来予以必要的关注，同时特别强调她们是建设和平重要和积极的行动者。因此，促进妇女和妇女民间社会组织切实参与防止和打击暴力极端主义的工作十分必要。

为了增加妇女在反恐工作中的代表权，促进她们切实参与，联合国秘书长安东尼奥·古特雷斯在 2017 年任命一名女性担任助理秘书长兼反恐执行局执行主任职务，是首名担任该职务的女性。由于反恐历来是男性主导的领域，安东尼奥·古特雷斯承诺特别关注该领域的性别平等问题。2018 年初，联合国反恐办公室承诺在各级人员配置方面加强落实性别均等战略。截至 2018 年 8 月 14 日，反恐执行局的女性工作人员总体比例达到 53%。安东尼奥·古特雷斯敦促会员国也考虑在国家和区域层面实施该领域的性别均等战略。

2016 年，安理会组建了一个非正式专家组，让妇女民间社会代表参加国

---

1. "Report of the Secretary-General on Women and Peace and Security 2017," https://digitallibrary. un.org/record/1310559?ln=en，最后访问日期：2020 年 4 月 18 日。

别情况通报会，并首次通过关于人口贩运、性暴力及它们与暴力极端主义的交集的决议［2331（2016）］。决议强调，在打击恐怖主义和可能有助于恐怖主义的暴力极端主义时，要特别注意强化妇女和女童的声音，驳斥为武装冲突局势中贩运人口、冲突中性暴力或其他暴力辩护的理由，帮助幸存者克服耻辱感，为她们返回家园和重新融入家庭和社区提供方便。

增强妇女权能对于妇女更好地参与防止和打击暴力极端主义工作十分重要。妇女署通过名为"增强妇女权能，建设和平社区"的项目在孟加拉国和印度尼西亚举办小型商业讲习班并发放贷款来提升妇女的经济赋权。这一项目支持了来自孟加拉国6个地区的85个社区妇女团体，还提供了针对高危社区的防止暴力极端主义的培训。社区妇女团体的成员来自各行各业，包括教师、学生和地方政府成员等。2018年，妇女署发布了此项目对社区影响的评估简报，研究发现与没有此项目的地区的妇女相比，项目实施地区的妇女更加积极并有能力参加和领导预防暴力极端主义的工作。她们还对举报暴力极端主义表现出更大的信心，更加了解如何在家庭和社会中发挥预防暴力极端主义的作用。此外，研究发现，男性尽管不是项目的直接受益者，但是在参与社区防止暴力极端主义的工作上也表现出更大的积极性、信心和能力。因此，项目影响的不仅是当地妇女，还有家庭和社区整体。在孟加拉国和印度尼西亚的项目经验的基础之上，妇女署开始将项目拓展到菲律宾。2018年2月，联合国妇女事务亚太区主任访问菲律宾，与受马拉维危机影响的妇女讨论，并会见了政府、联合国和其他援助机构以及当地的非政府组织的代表，以更好地了解妇女对社区重建的看法和对防止暴力极端主义复燃的诉求。

第九章 联合国"妇女、和平与安全"议程的演进与发展*

第一节 问题的提出

能够应对变化不定的国际形势并做出相应调整是联合国的优势所在。联合国秘书长每年会就联合国各模块的工作进行汇报，回顾联合国为当代各种基本问题寻求解决办法所做的努力，一方面会指出各种问题的复杂性，另一方面会强调联合国作为全球合作、谋求共同利益的工具所独有的解决问题的优势。

如何更好地应对非和平状态下的性别平等问题及其延伸问题一直是国际社会讨论度居高不下的话题之一。无论是在日常事务中还是武装冲突下的特殊情境中，多数情况下妇女缺少足够的话语权和行动空间，总体处于弱势地位。性别平等一词涉及在社会中根据性别从历史和文化上发展起来的赋予男女的特征、角色和规范。在冲突中，男女受到的影响不同，针对男女不同的安全和建设和

* 本章部分内容参见赵源《妇女、和平与安全议题的演进与发展——基于联合国秘书长报告（2010—2019）的分析》，《山东女子学院学报》2021年第2期。

平需求，有必要采取差别对待的方式开展建立和平工作。长期以来，男子一直被视为武装冲突及其解决方案中的唯一相关行为体。然而，妇女无论是作为亲属、照料者、政治家、和平活动家还是战斗人员，也受到很大影响并卷入冲突。将妇女纳入和平进程可以增添更广泛的视角，提高包容性和多样性。这可以增强和平缔造者应对更广泛的利益攸关方及其关切的问题的能力，事实证明这可以促成更可持续的和平。在此背景下，为了担负起人权议程所赋予的责任，联合国一直坚决致力于将妇女纳入联合国的和平与安全工作。

追溯历史，联合国安全理事会于2000年通过了关于妇女、和平与安全的1325号决议，该问题也于同年首次列入安理会议程。这一具有高度关注度的问题，联合国秘书长每年（无特殊的情况下）都会就这一问题的进展情况向联合国安理会递交年度报告。国内外学者对该问题的研究不断深入。第一，对妇女、和平与安全决议和安理会圆桌辩论的研究多，对于联合国秘书长报告的研究总体不多。其中，李英桃针对1325号决议的发展与执行情况进行了较为深入的分析，认为"妇女、和平与安全"议程是"三个联合国"共同影响的产物；1325号决议对所有联合国会员国都具有国际法效力，其发展体现了"人权问题安全化"和"安全问题人权化"两个方面的进程。[1]第二，已有研究多是对相关议题本身的内容、成效、问题及对策进行分析，缺少深层次的系统性研究。因此，本章以近十年联合国秘书长报告为研究对象，运用Nvivo12.0软件，进一步分析妇女、和平与安全相关议程的层次及背后的逻辑，从而为该议程的完善与发展提供借鉴。

---

1. 李英桃、金岳嵘：《妇女、和平与安全议程——联合国安理会第1325号决议的发展与执行》，《世界经济与政治》2016年第2期。

第二节 联合国秘书长报告中的妇女、和平与安全

联合国一直致力于将确保妇女的优先事项作为各层面和平与安全决议的核心。为了实现这一目标，联合国维和行动由安理会授权，在其职能范围内执行关于妇女、和平与安全的安理会决议。其中，安理会1325号决议是第一份承认武装冲突对妇女和女童造成严重和独特影响并且承认妇女和女童对预防冲突、维持和平、解决冲突和建设和平有积极贡献的决议，它强调了妇女作为和平与安全的积极推动力量平等、充分地参与和平与安全进程的重要性。自2000年通过1325号决议以后，联合国安理会每年会就妇女、和平与安全问题进行公开辩论，并发布了多份联合国秘书长报告（如表9-1）。

表9-1 联合国秘书长关于妇女、和平与安全的报告

时间	名称	主要内容
2002年	秘书长关于妇女、和平与安全的报告	1.武装冲突对妇女和女童的影响 2.妇女在建设和平中的作用 3.和平进程和解决冲突过程中涉及的两性平等方面的问题
2003年	无	无
2004年	妇女与和平与安全：秘书长的报告	1.安理会第1325（2000）号决议执行进展情况汇报 2.预防武装冲突中基于性别的暴力，救援受害者 3.进一步加强实施第1325（2000）号决议的工作
2005年	秘书长关于妇女与和平与安全的报告	制订实施安理会第1325（2000）号决议的《全系统行动计划》
2006年	秘书长关于妇女、和平与安全的报告	1.对《全系统行动计划》的实施和统筹工作进行更新、监测和审查 2.加快执行安理会第1325（2000）号决议的进一步行动

续表

时间	名称	主要内容
2007年	秘书长关于妇女、和平与安全的报告	1.《全系统行动计划》审查和更新方法 2. 自2006年对2005~2007年《全系统行动计划》执行工作进行第一次审查以来取得的进展 3. 更新2008~2009年《全系统行动计划》 4. 建立一个良好做法和经验教训数据库 5. 进一步行动加快执行安理会1325号决议
2008年	妇女与和平与安全：秘书长的报告	1. 武装冲突对妇女的影响：重要主题和关切问题 2. 安理会1325号决议执行进展情况
2009年	妇女与和平与安全：秘书长的报告	1. 在安理会所审议的局势中，武装冲突对妇女和女童的影响 2. 安理会1325号决议的执行情况 3. 在促进妇女参与防止冲突、解决冲突和建设和平方面的障碍和挑战
2010年	妇女与和平与安全：秘书长的报告	1. 安理会1325号决议执行进展情况 2. 安理会获取和分析与第1325号决议有关的资料并就此采取行动的程序 3. 审查2008~2009年《全系统行动计划》的执行情况 4. 关于执行1325号决议方面的指标 5. 指标在监测安全理事会1325号决议的执行情况中的拟定过程、付诸实施和作用
2011年	妇女与和平与安全：秘书长的报告	1. 安理会1325号决议执行进展情况 2. 协调与问责以促进在国家和区域两个层面取得成果 3. 协调与问责以促进联合国系统取得成果
2012年	秘书长关于妇女与和平与安全的报告	1. 安理会1325号决议执行进展情况 2. 推动以促进性别平等的方式解决和预防武装冲突
2013年	秘书长关于妇女与和平与安全的报告	1. 安理会1325号决议执行进展情况 2. 协调和成果问责制
2014年	秘书长关于妇女与和平与安全的报告	1. 安理会1325号决议执行进展情况 2. 协调和成果问责制
2015年	秘书长关于妇女与和平与安全的报告	关于妇女与和平与安全的全球研究报告的进展和成果概述

时间	名称	主要内容
2016年	秘书长关于妇女与和平与安全的报告	1.安理会1325号决议年度执行情况 2.2015年高级别审查后续行动概述
2017年	秘书长关于妇女、和平与安全的报告	安理会1325号决议年度执行情况
2018年	秘书长关于妇女与和平与安全的报告	1.安理会1325号决议年度执行情况 2.三次和平与安全审查的后续行动 3.妇女领导和切实参与解决冲突 4.区域和国家战略 5.性别平等促进公正、和平与包容的社会 6.为妇女与和平与安全议程提供资金 7.安理会的各项工作
2019年	妇女与和平与安全：秘书长的报告	1.安理会1325号决议年度执行情况 2.评估自2015年和平与安全审查以来取得的进展 3.在2020年到来之前及以后须交付的成果 4.安理会的各项工作

资料来源：作者整理。

第三节　联合国秘书长报告的质化研究过程

一　研究对象

根据研究主题，我们将研究对象确定为2010～2019年，这十年的秘书长报告，样本信息全部来自联合国哈马舍尔德图书馆发布的官方文件库。

2010年是联合国1325号决议通过十周年，妇女、和平与安全工作也进入了全新阶段，在2010～2019这十年的秘书长报告中，报告无一例外都在序言部分提到，报告的重要组成部分之一是对1325号决议执行情况的年度报告，此外，随着国际环境和世界局势的变化，近十年的报告文本中，促进妇女切实参与建设和平和预防冲突工作的话语的比重增大。

二　研究工具

本研究借助澳大利亚QSR公司发行的质性数据分析软件Nvivo12.0对数据进行整理，通过对原始报告文本的辅助编码与分析，快速筛选提炼出历年报告中的关键词及核心内容。在预编码后，初步形成编码结构框架图，并基于此完成全部编码工作。

三　研究步骤

首先，对秘书长报告文本进行整理。本研究选用文本全部来自联合国哈马舍尔德图书馆文件库，确保原始数据的官方性和真实性。我们将2010～2019年的秘书长报告分别导出，并按照2010-1、2010-2[1]、2011、2012、2013、2014、2015、2016、2017、2018、2019归类，形成11份格式统一的文档。

其次，对文本中的关键词进行编码。整体编码前，我们对信息较丰富的2015年秘书长报告进行了预编码，初步整理出编码结构框架图，包含资金援助、预防和应对性暴力、参与政治活动、赋权等15个树状节点及分别对应的子节点。基于预编码得出的信息，将其余整理好的报告文本分别导入Nvivo12.0，使用树状节点和自由节点相结合、将树状节点细分为若干个自由节点的方式进行编码，基于预编码情况，最终完成了全部文本的完整编码。

---

1. 2010年联合国秘书长分别于4月6日和9月28日作了两次报告，其中，秘书长在第二份报告中进一步发展和完善了2010年4月6日秘书长报告（S/2010/173）所载列的一套指标，并概述了一个工作方案，并详细说明了联合国系统内的作用和职责及落实指标的时间表。为了充分对秘书长报告进行分析，我们保留了两份完整的报告，并进行了编号。

再次，进行编码结果处理。根据编码结果，对于树状节点数、自由节点数、参考点数进行整理。

复次，整合分析。对整理完的15个树状节点进行整合，并按照"保护及援助""促进和平和防止冲突""妇女参与""性别平等"四个层面进一步归类，形成以四个层面为一级节点、树状节点为二级节点、原始报告文本为三级节点的框架，并完善和最终完成编码结构框架图。

最后，根据编码结果，对这十年的秘书长报告文本进行研究，比较分析出妇女、和平与安全议题在十年报告中是如何演进与发展的。

第四节　分析与讨论

一　基本情况分析

运用Nvivo12.0的"词频""树状结构图"等功能对文本进行分析，可以清晰地展示出联合国秘书长报告的结构。通过图9-1词云图可以清晰地看出特定词汇在文本中出现的频数，字号越大代表出现的频次越高。其中"妇女""和平""性别"出现的频次排在前三位，分别为4058次、2094次、1786次，加权占比分别为2.74%、1.41%和1.2%。这些词的高频次出现也充分展现了该议题的主旨。"安全""冲突""平等""暴力"等词的高频次出现反映了该议题主要解决的问题。"联合国""国家""行动""参与"等词的高频次出现，则反映了行动主体及女性赋权的执行力度。词云图能够较为直观地看出文本概况，但不能让我们做出精准的判断，因此我们又进行了手动编码，运用"参考点"编码次数来分析具体问题。

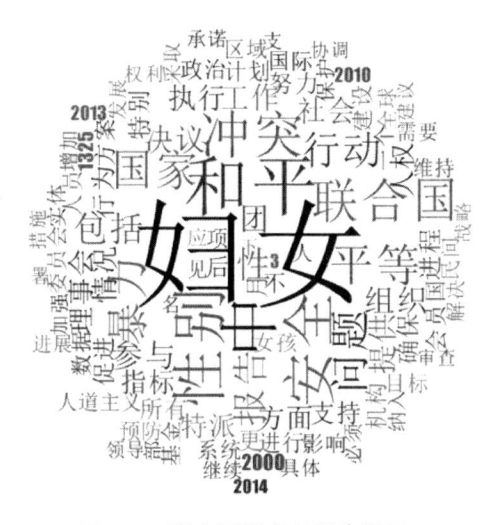

图9-1　联合国秘书长报告词云

二　各级节点及其关系

编码节点主要分为三个层次，三级节点是提取自秘书长报告中的原文文本，二级节点由相似的三级节点归类得出，一级节点是由相似的二级树状节点归类得出。基于编码结果，整理出秘书长报告编码结构框架（见表9-2）。通过对编码数据的初步整理，可以发现，在妇女、和平与安全的主旨大框架下，各级节点进行编码及归类之后，一级节点的四个层次覆盖了全部分析文本。根据统计结果可以初步分析得出，报告与报告之间存在较大的共性。

表9-2　秘书长报告编码结构框架

四个层面 （一级节点）	主要问题 （二级节点）	细分问题 （三级节点）	编码 参考点数
保护及援助	资金援助	充分发挥信托基金作用、提高用于处理性别平等问题的资金比例等	103
	物质、精神援助	医疗、法律、心理和社会及生计服务等	34

续表

四个层面 （一级节点）	主要问题 （二级节点）	细分问题 （三级节点）	编码 参考点数
促进和平和防止冲突	国家及区域行动计划（规范）	各会员国拟订并执行妇女、和平与安全国家行动计划等	47
	监测、评估	设立全面监测和报告程序、对资源的有效使用做出评估等	86
	培训、能力建设	联合国工作人员在部署之前和期间须接受适当培训、专家组应具有专门知识等	27
	武装冲突和暴力极端主义	武装冲突和暴力极端主义对妇女生活的影响及危害等	147
	优先事项（2015年后）	在妇女、和平与安全优先事项方面的进展和差距等	45
	有罪不罚现象、诉诸法治	针对冲突中性暴力问题存在的有罪不罚现象进行整治、出台相关法律法规等	58
	预防和应对性暴力	性暴力在冲突和冲突后局势中的模式、联合国为制止武装冲突中性暴力采取的行动等	116
妇女参与	参与和平进程	妇女缺少参与和平进程机会、妇女参与解决冲突的良好范例等	133
	参与经济活动（救济及复原）	联合国相关机构为冲突中受影响的妇女创造就业机会，使其回归正常生活等	35
	参与政治活动	妇女在议会的政治参与和担任部长级职务情况、在选举中保障妇女安全等	56
性别平等	赋权	增强妇女和女童在经济、教育等领域权能的长期投资等	42
	人员及机构设置及其他活动（微观）	性别平等专家及顾问的设置、妇女在联合国外地特派团担任高级职务等	159
	政策、文件、战略、行动等（宏观）	联合国及相关国家机构出台的有关性别平等的政策、文件、战略行动等	126

图9-2 联合国秘书长报告妇女、和平与安全议程聚类图

根据图9-2，结合表9-2的内容，可以发现以下几点。第一，历年秘书长报告主要围绕保护及援助、促进和平和防止冲突、妇女参与和性别平等四个层面来进行汇报，其中"促进和平和防止冲突"与"性别平等"两个层面占据的参考点数量超过半数，是秘书长报告中最重视的两个部分。第二，在占比最大的促进和平和防止冲突层面中，"武装冲突和暴力极端主义"与"预防和应对性暴力"是其中参考点数较多的二级节点，分别为147个参考点和116个参考点。这说明在促进和平与防止冲突过程中，武装冲突和暴力极端主义是较常遇到的国际环境，预防和应对性暴力是较常遇到的具体问题。第三，在另一比重较大的性别平等层面，宏观视角的联合国及相关国家出台的政策、文件及采取的战略行动和微观视角联合国派驻的人员和机构设置以及其他一些具体行动占据了秘书长报告中联合国一直致力于促进性别平等重大事项的绝大部分，增加妇女权能的赋予也是其中不可或缺的因素。第四，在妇女参与层面，保障妇女能及时参与到和平进程中是联合国近年来一直坚持的优先事项，在秘书长报告中有所体现的文本也较丰富，有133个参考点。此外，和平状态下妇女参与政治活动和经济活动也是历年来报告关注的重点部分内容。第五，在保护及援助层面，资金援助占据了较大比重，有103个参考点，同时，物质、精神援助等也有34个参考点，说明在保护和援助过程中，资金及时到位是很重要的前提，同时物质和精神的援助也是必不可少的。综上，经过以上分析，可发现图9-1中的内容与表9-2完全吻合，但以上仅是对全部文本中编码占比的分析，仍没有涉及同一层面编码在不同年份报告中所占比例的对比分析，因此还需要进行年度纵向比较。

三　年度纵向比较

为了进行年度纵向比较，将基于四个层次的15个二级节点进行了参考点占比的统计（见表9-3），可以得出以下结论。

由表9-3统计数据分析可知，15个二级节点在十年报告中占比的变化情况，基本呈现五种态势：上升趋势、下降趋势、钟形趋势、倒钟形趋势和浮动趋势。

促进和平和防止冲突层面下的"优先事项（2015年后）"节点占比呈现总体上升态势。一方面，它出现在报告文本中时间较晚，概念较新；另一方面，自该问题出现在报告中以来，每年都得到更多的关注和优先处理机会，借此态势也可以预测该节点在未来的秘书长报告中占比还会增加。同时，促进和平和防止冲突层面下的"国家及区域行动计划"这一节点十年来也呈大体增长趋势，自2015年开始占比较高。

促进和平和防止冲突层面下的"培训、能力建设"节点，性别平等层面下的"赋权"节点和"政策、文件、战略、行动等（宏观）"节点的占比呈现总体下降趋势。我们认为，这十年的初期，联合国与相关国家合作，制定了一系列具有执行力度的政策、文件并采取了战略行动，旨在敦促各国通过国家行动落实一系列倡议。随着妇女、和平与安全工作的深度开展，在培训、能力建设、赋权等方面取得了一定的成果，后期的行动沿用了之前出台的文件，同时也巩固了相关成果，故后面的秘书长未在报告文本中似之前那样将较多的文字放在这几个方面。

保护及援助层面下的"资金援助"节点、促进和平和防止冲突层面下的"武装冲突和暴力极端主义""有罪不罚现象、诉诸法治"节点、妇女参与层面下的"参与政治活动"节点、性别平等层面下的"人员及机构设置及其他活动（微观）"节点呈钟形形态（两端低中间高）。在十年报告中涉及这几个部分的内容占比中，占比较大的年份集中在选择文本的中间年份，峰值基本集中在2014～2016年，两头年份涉及的内容占比较小。分析认为，上述问题在十年伊始未得到足够的重视，随后问题开始凸显，在2014～2016年这些问题得到了较高程度的重视，联合国及各实体采取了一系列行动并取得了积极的进展，故在其后的几年间涉及上述问题的内容的比重又有所下降。从数据中我们可以看出，近两年联合国秘书长报告对有罪不罚问题的关注度有所下降，但目前对女性的暴力和性侵犯犯罪的处罚和问责力度依然严重不足，有罪不罚问题仍须认真对待。

保护及援助层面下的"物质、精神援助"节点与妇女参与层面下的"参与经济活动（救济及复原）"节点在十年报告中的占比变化幅度相似。两个节点的出现频率在2015年、2016年前后降到极低值，直至2018年或2019年才逐步上升到初始值，呈倒钟形形态。说明这十年在这两个领域，联合国相关机构和人员给予的关注度相对较低。

促进和平和防止冲突层面下的"监测、评估""预防和应对性暴力"节点及妇女参与层面下的"参与和平进程"节点的占比都呈现频繁浮动的趋势。我们认为，呈现该变化趋势的原因在于十年内对于上述问题的重视程度及处理结果未形成稳定变化态势，且上述问题具有的偶然性及影响因素较多，故未呈现有规律的变化趋势。

表9-3　历年秘书长报告二级节点的编码参考节点数目及占比

单位：个，%

一级节点	二级节点	2010年	2010（2）	2011年	2012年	2013年	2014年	2015年	2016年	2017年	2018年	2019年
保护及援助	资金援助	5	2	7	4	8	10	16	15	13	12	16
		4.42	6.45	7.53	4.35	6.72	10.00	9.58	13.89	11.40	10.34	9.94
	物质、精神援助	5	2	5	1	5	3		1	2	3	7
		4.42	6.45	5.38	1.09	4.20	3.00		0.93	1.75	2.59	4.35
	国家及区域行动计划	6	1	2	2	1	3	9	6	6	4	7
		5.31	3.23	2.15	2.17	0.84	3.00	5.39	5.56	5.26	3.45	4.35
	监测、评估	20	2	4	2	10	5	13	1	6	7	16
		17.70	6.45	4.30	2.17	8.40	5.00	7.78	0.93	5.26	6.03	9.94
	培训、能力建设	9		1	3	4	3	2	2		2	1
		7.96		1.08	3.26	3.36	3.00	1.20	1.85		1.72	0.62
促进和平和防止冲突	武装冲突和暴力极端主义	4	4	2	13	12	21	30	14	13	16	18
		3.54	12.90	2.15	14.13	10.08	21.00	17.96	12.96	11.40	13.79	11.18
	优先事项（2015年后）							8	3	6	10	18
								4.79	2.78	5.26	8.62	11.18
	有罪不罚现象、诉诸法治	3	1	4	5	4	6	15	4	6	7	3

续表

一级节点	二级节点	2010年	2010（2）	2011年	2012年	2013年	2014年	2015年	2016年	2017年	2018年	2019年
防止冲突和暴力	有罪不罚现象，诉诸法治	2.65	3.23	4.30	5.43	3.36	6.00	8.98	3.70	5.26	6.03	1.86
		12	6	23	11	12	9	6	8	13	5	11
	防止冲突和应对性暴力	10.62	19.35	24.73	11.96	10.08	9.00	3.59	7.41	11.40	4.31	6.83
		12	7	12	12	12	6	16	11	10	15	20
促进和平和诉诸法治	参与和平进程	3	2	2	5	4	3	2	1	2	3	8
		2.65	6.45	2.15	5.43	3.36	3.00	1.20	0.93	1.75	2.59	4.97
妇女参与	参与经济活动（救济及复原）	2	1	4	10	6	6	8	7	2	3	7
		10.62	22.58	12.90	13.04	10.08	6.00	9.58	10.19	8.77	12.93	12.42
	参与政治活动	1.77	3.23	4.30	10.87	5.04	6.00	4.79	6.48	1.75	2.59	4.35
		2	2	4	6	4	4	4	5	4	4	3
性别平等	赋权	1.77	6.45	4.30	6.52	3.36	4.00	2.40	4.63	3.51	3.45	1.86
	人员及机构设置（微观）及其他活动	10		7	3	18	14	32	20	24	17	14
		8.85		7.53	3.26	15.13	14.00	19.16	18.52	21.05	14.66	8.70
	政策、文件、战略、行动等（宏观）	25	1	16	15	19	7	6	10	7	8	12
		22.12	3.23	17.20	16.30	15.97	7.00	3.59	9.26	6.14	6.90	7.45

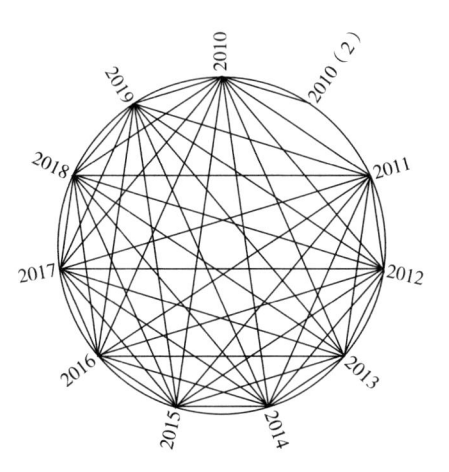

图9-3　历年联合国秘书长报告妇女、和平与安全聚类分析

*　此图是黑白图，线条均为黑色，代表聚类图中的蓝色；原聚类图未出现红色。

　　完成同一议题的纵向比较后，我们采用聚类法来看十年来联合国秘书长报告所汇报的问题是否具有一致性和贯通性。聚类分析法是一种分析资料相似程度的方法，聚类分析图就是通过文字、编码等的相似性来展现的图，在项目中呈现可视化图案，来呈现材料来源和节点的异同。此处（见图9-3）选用圆图，可更直观地观察历年资料的相似程度。图中分为红色线和蓝色线两种不同颜色的线条，蓝色线越粗，代表相似程度越高，红色线越粗，代表差异性越大。观察系统自动聚类得出历年联合国秘书长报告妇女、平与安全聚类图，从图中可以看到，历年秘书长报告之间有非常多的蓝色线条相连接，除2010（2）报告作为辅助文本仅与2010年报告之间有蓝色线条相连接外，近乎全部报告之间都有线条连接，说明文本两两之间具有极强的相似性；此外也可以观察到图中未出现红色线条，说明秘书长报告虽然呈现的年份不同，但是并未出现较大差异性。这说明十年来，秘书长报告始终围绕相似的一些议题在进行探讨，对女性、和平与安全议程的演进与发展起到了有效的推动作用。

第五节　研究结论

历年来联合国秘书长主要围绕促进和平和防止冲突、性别平等、妇女参与、保护及援助等四个层面来进行汇报。

一　促进和平与防止冲突，预防和应对针对妇女的暴力极端主义

历年秘书长报告中，促进和平和防止冲突的内容占比都最高。在促进和平和防止冲突进程中，我们发现武装冲突和暴力极端主义是一种常伴左右的国际环境，预防和应对性暴力是在开展活动中需要解决的具体问题。

和平的实现及巩固要求保障妇女参与和平进程的权利。1325号决议要求秘书长及参与维和行动的联合国各机构将性别观点融入维和行动中，并在政策制定与执行中充分考虑妇女及女童的特殊需求。这要求秘书长一方面促进妇女参与维和行动，尤其是增加妇女在各级别军事力量中的数量和比重；另一方面，应对派遣工作人员进行更为系统的性别观点培训，提醒他们在执行任务时要充分考虑到当地妇女和女童的特殊需要。尽管联合国进行着一系列的努力，但我们仍能看到妇女在充分参与预防和解决冲突以及冲突后的公共生活方面仍面临各种障碍，如妇女在冲突后的特殊需求得不到满足等。由此，我们看到1325号的后续决议，如1889号决议提出妇女在冲突后重建初期的主要特殊需求如人身安全、生存权、土地和财产权、就业机会、保障生殖健

康和精神健康的医疗服务等均应有相应的社会服务予以回应，并应在冲突后建设和平初期给予其参与决策和冲突后规划的权利。为了防止和应对冲突中性暴力对妇女和女童的伤害，联合国也多次召开相关会议并通过了有关决议。在1960号决议通过之前，联合国已表决通过并执行了第1325号、第1612号、第1674号、第1820号、第1882号、第1888号、第1889号和第1894号决议等八项与冲突中性暴力问题密切相关的联合国安理会决议，1960号决议也就此八项决议内容及所有相关安理会主席声明做出承诺，将继续以相互促进的方式全面执行有关决议和声明。同时，后续的秘书长报告也向安理会提交了关于妇女参与建设和平的报告，分析了冲突后局势中妇女的需求和她们在参与建设和平方面面临的主要挑战，并结合妇女状况多元化的特点，总结了她们的需求和面临的障碍。以上都体现了联合国对促进和平和防止冲突这一问题的重视程度，以及进一步坚定解决冲突中性暴力问题的决心。

总体而言，自1325号决议发布以来，秘书长报告对妇女全方位参与和平进程，尤其是建设和平，提出了更详细的要求和发展建议。一方面，推动实地行动中的妇女参与，包括增加维和行动决策层、警察和军事人员中女性比重，为维和人员提供培训，与区域性国际组织及民间社会合作。另一方面，在联合国系统内进行顶层设计，包括建立联合国系统内部性别领导和合作机制；制订全系统战略行动计划以提高联合国系统对预防冲突中性别问题的敏感度；制定联合国系统内部性别均等战略等。

二 在各项任务中继续强化性别平等

"实现性别平等"是2030年可持续发展议程的目标之一，联合国秘书长曾多次呼吁妇女参与决策进程，在国家、社区、团体、政府及联合国实现性别平等。

历年联合国秘书长报告中另一占比较高的是性别平等这一层面，联合国及相关国家出台的政策、文件及采取的战略行动，联合国派驻的人员和机构设置以及其他具体行动占据了秘书长报告中联合国一直致力于促进性别平等等重大事项的绝大部分。联合国妇女署在此前发表的一项报告指出，在1325号决议通过之前，全球签署的和平协议中仅有约11％提及与女性相关内容，而在此之后，这一数字已上升至27％。2014年，在联合国斡旋下进行的和平谈判和民族对话进程后达成的协定中，67％包含与妇女、和平与安全相关的条款。

1997年联合国经济及社会理事会给出社会性别主流化的定义，意味着将性别观点纳入所有政策、法规、计划中，使男女平等不仅停留于纸面上，而是体现在社会生活的方方面面，从而改变以男性话语为主流的局面。从1325号决议中我们就可以看到社会性别主流化贯穿在其中的方方面面，集中体现为要求联合国秘书长、各会员国和其他行动方在其维持和平和建设和平行动中纳入性别观点，考虑到妇女的特殊需要等。联合国《消除对妇女一切形式歧视公约》为保护妇女免受歧视提供了完善的法律依据和行为规范。由于女性一直被排除在预防、解决冲突及建设和平机制之外，缺少足够的话语权和影响力，联合国系统内部的一系列性别领导和合作机制应运而生。联合国成立次年，妇女地位委员会诞生，成为专门致力于性别平等和提高妇女地位的联合国机构。联合国妇女署则是经联合国大会投票由四个关注性别平等的联合国办事处合并而成。为了推动各主体在性别平等方面进行协调与合作，"机构间妇女与两性平等网络"，妇女、和平与安全问题机构间工作队等应运而生。2012年，在联合国妇女署、联合国经济及社会理事会等机构的支持下，联合国通过了具有里程碑意义的《全系统性别平等和增强妇女权能行动计划》，该计划成功地使性别问题系统可衡量地纳入联合国系统的各实体所有主要机构职能的主流，是联合国性别主流化、促进性别平等和妇女赋权工作上的重大进步。

十年来妇女平等方面取得的进展仍比较缓慢，在一些地区，进展不均衡，结构性障碍、歧视性做法和贫困女性化现象持续存在。2020年是世界妇女大会北京会议25周年，2135号决议发布20周年，2020年1月联合国率先实现了全职高级领导层中的性别均等——90名女性和90名男性，秘书长古特雷斯在任期开始时设定的"承诺到2021年底在包括副秘书长、助理秘书长、秘书长特别代表和特使在内的高级领导层实现性别均等"这一目标提前两年实现。

三　强调妇女参与的重要性

女性是进步和变革的重要推动者，也是最佳增长驱动力。国际社会二十多年前就明确承诺要实现男女平等参政，联合国也一直将男女平等作为重要的招募原则，设定了女性议员比例达到30%的目标。妇女参与是实现2030可持续发展议程的重要前提，主要包括参与和平事务、经济事务、政治事务和社会事务。

在妇女参与层面，保障妇女能及时参与到和平进程中来是联合国近年来一直坚持的优先事项，秘书长报告中也有较多呈现。此外，和平状态下妇女参与政治活动和经济活动也是历年来报告关注的重点内容。

自1945年建立以来，联合国曾多次对促进妇女参与和领导决策做出规定与表态。1325号决议是第一份承认武装冲突会对妇女造成严重和独特影响，并承认妇女在建设和平方面有积极贡献的决议，它强调了妇女作为和平与安全的积极推动力量平等、充分地参与和平进程的重要性。2020年国际日的主题是"妇女参与维持和平：和平的关键"，联合国秘书长古特雷斯在发表致辞中强调女性维和人员在改善维和行动的方面，在接触当地社区的过程中，有效防止和减少了冲突和对抗。尤其在决策层有一定数量的女性维和人员时，维和行动变得更加有效。

从每两年由国际会议联盟（IPU）和联合国妇女署联合发布的《妇女参政地图》的数据中也可以看出，随着时间的推移，女性参政总体比例有所上升，但总体步伐缓慢。这样的结果很大程度上归因于缺乏最高决策层面的明确政治承诺以及真正对性别问题敏感的政治文化。

四　为妇女、和平与安全涉及的各项任务提供援助

历任联合国秘书长多次呼吁为妇女参与构建和平行动提供更大的支持，要确保妇女参与构建和平活动能获得充足的资金支持。在保护及援助层面，资金援助占据了较大比例，其他物质和精神援助等也有体现，说明在保护和援助过程中，一贯重视资金的援助，通过资金保障基本的需求，同时辅之以物质和精神援助，促进各个层面提议的有效落实。

冲突和灾害的发生注定有难民和流离失所者需要救援，因此在这种情况下需要开展救援。救援工作有时需要协同各国际组织和各国共同开展，同时在冲突后或灾后重建过程中，援助和被援助者双方均应关注到妇女的脆弱程度，保证基本物资供给的同时，予以精神关怀。以上是联合国开展援助工作的原则，以此为出发点联合国秘书长报告结合不同阶段，如紧急人道援助期、过渡期、重建期等阶段，区分了提供救援的方案和路径。

结　语　"妇女、和平与安全"议程在联合国的延续与发展

2020年是安理会确立"妇女、和平与安全"议程20周年，也是联合国成立75周年、《北京宣言》和《行动纲领》通过25周年。国际社会应以此为契机，认真回顾和总结妇女、和平与安全领域的成就和不足，为下一步合作找准方向，增加共识。

多年来，在安理会和各方大力推动下，妇女在和平与安全领域发挥越来越突出的作用，日益成为和平进程的重要参与者和贡献者。越来越多的女性在联合国总部和特派团等担任高级职务，女性维和士兵和警察的数量逐渐增加。在受冲突影响国家，广大女性在预防冲突、调解斡旋、建设和平等方面发挥着不可或缺的作用，对女性的保护和救助措施也越来越完善。国际社会应继续加强协作，充分发挥妇女在维护国际和平与安全方面的重要作用。

一要坚持通过对话协商政治解决热点问题，创造有利于女性生存发展的国际环境。安理会应切实履行维护国际和平与安全的首要职责，既要采取有效措施，向受冲突影响的妇女提供全面安全保障、开展人道救援，更要大力推进政治进程，促进和平解决争端，使妇女免受战乱之苦和恐怖主义、暴力

极端主义危害。应确保妇女在和平进程各阶段享有充分参与权和决策权，同时参与和平进程的妇女代表应真正反映当地妇女的呼声。

二要标本兼治，消除冲突根源，切实加强妇女能力建设，确保其有效参与和平进程。帮助妇女实现平等发展，脱离贫困，接受高质量教育，是她们有效参与和平进程的重要条件。应积极帮助当事国开展冲突后重建，重点加强其能力建设，确保发展惠及包括妇女在内的全体人民。应为受冲突影响国家实现性别平等和妇女赋权提供支持，提供专项资金，开展支持妇女能力建设的项目。

三要充分尊重当事国主权和意愿，确保联合国各机构发挥各自专长，形成合力。当事国在促进妇女有效参与和平进程中负有首要责任，应根据本国国情采取适当措施。安理会、经社理事会、建设和平委员会和妇女署等相关机构应根据各自授权，充分发挥自身优势并加强协调，共同推动妇女在和平与安全领域发挥重要作用。区域和次区域组织最了解实际情况，可以提供有针对性的解决方案。应充分尊重非盟、阿盟等有关区域和次区域组织自主权和独特作用，加强政策交流，分享最佳实践经验。非政府组织开展活动要遵守当事国法律，尊重当事国政府主导权，与当事国充分协商，发挥其建设性作用。

四是要进一步保护所有妇女和女童的受教育权，关注她们代表性不足的领域，如科学、技术、工程和数学；确保妇女在社会各个层面和领域的代表性和领导力以及充分、平等和有意义的参与；确保增强妇女的经济权能，例如，使其获得体面工作、同工同酬、获得社会保障和资金；解决妇女和女童无酬照护和家务劳动比例过高的问题；应对气候变化和自然灾害对妇女和女童的过度影响；结束针对所有妇女和女童的一切形式的暴力和有害做法；保护武装冲突中的妇女和女童，确保妇女参与和平进程和调解行动。

附　录　2010年联合国秘书长报告*

妇女与和平与安全——秘书长的报告 S/2010/498

一　背景

1.2000年10月31日，安全理事会通过了第1325（2000）号决议，提请注意武装冲突对妇女和女童带来不相称和独特的影响，及她们被排斥在预防冲突、维持和平、解决冲突和建设和平对妇女和女童之外。该决议强调，了解武装冲突对妇女和女孩的影响，作出有效的体制安排保证她们得到保护并充分参与和平进程，大大有助于维持和促进国际和平与安全。这项决议的通过是多年协调努力的结果，特别是民间社会和妇女组织多年来提请注意，并寻求采取行动，扭转妇女和女童遭到的恶劣和不人道的待遇，扭转其人权遭否定和被排斥在武装冲突局势的决策之外的现象。

＊本报告来自联合国官网，hppt://undocs.org/zh/S/2010/498, 作者未作改动。

2.通过该决议后不久，有明显迹象表明，妇女与和平与安全问题在政治舞台上越来越受重视。秘书长在其向安全理事会提交的关于妇女与和平与安全的报告（S/2002/1154）中确认，第1325（2000）号决议调动了会员国、联合国系统和民间社会，包括基层。妇女对建立和平和建设和平的贡献尚未得到充分确认，但妇女和女孩在武装冲突期间及其后遭受的痛苦已经得到广泛的记载。秘书长同一报告还指出，国际法和现行战略和指导方针提供了解决武装冲突及其后果背景下的性别观点的有力框架。

3.尽管有明显的坚实基础和保证，第1325（2000）号决议通过10年后，仍然难以确定或量化重大的进展。妇女和女孩在武装冲突形势下面临的状况仍然很糟，缺乏有效有关影响的监测方法。2010年7月，刚果民主共和国东部省份有200多名妇女和女童遭强奸，这只是妇女和女童人权受严重侵害的一个例子。这也提醒人们未来存在挑战，并警示国际社会必须紧急制定和实施连贯而全面的计划，确保第1325（2000）号决议的所有方面得到执行。第1325（2000）号决议通过十周年，是一个有利时机，可以用来评估进展情况，总结成就和不足，并探讨如何更有效地努力在未来十年加速执行决议。

4.根据2007年10月23日安全理事会主席声明（S/PRST/2007/40），本报告第二节概述了执行第1325（2000）号决议的进展情况。它包括酌情提高会员国执行第1325（2000）号决议的能力的措施，介绍了最佳做法。第三节与第1889（2009）号决议第18段呼应，评估安全理事会接收、分析和落实有关第1325（2000）号决议有关信息的进展。报告第四节审查执行第1325（2000）号决议的2008—2009年全系统行动计划的实施和综合情况，之前曾在全系统评价执行该行动计划的进展。第五节介绍了应2010年4月27日安全理事会主席声明（S/PRST/2010/8）的要求而增补和进一步发展了秘书长 2010 年 4 月 6 日报告（S/2010/173）所载列的一套指标的情况。该节按照要求，概述了一个工作方案，参照各项指标，详细说明了联合国系统内的作用和职责及落实指标的时间表。第六节是结论和建议。

二 第 1325（2000）号决议执行进展情况

5. 决议通过十年来，各方行为者开展了大量活动，近几年活动数量和密度越来越高，尤其是在决议十周年将至期间。安全理事会、会员国、民间社会和联合国系统都促成了这些活动。

安全理事会的执行情况

6. 安全理事会通过第 1325（2000）号决议十年来，其充分执行决议的承诺有所加强。当初这些问题往往作为一个单独的项目来处理，现在妇女在和平与安全中的作用更加明确地列入了安理会的讨论之中。第 1820（2008）号决议、第 1888（2009）号决议和第 1889（2009）号决议的通过也说明了安理会更加致力于妇女及和平与安全问题。为响应安全理事会的要求，秘书长关于维持和平特派团的大多数报告现在都介绍为确保妇女参与和平与安全而采取的行动以及这些行动给身处武装冲突及其后果中的妇女和女童带来影响。

7. 安全理事会 2002 年至 2003 年期间举行了 3 次公开辩论，讨论执行第 1325（2000）号决议的进展和挑战，展示了该决议通过之后头几年的势头。辩论中发表的主席声明呼吁各会员国、联合国系统各实体、民间社会和其他相关行动者，制订明确的战略和行动计划，列出目标和时间表，包括监测机制，把性别观点纳入和平支助和人道主义行动及冲突后重建之中。

8.安理会第1889（2009）号决议呼吁制订指标，监测决议的实施情况，这是为第1325（2000）号决议拟定一个急需的监测框架方面的重要一步。尽管安全理事会一直坚持并密切参与拟定监测第1325（2000）号决议执行情况的指标，但安理会如何接收和处理信息的方式则说明亟需加强政治意愿，建立有效的监测机制，以确保第1325（2000）号决议执行方面的问责（见下文第三节）。

会员国的执行情况

9.第1325（2000）号决议通过后的最初5年里，会员国的各种活动表明，各国对决议的国家所有权已经开始出现。其中许多活动记录在秘书长的年度报告中。

10.一些会员国设立国家一级的工作组和工作队。2001年，加拿大建立了妇女与和平与安全委员会，这是一个全国联盟，由国会议员、民间社会代表和政府官员组成，重点是宣传、能力建设和培训。哥伦比亚外交部与总统两性平等问题咨询办公室协作，成立了妇女与和平与安全工作组，支持妇女参与全国有关促进和平的工作。2003年，荷兰国防部、外交部和内政和王国事务部设立了妇女身处冲突局势之中和参与维持和平问题工作队，负责执行第1325（2000）号决议。在挪威，设立了由有关政府各部代表和民间社会成员组成的论坛，落实执行第1325（2000）号决议。阿塞拜疆成立了全国"1325号决议联盟"，由女议员、非政府组织和媒体代表组成，让人们更多地意识到第1325（2000）号决议，以及妇女在决策过程中的作用，包括在解决冲突及和平建设中的作用。

11.早期开展的一些活动还表明，各国政府与妇女组织联络，以期建立执行第1325（2000）号决议的伙伴关系，菲律宾政府争取妇女参与该国的和平进程，让其参与对话和讲习班，将她们的经验和看法融入和平协定。澳大利亚政府支持促进妇女参与和平进程的组织。加拿大国际开发署支持苏丹妇女就和平纲领达成共识。在斯里兰卡，政府和泰米尔猛虎解放组织在挪威支持下，设立了一个关于两性平等问题的小组委员会，拟定和平进程中的性别敏感的指导方针。

12.会员国还协助国际上讨论妇女与和平与安全问题。2004年，加拿大、智利和大不列颠及北爱尔兰联合王国常驻联合国代表团与非政府组织妇女与和平与安全工作组协调，举行了两次圆桌会议，让安理会成员、会员国、联合国各实体以及非政府组织和民间社会代表聚会一堂，讨论各种专题报告和决议之间的联系，以及妇女参与和平进程的重要性。由加拿大牵头，约25个会员国组成的非正式小组，"妇女与和平与安全之友"开始倡导并支持政府间的协调，分配资源以及联合国各实体加快执行第1325（2000）号决议。

13.会员国还努力确保性别、和平与安全观点纳入人道主义干预措施和发展援助。例如，芬兰2003—2007年发展合作政策中列有促进两性平等的战略和行动计划，其中要求人道主义伙伴组织拥有两性平等专门知识，将性别观点纳入其工作主流。同样，挪威在支持人道主义行动时，也要求执行伙伴在工作中纳入性别观点。

14.会员国特别重要的贡献是制订国家行动计划，指导第1325（2000）号决议的执行。国家行动计划的执行已被确认为一项关键战略，可确保在妇女与和平与安全方面履行承诺。这些计划规定全面、系统地监测和评估有关政策目标方面的活动。共通过了19项行动计划，包括在冲突后国家，还有几项正在酝酿中。国家行动计划的成功最终取决于其资金和确保其充分执行的承诺如何。有充足的资源可用仍然是一个很大的挑战。

民间社会和妇女团体的执行情况

15.鉴于民间社会组织在形成通过第1325（2000）号决议的势头方面所发挥的主要作用，过去10年，它们又大大加强了活动。决议的通过为在武装冲突局势下工作的妇女提供了动力。例如，2003年，妇女和平建设者网络支持妇女开创性地参与利比里亚和平进程。该网络资助一个妇女代表团前往塞拉利昂，安排了当时的总统查尔斯·泰勒和叛军领导人的会晤。后来，她们领导了利比里亚妇女争取和平大众运动，对抗叛军领导人，促进解除武装领域的进展。该网络还在协助妇女参与执行结束了冲突的和平协议中发挥了重要作用，并继续支持妇女参与政治和解除武装进程。

16.民间社会利用这项决议，要求在和平进程中占有一席之地。例如在斯里兰卡，妇女提出的积极参与和平谈判的要求，因第1325（2000）号决议的通过而获得支持。非洲妇女团结组织积极支持非洲许多冲突地区的妇女。该组织已经组织了声援访问团，由高级别妇女组成，派遣到冲突地区，以支持和鼓励妇女基层的努力，促进她们社区的恢复，督促领导人确保在决策过程中满足妇女的需求。

17.从事妇女与和平与安全工作的各种组织都加强了活动，其中许多协助受冲突影响国家的妇女和平缔造者。例如，安全研究所与"妇女发动和平"一道工作，后者是一个有1000多名妇女和平缔造者组成的网络。该研究所一直专注于研究、培训和宣传，促使让所有利益攸关方，特别是妇女参与和平进程。"国际警觉"组织也更加注重分析妇女参与和平与安全的情况，特别是开展研究，提供实证数据，以支持改进政策行动。还有一些区域和国际努力在支持妇女充当和平缔造者，例如马诺河妇女和平网络和国际妇女争取和平与自由组织。

18. 其他民间社会组织也举办活动，支持妇女在冲突和冲突后地区发挥作用。例如，2009 年，"全球预防武装冲突伙伴关系"在菲律宾举办为期八天的首脑会议，制定战略计划，支持妇女在预防冲突和建设和平中发挥作用。2009 年 9 月，"妇女和平缔造者方案非洲股"在南非举行妇女和平活动家宣传培训讲习班；2010 年 8 月，该组织举办培训班，促进将性别观点纳入非洲和平组织主流。

19. 2010 年 6 月和 7 月，民间社会和妇女团体发挥积极作用，作为联合国系统拟定的"全球妇女与和平开放日"的一部分，交流执行第 1325（2000）号决议的最佳做法。在布隆迪，60 多名妇女代表民间社会团体，会晤了秘书长执行代表查尔斯·皮特里，概述增加妇女参与和更多保护妇女方面的轻重缓急，包括培训妇女在和平与安全中担任更积极的角色；增进加强现有关于两性平等的法律；发展专门用来满足妇女暴力幸存者的需要的法律结构。在肯尼亚，20 名来自民间社会和社区组织的妇女参加了由联合国妇女发展基金（妇发基金）和联合国开发计划署（开发署）举办的一个协商论坛，探讨让妇女进入解决冲突和建设和平进程。论坛的成果是提出一套建议，以增加妇女的参与，包括政府承认妇女的冲突经历与男子不同；承认政府及其伙伴应鼓励和参与能力建设，以促进女性领导参与建设和平；建立妇女参与各级政府，以及建设和平机构和所有决策机构的全国配额制度。

20. 2010 年 6 月巴基斯坦日举办全球开放日，妇女和平组织会见了秘书长援助巴基斯坦特使让 - 莫里斯·里佩尔，提交了由各方妇女民间社会组织拟定的一系列建议。其中建议在整个和平谈判进程中以及在所有有关维持和平谈判中，妇女要有公平的代表权；在所有恢复过程中考虑妇女的需要，以及为满足这些需要提供充足资金；对基于性别的暴力的零容忍政策，设立受害者获得保护和支持的机制。在加沙地带，20名妇女领导人及和平活动家会见了一个联合国代表团，强调目前的人道主义危机对妇女和女孩带来的严重影响，她们继续遭受暴力和严峻的经济冲击，以及妇女应该越来越多地走上政治舞台。

21.民间社会也发挥了很大作用，倡导执行第1325（2000）号决议时要有问责制。在联合国，非政府组织妇女与和平与安全工作组继续强调问责制和需要建立监测第1325（2000）号决议执行情况的框架。2010年，设立了一个高级别民间社会咨询小组，向副秘书长主持的一个高级指导委员会提供咨询，指导第1325（2000）号决议通过十周年的纪念活动。高级别民间社会咨询小组成员在有关世界各地冲突、和平与安全方面具有丰富经验，来自世界不同地区，由爱尔兰前总统玛丽·罗宾逊和非洲妇女团结会执行主任比纳达·迪奥普任共同主席。

联合国系统的活动

22.由于第1325（2000）号决议确定的一些行动领域需秘书长采取行动，所以，到目前为止，在过去十年中联合国系统各组织举办的活动最多。其中有些活动是与其他行为体合作开展的。各实体已经在广泛领域里开展活动和举措，包括培训以及政策制订、行动计划和指导原则等。在此详述的一些活动取自于秘书长提交安全理事会的关于第1325（2000）号决议执行情况的年度报告（见S/2002/1154）。

23.联合国系统的许多活动都旨在加强人们对妇女与和平与安全问题的了解，发展联合国系统和会员国解决这些问题的能力。其他活动涉及更广泛的将两性平等纳入和平与安全主流的主题。还有一些活动的重点是说明解决妇女需要参与解决冲突、维持和平和建设和平问题所涉概念和挑战。

24.联合国秘书处经济和社会事务部成立了预防冲突、和平建设和发展工作队，负责制定工作计划，其中涵盖造成冲突的各种原因、如贫困、社会经济不平等和两性不平等、长期发展不足、体制不健全或不存在以及缺乏有效治理。经济和社会事务部与政治事务部和秘书长两性平等问题和提高妇女地位问题特别顾问办公室合作，也召集了一次和平协定专家小组会议，以作为推动两性平等的一种手段，以此筹备妇女地位委员会第四十八届会议。

25.2003年，维持和平行动部开发了军事和民警人员部署前和上岗培训用的两性平等意识培训材料。2004年，编制了"维和行动中的两性平等资源包"，为多层面中所涉及的各个职能领域的两性平等问题提供指导。2006年，维持和平行动部制订了维持和平行动中执行第1325（2000）号决议的计划。联合国训练研究所（训研所）对多个维持和平行动的文职人员进行了关于妇女和儿童的培训。

26.人道主义事务协调厅制定了一项政策和行动计划，把两性平等问题纳入人道主义宣传和信息管理、人道主义政策的发展、人道主义应急协调和资源调动工作的主流。联合国粮食及农业组织（粮农组织）和世界粮食计划署（粮食署）共同制订了应急和恢复方案中社会经济和性别分析的指导原则，协助总部和外地工作人员把性别观点纳入紧急项目周期各阶段的工作，包括需求评估，项目制定，目标制订，监测和评价。

27.还根据第1325（2000）号决议开展活动，向维和人员提供艾滋病毒/艾滋病的宣传培训。根据联合国艾滋病毒/艾滋病联合规划署（艾滋病署）和维持和平行动部的指导，上岗培训中纳入了对性别问题有敏感认识的艾滋病毒/艾滋病培训内容，所有维和行动均设立了艾滋病毒/艾滋病协调点或顾问，许多行动还提供自愿咨询和检测设施。2004年6月，艾滋病署和维持和平行动部在海地进行了一次联合访问，在主要的维持和平特遣队抵达之前，设立艾滋病毒/艾滋病方案，为今后的行动确立了一个重要的先例。在塞拉利昂，艾滋病署、维持和平行动部、联合国人口基金（人口基金）和妇发基金开办了一个机构间维持和平人员艾滋病毒/艾滋病培训项目。

28.执行第1325（2000）号决议的早期努力还包括积极拟定标准，指导联合国关于妇女与和平与安全的工作的各个方面。维持和平行动部和妇发基金拟定了关于性别和解除武装、复员和重返社会的标准作业程序，提供实地指导，把妇女和女童战斗人员的需求和关切纳入和平协定，包括纳入战斗人员重新融入社区工作中。维持和平行动部的排雷行动处于2004年拟定了排雷行动方案的性别准则，并在2010年审查和更新。联合国儿童基金会（儿基会）完成了国际排雷行动标准中的地雷危险教育组成部分，其中包括联合国所有实体及其业务伙伴都应遵守的针对具体性别的标准。2005年，世界卫生组织（世卫组织）委托对利比里亚四个州的基于性别的暴力行为和保健设施进行需求评估。评估报告向利比里亚政府和联合国系统提出了关于预防基于性别的暴力行为的建议，以及以社区为基础的解决基于性别的暴力行为受害人受歧视问题的倡议。

29.两性平等问题和提高妇女地位问题特别顾问办公室在监测联合国系统的活动中发挥着关键作用，包括主持关于妇女与和平与安全的机构间工作队，根据联合国各实体提供的投入编写秘书长给安理会的年度报告，和向联合国高级管理人员提供有关妇女与和平与安全问题的咨询。特别顾问办公室也一直在协调联合国系统内的活动以及在协调与其他利益攸关方的活动中发挥着积极作用。特别顾问办公室是机构间妇女和两性平等网络的秘书处，在与会员国、民间社会和其他行为体的联络中发挥着关键作用。自第 1325（2000）号决议通过以来，秘书长特别顾问一直强烈倡导在联合国系统内和在国家和国际论坛执行该决议。尽管这些年来加强了协调工作并已拟定指导这一工作的全系统行动计划，但执行第 1325（2000）号决议的周密协调办法尚待形成。

全系统行动计划中的执行情况

30.鉴于正在进行的活动数量大，分布广，在早期就需要更有效地协调执行第 1325（2000）号决议，因此安全理事会 2004 年呼吁拟定联合国全系统行动计划。特别顾问办公室在协调拟定联合国全系统行动计划的进程中一直发挥着关键作用。

31.2005—2007 年的联合国全系统行动计划，是特别顾问办公室与会员国和非政府组织合作，通过机构间妇女与和平与安全工作队编写的，包括了 34 个联合国实体举办的活动，目的在于让整个联合国系统的执行工作更加协调。联合国各实体将利用这一计划，以一致有效的方式制订具体战略、行动和方案，从而增进妇女在和平与安全领域的作用。另一个目的是确保更有效地支持会员国以及国家和区域一级执行第 1325（2000）号决议的努力，并加强联合国最高级别的承诺和问责，及加强机构间的合作。

32.尽管预期联合国全系统行动计划会使联合国系统在冲突地区妇女赋权方面做出更大贡献，但其结果令人失望。2006 年 9 月 27 日秘书长关于妇女与和平与安全报告（S/2006/770）审查联合国全系统行动计划的业绩时，受访者几乎一致认为，引进联合国全系统行动计划，几乎没有改进联合国系统内妇女与和平与安全工作的协调。尽管联合国全系统行动计划促进了系统化地规划活动，从而帮助找出差距，但并没有促进战略规划，也不是用来衡量成果的。有时，这导致活动重复重叠，或是工作分散。

33.2007年，重新调整了联合国全系统行动计划的概念，换成了新的2008—2009年行动计划，以确保更连贯，注重结果的计划编制，监测和报告，不过，仍然缺乏连贯性，而且获取规模经济好处和吸取经验教训的机会仍然有限。对2008—2009年联合国全系统行动计划的活动以及此后的活动进行了概述，结果证明了这一点。

34.联合国全系统行动计划要求联合国各实体围绕五大支柱开展活动——预防、参与、保护、救济和恢复以及规范，虽然其中许多活动跨越一个以上重点领域。围绕这些支柱举办活动的重点情况如下。

预防

35.2008—2009年期间，联合国各实体报告了在预防支柱下开展的活动，预防性暴力和基于性别的暴力一直特别受重视。一个关键的办法是增加女警官，或提供对性别敏感的培训，或两者兼而有之。因此，维持和平行动部部署了更多的女警官。同样，人口基金支持国家警察更有效地解决和预防基于性别的暴力，其中包括更多征聘和晋升女警官。开发署和妇发基金还协助会员国确保警务工作对性别问题有敏感认识。妇发基金的性暴力和基于性别的暴力预防方案包括进行关于基于性别的暴力、两性平等和人权的培训。还包括提供通讯和运输设备，如提供免费电话热线、特警摩托车。例如，在卢旺达，妇发基金支助一个种族灭绝女性受害者协会，向警察提供性别敏感培训。

这一方案增强了大屠杀幸存者的能力，培育警察的技能发展和注重性别问题。

36.为确保系统地把性别观点纳入人道主义援助，包括人道主义国家工作队预防和应对基于性别的暴力的主流，机构间常设委员会的人道主义行动中的性别问题分工作组在工作中取得了重大进展，在人道主义局势中加强了两性平等工作的规划。2007年以来，两性平等问题待命能力项目部署了42名素质高的两性平等问题高级顾问，支持人道主义危机地区的28个联合国人道主义协调员/驻地协调员、人道主义国家工作队和两性平等网络。两性平等问题待命能力是一个备用名册，由人道主义事务协调厅和挪威难民理事会管理，力求建立国家一级人道主义行动者，将两性平等方案纳入主流的能力。机构间常设委员会还为所有人道主义行动者编制了网上电子学习课程，建立其在两性平等方案规划上的技能。此外，2009年，儿童基金会为联合国驻地和人道主义协调员编制了性别暴力问题单页简报。2009年，派遣一名全球两性平等问题待命能力顾问，与日内瓦的全球小组的牵头组织一道工作。

37.关于性暴力方面，开发署在18个国家制定全国对策，以便预防。这包括协助会员国确保妇女获得法律援助，设立法律信息中心和法律援助网络，以及赋予女法官、女律师和女检察官权利和给予培训，包括加强妇女安全和诉诸司法的机会的具体举措。在阿富汗、海地、利比里亚、卢旺达、东帝汶和乌干达等六个国家，妇发基金建立社区预防性暴力的能力，调动妇女团体支持警察、司法和传统当局，提高这些罪行的调查率，改善检控结果。在刚果民主共和国，儿基会让男子和男孩一起预防性暴力，包括讨论小组，这导致设立以社区为基础的防止性暴力应对机制。2009年，儿基会和人道主义事务协调厅发起了一个联合项目，研究如何预防国家和非国家行为者的性暴力。

38.维持和平行动部和外勤支助部为警察和军事维和人员编写了有关防止对妇女和女童的性暴力的性别准则。此外，维持和平行动部还与妇发基金和"联合国制止冲突中性暴力行为"合作，编制军事维和人员用来防止对妇女和女童的性暴力战略的良好做法分析资料库。消除与冲突有关的性暴力——维持和平实践资料库、维持和平行动部、联合国妇女发展基金和"联合国行动"，2010年6月，这一出版物将转成一个实景培训课程，用于维和人员的部署前培训，以提高防止性暴力的能力。

39.预防方面的一项重要成就是，2007年在"立即制止强奸"口号下设立了"联合国制止冲突中性暴力行为"。这个网络把13个联合国实体联合起来，其目标是，在冲突期间和冲突之后，结束性暴力。这是联合国各方一致的努力，为的是改进协调和问责，推广方案规划和宣传，支助国家努力预防性暴力，有效响应幸存者的需求。

参与

40. 2008年至2009年全系统行动计划包括一些促进妇女在各决策层面进行参与的活动。这些活动中，很多是进行各实体所报告的"能力建设"，使妇女成为和平与安全领域的积极参与者；活动包括诸如培训、研讨会以及开发工具和手册等。

41.在这方面，开发署在萨尔瓦多培训了80名妇女担任政治领袖，使女性候选人更多地参与了2009年3月的选举。妇发基金支助了在达尔富尔召开的三个重要会议，使州政府、调解小组和各大学与600名女性和男性领导进行了磋商，包括在境内流离失所者营地进行的磋商。这些磋商促进了对现行行动纲领进行审查和更新，以纳入免受暴力侵害、重视妇女的经济复兴，以及让妇女在政治和争端解决中发挥更大的作用等内容。在伊拉克、科索沃、尼泊尔和索马里，人口基金开展了媒体宣传，提请注意妇女问题和妇女在维持和平方面的作用。在乌干达，政治事务部与妇发基金合作，为受上帝抵抗军影响区问题秘书长特使提供了一名两性平等问题顾问，使朱巴和平谈判和冲突后重建进程纳入了有关妇女争取和平方面的优先事项。

42. 裁军事务厅区域裁军处在联合国中部非洲安全问题常设咨询委员会所有部长级会议中都纳入了对第1325（2000）号决议的讨论，使联合国常设咨询委员会所有会员国做出了一项两个方面的决定：第一，各国从其负责和平及安全事务的部委中指定一个第1325（2000）号决议协调中心；第二，在其参加有关裁军的国际和区域会议国家代表团及关于小武器的国家委员会中纳入妇女。裁军事务厅和平与裁军非洲区域中心也参加创建了西非和平与安全妇女网络，帮助多哥当局建立了该网络的协调中心，提高了对第1325（2000）号决议的意识。和平与裁军非洲区域中心还在非洲安全部门改革方案框架内为多哥武装部队举行的培训班中纳入了能力建设单元。

43. 联合国系统支持妇女参与和平进程的活动经常以下列活动为重点：建立妇女名册，考虑让她们发挥调解作用；支持妇女团体围绕共同和平议程进行联合，并至少以观察员地位出席会谈；建设民间社会妇女在有关和平协定的各个方面提出技术性建议的能力；支助谈判者和妇女团体之间的磋商。在这方面，通过让其两性平等问题顾问成为调解人协商委员会国际专家，以及让300名妇女参加领导才能及和平技能建设讲习班，妇发基金保证了将两性平等问题纳入达尔富尔多哈和谈主流之中。

44. 另有700名妇女参加了协商和平讲习班。妇发基金和政治事务部发起了一项联合战略，以增加联合国参与的和平进程中被任命为调解人的妇女人数。该倡议为调解人及其小组进行指导和培训，建设妇女团体的能力以便参与和平进程并为和平协定各组成部分提供投入。这一联合战略的第一个组成部分是协助编制调解人指导手册，以解决在和平谈判的具体时期与冲突有关的性暴力行为。妇发基金支助的，呼吁妇女更多地参与谈判以及和平建设各阶段的一个知名妇女联盟，"争取实现公正持久的巴以和平国际妇女委员会"，汇集了以色列、巴勒斯坦以及国际妇女领导人，她们在和平与安全问题上以一个声音说话。

45.作为和平支助工作组的共同主席，人口基金正在进行尼泊尔妇女的能力建设，以促进在和平进程的所有阶段及各个层面纳入妇女。人口基金还努力确保在冲突结束后充分保护妇女和女孩，并在尼泊尔主要利益攸关者广泛参与的情况下，为实施决议中的建议提供了便利。

46.不同实体还制订了工具和指导方针，为在联合国维持和平及人道主义支助中将性别观点纳入主流提供了支助。例如：机构间常设委员会关于人道主义行动的两性平等手册——妇女、女孩、男孩和男子：不同的需求——平等机会（2006年），这是一个让集群/部门用性别视角来规划、实施、监测和评价其方案的工具。2009年，儿童基金会领导编制了在人道主义范畴内协调基于性别的暴力干预行动手册可查阅（http：//www.humanitarianreform.org/Default.aspx？tabid=453）。

47.维持和平行动部开发了一系列指导方针和工具，协助维持和平人员有效地让妇女参与到冲突后过渡并有效利用她们的参与。这些指导方针和工具包括维和部/外勤支助部政治部关于加强冲突后选举进程中妇女所起作用的

准则（2007 年）和在维持和平特派团联合国警察工作中纳入性别视角的准则
（2008 年）。联合国教育、科学及文化组织进行了"非洲冲突后民主中妇女争取和平及安全的权利"分析。目的是制定关于增强非洲国家冲突后妇女在和平与安全领域参与的政策建议。

保护

48.儿基会一直是保护领域的主要行为体之一。其活动主要集中在向男孩、女孩提供心理健康和心理支助，追查及家庭团聚，与国家和非国家行为体进行对话，倡导释放与武装部队或武装团体有关的男孩和女孩，能力发展举措，研究有关未成年母亲及源于性暴力而出生的儿童的具体需求，以及在一些国家和领土，包括阿富汗、哥伦比亚、刚果民主共和国、海地、伊拉克、菲律宾、斯里兰卡、苏丹和被占领巴勒斯坦领土建立儿童友好空间。在索马里，儿童基金会支助了 12 个基于性别的暴力方面的外联社会工作者和与社区动员方案紧密联系的 11 个境内流离失所者协调人，让 1 700 多个基于性别的暴力幸存者获得了司法、医疗、法律和心理服务以及生存援助。

49.联合国难民事务高级专员办事处（难民署），人口基金和儿童基金会开展了提供心理、基本需求和生计支助的活动。难民专员一直专注于在其方案中纳入保护人身安全、保健、获得心理支助、司法、生计、社区赋权及针对妇女的持久性解决办法。人口基金还为包括卫生部、两性平等事务部和民间社会团体等多个利益攸关方提供心理社会培训支助。它还在强奸幸存者临床管理方面进行了工作。通过转诊或者使用综合性中心，妇发基金为妇女提供了多部门援助；在阿富汗和卢旺达设立两个综合性中心。妇发基金和人口基金与政府和服务商进行合作，建立了包括为性暴力和基于性别的暴力幸存者提供调查援助的中心。在全球保护问题集合工作组，儿童基金会领导儿童保护工作组并且和人口基金共同负责基于性别的暴力领域的工作。

50.由于性暴力和基于性别的暴力仍然是女孩和妇女的主要脆弱方面，大量重点工作是确保她们免受这种具体形式的暴力侵害。除了开展工作，加强乍得、刚果民主共和国、利比里亚、苏丹，尤其是达尔富尔的能力，国家一级是联合国行动的支柱之一的重点，包括向联合国综合特派团和联合国国家工作队提供战略支助，协助他们设计打击与冲突有关的性暴力的全面战略。

51.人口基金提供了旨在提供保护，以及救济和复原的一系列服务。工作集中在保健干预措施，包括倡导培育对妇女和女孩的需要做出适当和及时的反应。在博茨瓦纳，人口基金向为难民服务的诊所提供了性和生殖健康服务以及艾滋病毒预防包。在科特迪瓦，建立了为性暴力及基于性别的暴力幸存者提供服务和方便获得妇科服务的中心。在印度尼西亚，人口基金支助亚齐省级规划和发展机构起草了省级行动计划，以解决妇女与和平与安全问题。在黎巴嫩，人口基金参与了服务提供者能力建设工作，以确保为冲突后社区的妇女提供高质量的精神、心理和生殖健康服务。人口基金还支助和加强非政府组织和社区组织的转诊制度，为女性暴力幸存者提供保护和法律咨询。在科索沃，人口基金正与劳工和社会福利部制定支持政府资助家庭暴力受害妇女收容所的倡导战略。已经为这些庇护所的保健提供者进行了培训。

52.难民专员与政府合作，为基于性别的暴力受害者提供国际保护，并寻求持久解决难民问题和保护境内流离失所者，提供了两性平等主流化的指导和培训，使工作人员能够设计支助流离失所妇女并确保她们得到更好保护的赋权战略。儿童基金会完成了机构间培训综合教材"关爱幸存者"，培训那些与基于性别的暴力的幸存者一起工作的多部门行为者。2009年11月，机构间常设委员会认可了该培训综合教材。人口基金、难民专员与国际救援委员会合作开发了基于性别的暴力示范性信息管理系统。正在考虑让其成为一个可能的示范性倡议，加强基于证据的方案拟订，提高该领域的协调。难民署还散发了关于妇女和女孩保护的手册，就妇女和女孩的保护，培训包括失所妇女的社区决策委员会。

53.通过其妇女与和平及安全工作组，联合国西非办事处（西非办）将非洲联盟、西非国家经济共同体、马诺河联盟、联合国系统以及西非民间社会组织汇集在一起，开展了有关第1325（2000）号决议的注重协同增效作用的活动和倡议。由西非办发起，与妇发基金共同主持，工作组每月开会，制定关于与保护有关的活动的共同年度工作计划，由其成员实施。通过其中非共和国建设和平综合办事处（中非建和办），政治事务部进行了一项性暴力和基于性别的暴力的研究，其中包括对有关保护的法律进行审查。还成立了基于性别的暴力和保护专题小组，向政府机构、议会和民间社会组织在性暴力和基于性别的暴力方面提供最新情况。此外，联合国实体性别专题小组举行了一次研讨会，目的是处理免受性暴力和基于性别的暴力的问题，从而增强伙伴保护弱势群体免受性暴力和基于性别的暴力的战略，并为性暴力和基于性别的暴力受害者提供适当援助。

救济和复原

54.在救济和复原领域，联合国冲突后创造就业、创收和重返社会政策特别注意与失业妇女有关的问题。该政策由20个实体和国际金融机构联合制定，其目的是进一步推动联合国为冲突后国家提供的就业和重返社会支助的共同办法。例如，为增加从创造就业方案中受益的妇女人数，联合国近东巴勒斯坦难民救济和工程处的重点是西岸和加沙地带创造就业机会紧急方案。该方案的劳工中，将近40%是妇女，超过了35%女性参与的目标。

55.国际劳工组织（劳工组织）制定了2008年至2009年促进两性平等的机构范围行动计划。此外，它已编制了多个指导文件和关于冲突后社会中两性平等及就业报告。2009年，国际劳工组织与开发署和其他联合国实体协作，编写了一份关于"冲突后创造就业，创收和重返社会"的指导文件。该报告把两性平等问题当作必须用来指导救济和复原方案制定以及冲突后创造妇女就业方案方面"性别挑战"的问题之一。此外，2009年，劳工组织、粮农组织和国际农业发展基金合作就"农业和农村就业性别层面中的差距、趋势和现有研究：摆脱贫穷的不同道路"主题举行了一个为期三天的研讨会。

56.世卫组织已与人口基金和非政府组织合作，为在与性暴力及基于性别的暴力受害者有关的具体问题领域的医护专业人员进行的性别意识培训方案提供支助。世卫组织还与其他机构合作，开发有关妇女，包括在布隆迪的重新安置、重返社会和重建过程中性暴力及基于性别的暴力的受害者的特殊需求培训模块。

57.联合国各实体把能力建设确定为2008年至2009年全系统行动计划中报告的救济和复原领域许多活动的重点。在刚果民主共和国，开发署支助了在与武装冲突有关或受武装冲突影响的妇女中发展领导力以及进行经济赋权。开发署还支持了社区电台方案拟订，使50 000名与武装冲突有关或受武装冲突影响的妇女注意性别问题。在乌干达，妇发基金支助妇女参与，确保乌干达北部和平与重建发展计划考虑到妇女的特殊需要。妇发基金还与世界银行协作，编制了冲突后需求评估指导说明，用于分析和应对妇女复原需求方面工作的改善。粮农组织报告，在其紧急情况和复兴方案内组织的来自12个国家的协调人和当地伙伴参加的区域培训研讨会上，开展了亚洲性别分析能力建设活动。

58.过渡时期司法是冲突后社会恢复的关键组成部分。在这方面，妇发基金一直与卢旺达问题国际刑事法庭、利比里亚真相委员会、塞拉利昂进行合作，目前是与所罗门群岛，以及有关2007年肯尼亚和2009年几内亚危机调查委员会一起进行工作，以确保在这些机制的程序和成果中纳入性别分析和妇女的声音，确保妇女幸存者和证人的保密和保护。

规范方面

59.在规范性支柱内进行的活动的一个中心内容是支助各会员国编制国家行动计划。各实体一直在努力尝试并加强各会员国制定这种行动计划的能力，以指导第1325（2000）号决议的实施。在这方面，非洲经济委员会（非洲经委会）协助该地区编制国家行动计划。开发署致力于制定用于十个国家多部门对策的国家一级行动计划。妇发基金协助布隆迪和格鲁吉亚编制国家行动计划，还与两性平等问题和提高妇女地位问题特别顾问办公室以及提高妇女地位国际研究训练所（提高妇女地位研训所）一起帮助利比里亚完善其2009年国家行动计划的各项指标。妇发基金还与人口基金一起帮助塞拉利昂和乌干达制定其国家行动计划。

60.在尼泊尔，人口基金与政府紧密合作，编制全国行动计划，这些工作得益于联合国和平与裁军亚洲及太平洋区域中心，联合国裁军事务厅区域裁军处以及妇发基金。在印度尼西亚，人口基金与妇女赋权部一起制定了一项国家行动计划，以确保冲突预防、保护及参与工作，包括妇女积极和有意义的参与。提高妇女地位研训所对与国家行动计划有关的第1325（2000）号决议的现有执行机制进行了案头审查。

61.联合国拉丁美洲及加勒比和平、裁军与发展区域中心与提高妇女地位研训所一起，发布了在拉丁美洲和加勒比地区执行第1325（2000）号决议的一套简报，以及拟订和执行国家行动计划指导方针，以促进执行该决议。该信息进一步强调了妇女的具体需要以及在解决拉丁美洲和加勒比地区武装暴力时，国家有义务增加妇女在政策和业务活动层面的参与。

62.除了2008—2009年全系统行动计划内的行动，最近开展了一些活动以执行第1325（2000）号决议各个方面。2010年6月及7月，政治事务部、维持和平行动部、开发署和妇发基金支助了妇女和平团体与联合国高级领导人在几个受冲突影响的国家和领土就和平建设中的两性平等问题进行了20多场对话。这些"妇女与和平问题全球开放日"旨在推动有关妇女与和平与安全的国家对话以及改善第1325（2000）号决议的执行。在各地，全球开放日使妇女能够与国际社会分享她们的优先事项和关切，并提供了一个民间社会妇女与秘书长特别代表和驻地协调员更经常对话的模式，这应该是建设和平的一个核心措施。在某些情况下，这是妇女第一次有机会向当地的联合国领导表达她们关于和平和安全的构想。在很多情况下，联合国的领导做出了具体的、针对具体情况的承诺，包括更经常举行会议的承诺。在这些谈话中，明显有三个共同优先事项：增强妇女政治赋权以及她们在和平建设和治理各层面公共决策的参与；通过促进两性平等的安全和司法部门改革为妇女创造一个安全、可靠的环境；以及在所有复原进程中分配更多财政资源对妇女进行支助。

63.2010年开发了各种工具和准则。两性平等问题和提高妇女地位问题特别顾问办公室、提高妇女地位研训所和国际警觉组织（一个独立的建设和平组织）发布了"关于妇女与和平与安全的行动计划：国家一级执行第1325（2000）号决议"的工具，（编写本报告时，该资料正在印刷）。机构间常设委员会两性平等工作分组推出了人道主义行动中的两性平等电子学习工具，依据的是两性平等手册的内容。另一个例子是维持和平行动部/外勤支助部2010年3月推出的将两性平等观点纳入联合国维持和平行动军事工作准则。此外，2010年，裁军事务厅资源开发处以及国际禁止小武器行动网联合更新并发布了"为有效执行《防止、打击和消除小武器和轻武器非法贸易的各方面问题联合国行动纲领》的两性平等主流化"准则。这些准则不仅仅是为了协助联合国实体，还包括所有相关执行方，包括各会员国。

64.2010年1月，政治事务部和妇发基金响应安全理事会第1889（2009）号决议启动了关于两性平等与调解的联合战略。这个为期三年的战略目标是物色和准备合格的女调解员；加大调解过程两性平等问题专门知识的可用性和质量，包括更好地解决与冲突有关的性暴力；提高妇女参与和平进程。目前筹资工作正在进行，2010年4月启动了该战略的一部分，妇发基金的一名两性平等专家被借调至政治事务部调解支助股调解专家待命小组，为调解进程提供技术援助。此外，2010年2月，调解股推出了新的调解专家名册，包括高级调解员、业务级调解员以及专题专家等组成的专家特设小组，其中还有与冲突有关的性暴力专家。目前，名册上34%的专家是妇女，而调解支助股调解专家待命小组的6名成员中，2名是妇女。

65.过去一年，安全理事会和联合国增加了活动，以实现协调并在妇女与和平和安全问题等总体方面，但尤其是冲突中的性暴力方面给予更强有力的关注。为响应安全理事会第1888（2009）号决议，2009年，秘书长任命了一名新的武装冲突中的性暴力问题特别代表，以更加注重妇女与和平与安全领域这一具有挑战性的层面。

66.2010年成立了一个由副秘书长主持的高级别指导委员会，以指导第1325（2000）号决议的十周年纪念，并寻求帮助促进执行该决议第二个十年中更有力地工作。但是，高级别指导委员会已经认识到缺乏指导未来十年决议执行的全面框架是一个不利条件，因此要求编制这样一个框架并提交其审议。均于2010年9月在奥地利阿尔卑巴赫举行的安全理事会务虚会和在比利时布鲁塞尔举行的欧洲联盟会议都清楚认识到该框架的必要性。

67.秘书长关于妇女参与和平建设方面报告内的一个行动计划为进一步执行安全理事会第1325（2000）号决议编制准则和框架方面做出了重要贡献。秘书长的报告是为响应第1889（2009）号决议第19段而编写的，将于2010年10月提交给安全理事会。该报告是在与建设和平委员会、会员国、刚摆脱冲突国家的各利益攸关方、联合国系统和民间社会组织内外的工作者进行磋商后编写的，强调了为促进妇女参与和平建设须采取的系统行动。该报告概述了七点详细行动计划，以改变国家和国际行为体的措施，改善实地成果。

联合国维持和平特派团开展的活动

68.联合国维持和平特派团对第1325（2000）号决议执行工作的贡献尤其引人瞩目。这些特派团处于冲突和冲突后局势，因此往往抓住先机，影响第1325（2000）号决议在实地的执行工作。这些特派团所开展活动的实例遍及全系统行动计划的各个支柱。

69.维持和平特派团作出针对性投资，以支助妇女参与冲突后国家的政治进程。这些投资包括：在阿富汗和布隆迪支助对性别问题有敏感认识的宪政改革进程；在阿富汗、布隆迪、刚果民主共和国、海地、利比里亚和东帝汶支助妇女选民登记和妇女政治候选人。联合国在科特迪瓦、刚果民主共和国和利比里亚的维持和平特派团与合作伙伴一道，支助这些国家的政府努力拟订执行第1325（2000）号决议国家行动计划。联合国东帝汶综合特派团支助利比里亚、爱尔兰和东帝汶之间的伙伴关系，这一伙伴关系让东帝汶境内对安全理事会第1325（2000）号决议有了更多的认识和了解。联合国利比里亚特派团（联利特派团）两性平等股向拟订国家两性平等政策及其他部门政策、将两性观点纳入减贫战略以及在对性别问题有敏感认识的监测方面进行培训和能力建设提供支助，以期增强各国在报告履行两性平等义务进展情况方面的努力。

70.维持和平行动部还向各国政府提供支助，以通过保护妇女权利的法律，其中包括在刚果民主共和国制定关于性暴力的法律、在利比里亚制定关于强奸的法律、在东帝汶制定家庭暴力法以及在塞拉利昂制定继承法。还向处理性暴力问题的妇女组织和妇女律师团体提供支助。作为安全部门改革的一部分，几个维持和平特派团还在利比里亚、塞拉利昂和东帝汶推动设立国家警察部队特别单位，以处理与性暴力和基于性别的暴力。在达尔富尔和刚果民主共和国还运用了具体保护战略，其中包括为防止性暴力增加巡逻队和联合保护小组。

71.为增加妇女维持和平人员的任职人数，迄今已作出若干投资，其中包括：设立高级主管任用科，促进女性获得高级任命；就资深女性候选人和维持和平军警人员问题继续同会员国开展外联；在总部以及在所有维持和平特派团设立妇女问题协调人，以促进性别均衡和对两性问题有敏感认识的环境；同部队和警察派遣国政府开展政策对话，以倡导和阐述对女性军警人员的业务要求。

72. 对执行安全理事会第1325（2000）号决议进展情况的上一次审查清楚地表明，在过去几年里开展大量活动并加强工作力度，但也发现，这些活动缺乏能够加快执行工作和确保问责的明确方向或时限明确的目标和具体目标。尽管这些不同的活动很可能有助于改善为满足武装冲突中妇女和女童的需求所作的努力，但没有足够证据显示这些活动已产生影响。不过，不应忽视这些活动所凝聚的势头。对于联合国系统而言，尽管全系统行动计划没有做到各项活动协调一致，但也的确显示出执行工作各自为政的情况；若要从根本上纠正这一情况，联合国系统和安全理事会必须给予关注。

73. 人们认识到缺乏明确、系统的远景和任务，无法对过去十年执行工作的进展情况作出评估，因此，在联合国系统内对前进的道路以及衡量进展的适当指标展开讨论。这导致通过安全理事会第1889（2009）号决议以及呼吁制定衡量进展的适当指标。有鉴于此，必须紧急审议纪念第1325（2000）号决议十周年高级别指导委员会最近提出的要求、秘书长在其即将提交的关于妇女参与和平建设的报告中提出的7点行动议程的建议、以及2010年安全理事会在奥地利阿尔卑巴赫举办的务虚会期间就拟定指导执行工作和确保问责框架发出的呼吁。为每个支柱拟定若干目标和具体目标以及相关指标，可以为在今后10年以充满活力和更加协调一致的做法执行第1325（2000）号决议奠定基础。

三　安全理事会获取和分析与第 1325（2000）号决议有关的资料并就此采取行动的程序

74. 安全理事会切实有效地处理与执行第 1325（2000）号决议有关的资料并就此采取行动，可以有助于改善决议执行工作。鉴于正在就加强第 1325（2000）号决议执行工作的监督和问责提出许多建议，尤其需要安理会在处理资料方面展现承诺、实效和效率。

75. 安全理事会主要从秘书长报告中获取关于第 1325（2000）号决议执行情况的资料，这些报告不仅提供信息，还对各种问题作出分析并就前进的道路提出建议。2000 年以来，秘书长就安全理事会关于妇女与和平与安全的第 1325（2000）号决议的执行情况向安理会提交 8 份年度报告。2002 年，秘书长还向安理会提交关于"妇女与和平与安全"的研究报告。每年，秘书长还就关于和平与安全问题的其他决议的执行情况向安理会提交若干份国家报告和专题报告。

76. 安全理事会还通过公开辩论、"阿里亚办法"会议以及安理会成员进行的国家访问（包括同这些国家的妇女组织会面）获取关于妇女与和平与安全问题的资料。自 2000 年以来，安理会已举行 10 次公开辩论，讨论在执行第 1325（2000）号决议方面的进展和挑战。公开辩论的成果相互关联而又相辅相成，反映了关于妇女与和平与安全国际议程的演化。自 2000 年以来，举行了多次"阿里亚办法"会议，并把重点放在妇女与安全与和平议程的各个方面——大不列颠及北爱尔兰联合王国常驻联合国代表团举办了最近的四次会议中的两次会议（2009 和 2008 年），以系统讨论与冲突有关的性暴力以及维持和平人员在打击性暴力方面的作用；法国在 2007 年举办一次会议，其侧重点是妇女在非洲武装冲突中的处境；另一次会议是丹麦举办的，讨论了妇女参与和平进程问题以及在联合国系统内及在区域和国家两级执行第1325（2000）号决议遇到的挑战。

77. 尽管这种做法在讨论的内容和时机方面具有临时性，但安全理事会为了解妇女和儿童的处境，在进行国家访问期间要求与妇女团体及其他民间社会组织会面，其中包括2010年对刚果民主共和国、2009年对卢旺达、刚果民主共和国和利比里亚以及2009年对海地进行访问期间。例如，在2009年访问刚果民主共和国期间，安理会要求包括司法部长在内的若干个人讨论该国政府为处理性暴力问题而采取的措施，其中包括零容忍政策。安理会成员前往基万加境内流离失所者营地，在那里与当地主管部门、境内流离失所者和联合国组织刚果民主共和国特派团见面。安全理事会成员还在戈马拯救非洲医院与性暴力幸存者见面（见S/2009/303）。

78. 对有关和平与安全的问题发表声明是对安理会收到的资料采取行动的主要方式。这些声明越来越多地解决了妇女的需求问题，但并不充分。例如，在2010年上半年期间，安全理事会主席发表15项声明，其中只有7项声明提及妇女境况和两性平等问题。安理会还在2010年上半年通过的28项决议的13项决议（46.4%）中讨论了有关妇女与和平与安全的问题。在一些情况下，安理会重申其关于妇女与和平与安全的第1325（2000）号、第1820（2008）号、第1888（2009）号和第1889（2009）号决议；在其他情况下，安理会将妇女与和平与安全问题与其他有关决议挂钩，例如关于保护人道主义和联合国人员的第1502（2003）号决议；关于在武装冲突中保护平民的第1674（2006）号和第1894（2009）号决议。此外，安理会成员在讨论中越来越多承认两性平等观点同安理会审议的其他专题问题间的相互关系，例如武装冲突中的儿童、保护平民、预防冲突、法治和过渡时期司法。

79.安全理事会强调，必须加强安保部门对妇女具体需求的及时回应。例如，安全理事会关于东帝汶局势的第1912（2010）号决议中明确列入这一授权。同样，安全理事会在其第1917（2010）号决议中延长联合国阿富汗援助团任务期限时，确认必须监测和协调保护平民工作，支持扩大人权、特别是妇女和儿童的权利。

80.安全理事会越来越多地在其他决议中包括对妇女与和平与安全问题的审议。例如，安理会在其关于刚果民主共和国的第1906（2009）号决议中要求所有武装团体、特别是解放卢旺达民主力量和上帝抵抗军立即停止针对刚果民主共和国平民的一切形式的暴力和侵犯人权行为，尤其是基于性别的暴力，包括强奸和其他形式的性虐待行为。安全理事会在其延长联合国海地稳定团任期的第1892（2009）号决议中严厉谴责严重侵害受武装暴力影响的儿童的行为，以及普遍存在的对妇女和女童的强奸和其他性虐待行为，并请联海稳定团和联合国国家工作队与该国政府密切合作，按照安全理事会第1325（2000）号、第1612（2005）号、第1820（2008）号、第1882（2009）号、第1888（2009）号和第1889（2009）号决议的规定，继续促进和保护妇女和儿童权利。关于科特迪瓦局势，安全理事会在其第1865（2009）号决议中呼吁科特迪瓦各方采取适当措施，防止发生一切形式的性暴力，并保护平民免受其害，除其他外，具体做法可包括执行适当军纪措施、坚持指挥责任原则以及对部队进行关于严禁一切形式性暴力的培训等。

81.各种因素制约了安全理事会就有关第1325（2000）号决议的资料采取

行动的能力，其中包括确保持久和平与安全需要会员国以及武装冲突各方作出承诺并主导决定。

82. 对秘书长在其关于第1325（2000）号决议执行情况的第一份报告（S/2002/1154）中所提建议进行了审查，发现在若干关键领域出现行动拖延，这可能反映了在就行动达成共识方面存在困难。这些建议包括在当时和现在都具有现实意义的若干项行动。如果会员国不能达成共识，在执行第1325（2000）号决议、特别是确保问责方面的进展就会受到限制。

83. 正在始终如一地落实建议采取的第一项行动，即"认识到武装冲突期间侵犯妇女和女孩人权的严重程度；并确保这一认识体现于所有和平支助行动的规划和实施中"，但在"通过对妇女和妇女组织进行正式和平进程培训等活动，确保妇女全面参与国家和国际一级的和平协议谈判"的工作尚未取得进展。

84. 同样，尚未完全落实秘书长在同一报告中向安全理事会提出的建议，即要求"有关和平行动的研究、评析和评估、监测和评价及报告所收集的所有数据有系统地按性别和年龄分列，提供关于妇女和女孩状况以及干预行动对其影响的具体数据"。这些数据对于执行第1889（2009）号决议要求的用来监测全球执行第1325（2000）号决议的情况指标至关重要。

85. 2010年4月27日，秘书长冲突中性暴力问题特别代表在安全理事会会议上发言时指出，"持续打击性暴力需要安理会不断审议。专题决议中的大胆用语绝不能在国家一级采取行动时打折扣"。

86. 对安全理事会的第二个制约是，缺乏一种既定方法，以确保在安理会议程每个相关项目中定期讨论与妇女与和平与安全有关的问题。

87.还有一种限制是，没有定期更新关于所关心的问题或关于违反妇女与和平与安全议程的资料，也没有商定对这些事项采取的一整套适当行动。

88.冲突中性暴力问题是安全理事会特别难以收到和处理资料的领域。安全理事会透过维持和平特派团以及媒体报道得到这些资料，刚果民主共和国有300多名平民，其中绝大多数为妇女和女童最近遭到强奸一事就是如此。虽然安理会谴责这些行径，但尚未采取更严厉的措施，如呼吁制裁和酌情追究有关会员国的责任。

89.安全理事会若要对第1325（2000）号决议执行情况发挥更大影响力，就应利用其能运用的所有手段来接收和处理资料。这些手段包括安全理事会访问团（其职权范围包括系统地讨论与妇女与和平与安全有关的问题）；民间社会的正式和非正式情况通报，其中包括"阿里亚办法"会议。安理会还可以酌情要求作出评估和（或）部署"专家组"，以评估国家在制止日益增多的针对平民暴力行为的能力，或在发生违反国际法行为、特别是性暴力和基于性别暴力时进行调查并建议采取行动。此外，还可以部署调查委员会，对违反国际法行为进行调查并建议采取行动。安理会还可以定期向媒体发表声明，提请关注与妇女与和平与安全有关的特定问题，以促进举行国家和国际讨论，凝聚行动势头。

关于妇女参与联合国特派团的数据

90.安全理事会一直呼吁秘书长任命更多妇女代表他从事斡旋工作，特别是担任特别代表和特使（见S/PRST/2008/39）。2008年，仅有1个维持和平特派团由1名女性特别代表担任团长，有7个维持和平特派团和政治特派团由女性担任副特别代表。2009年12月，有3个特派团由女性特别代表担任团长（中非建和办、联利特派团和联合国尼泊尔特派团），有8个维持和平特派团和政治特派团由女性担任副特别代表（联合国布隆迪综合办事处、联合国中非共和国和乍得特派团、联合国组织刚果民主共和国稳定特派团、联海稳定团、联合国伊拉克援助团、联合国黎巴嫩问题特别协调员、联利特派团和联合国苏丹特派团）。此外，有3名妇女被提名担任特使，另有5名妇女担任秘书长特别代表。

91. 目前，联合国警察有近13 000人，其中8%以上为妇女。2010年3月，秘书长任命1名瑞典女警官担任联合国警察最高官员。她的优先事项之一是，落实秘书长批准的"全球努力"，以期在2014年底以前将女性警官任职人数增至20%。2010年，妇女在部署参与维持和平的军事人员的总数中占3.2%。据维持和平行动部称，联合国外勤特派团专业职等国际文职人员的总人数为2 939人，其中29.5%是妇女。在D-1及以上职等，妇女任职人数占15.8%。

92. 2000年，仅向维持和平行动派出2名两性平等问题顾问（见S/2004/814，第31段）。此后，维持和平行动部和政治事务部部署了更多两性平等问题顾问，到2009年，向34个维持和平和政治特派团中13个特派团派遣了顾问。6个维持和平特派团设有两性平等问题协调人——负责所有两性平等问题及其他任务。这些顾问在确保将两性平等观点纳入特派团工作方面发挥着重要作用。

四　审查2008—2009年全系统行动计划的执行情况

背景

93. 安全理事会在其2004年10月28日主席声明（S/PRST/2004/40）中呼吁秘书长拟定关于执行第1325（2000）号决议的联合国全系统行动计划。

94. 两性平等问题和提高妇女地位问题特别顾问办公室同妇女与和平与安

全问题工作队一道，负责协调2005-2007年期间第一份联合国全系统行动计划的拟定工作。特别顾问办公室按照安全理事会的要求，对全系统行动计划执行工作进行了两次审查，在 2006 年和 2007 年秘书长向安全理事会提交的报告（S/2006/770 和 S/2007/567）中介绍了审查情况，并在此后决定加强2008—2009年全系统行动计划。

95.具体而言，建议对2008—2009年全系统行动计划重新构思，使之成为一个成果制规划、监测和报告工具。还呼吁采取以下具体行动：

（a）使用行动计划中所包含的信息，开发一个电子数据库知识和信息管理系统，以便联合国各实体能够通过该系统记录进展、最佳做法和吸取的经验教训；

（b）与妇女与和平与安全问题机构间工作队一道，开始编写新的、重点明确的行动计划（2008-2009 年），并将该计划作为制定全面考虑联合国系统内部协同效应的全面和协调一致战略的工具；

（c）在各级实施层面制订或加强问责框架和机制，特别是对总部和国家一级的高级管理者实行个人问责；

（d）使各实体负责人、秘书长特别代表及特使为将性别观点纳入政策和方案主流负责，并对全面执行第 1325（2000）号决议承担责任；

（e）明确阐述不同实体在执行决议中的作用和互补性；

（f）为衡量具体时间框架内的进展和成绩界定一套通用目标、全系统标准和指标；

（g）建立全面监测和报告程序，确保加强对履行所作承诺的问责。

96.特别顾问办公室与妇女与和平与安全问题工作队一道，通过利用咨询人的服务，拟定2008—2009年全系统行动计划以及报告模板。这就必须在32个实体的现有方案和项目范围内拟定框架，为2008—2009年期间规划活动调查，在现有机构间协调工作队的基础上更进一步。全系统行动计划尤其侧重各项活动的汇编和报告，而不是侧重对业绩和资源的有效使用作出评估。

97. 2008—2009年全系统行动计划的总体目标是，发展联合国和平支助、人道主义及冲突后重建行动的能力，以便能够支助会员国根据本国优先事项以及第1325（2000）号决议规定的两性平等国际准则和政策，努力加强国家能力，以在和平与安全领域实现两性平等和增强妇女力量。鉴于全系统行动计划按照设计把重点放在各项活动的汇编和报告而不是评估业绩和资源的有效使用上，因此，这一目标显然有可能过于宏大。

98.根据2007年10月23日安全理事会主席声明（S/PRST/2007/5）的授权，特别顾问办公室在2010年6月委托专人对2008—2009年全系统行动计划作出评价。评价该计划的依据是各实体对2010年1月特别顾问办公室关于提交最新材料的要求作出的答复，其中说明了第一次提交的文件（例如预算）中的漏洞、未执行任何已规划活动的理由、以及任何新的活动；与会员国、联合国实体、非政府组织、学术人士、研究人员及其他专家的约谈；查阅秘书长报告、安全理事会辩论、背景文献以及关于在国家一级执行决议所取得成果的文件，包括与国家行动计划有关的文件。

全系统行动计划的有效性

99.2008—2009年全系统行动计划一定程度上促进了协调联合国系统有关妇女与和平与安全的工作，为系统提供机会，在五个共同报告领域或支柱下取得成果。全系统行动计划的制订倚重联合国各实体收到的投入以及在一项规划文件中安排联合国各实体开展的近 1000 项活动的这一具有挑战性的任务。全系统行动计划鼓励联合国各实体提供数据基线，提出有必要确定和跟踪专门用于执行第 1325（2000）号决议的资源，强调必须将会员国、民间社会和联合国之间的努力联系起来。

100. 评价发现，就加强注重成果管理而言，全系统行动计划的运作比联合国系统的许多部门要好。联合国系统首次可以尝试大概评估主要工作的领域以及有关妇女与和平与安全问题的重点领域。但在评价中，如前所述，大部分答卷人指出，全系统行动计划只是一个活动清单，而不是一个旨在有效协调联合国系统有关第 1325（2000）号决议的工作的规划工具。此外，联合国各实体（五分之四）向全系统行动计划提交的大部分资料不完整，反映出为执行第 1325（2000）号决议而投入的时间和人力资源也许有限。

101. 如全系统行动计划主要是一种战略规划工具——这本身是一个极具挑战性的任务，则负责维护和协调工作的特别顾问办公室内的资源和人员配置编制是不足的。需进行高级别规划和报告，以便安排全系统行动计划所列的联合国就妇女与和平与安全开展的大量活动。我们面临的挑战是要提升这一进程，从报告进程提升到战略规划进程，但这些努力受到多重因素阻碍。主要是报告和监测机制存在局限，机构间的协作和协调非常复杂，牵涉到从事规范性和业务性任务工作的 32 个联合国实体，这就需要对充满后勤难题的协调、管理和监测进行投资。即使是资源配备良好、其工作人员具有战略规划专门知识的单位，也会发现将全系统行动计划转成战略计划工具充满挑战性。

102. 国家和区域办事处不断就创新办法、吸取的教训和持续的挑战提供信息，这本可极大地丰富全系统行动计划。目前的看法似乎认为全系统行动计划不是一个"活"文件。更重要的是，在对制订全系统行动计划进行更广泛协商时可能促使人们注意到其在执行第1325（2000）号决议方面作为安排和协调有关活动的工具存在设计的弱点。有必要建立适当的监测和报告框架，还要有明确的渠道与国家和区域办事处进行协调和沟通，这些是需要纠正的主要缺陷。

103. 全系统行动计划在执行和协调中面临若干问题。联合国系统对全系统行动计划的实施投入不足，这可能是由于没有查明其潜在的益处，因而导致取得的成就有限。两性平等问题和提高妇女地位问题特别顾问办公室内部以及妇女与和平与安全问题机构间工作队各组成实体均没有足够的人力资源从事全系统行动计划所列的各项活动。两性平等问题和提高妇女地位问题特别顾问办公室只有一名工作人员专门从事所有有关妇女与和平与安全的问题的工作。

104. 全系统行动计划在设计和制订方面也存在弱点。打算将该计划从项目一级转到方案一级，为此，已围绕五个专题领域即预防、保护、参与、救济和复原以及规范对其进行安排，在一个新项目条目模板中对其进行介绍。尽管要求联合国各实体报告数据，其中包括预期成果、指标、基准、跨部门主题以及甚至预算分配计划，但报告和提供的信息并不一致，从而限制了对这一信息进行系统分析的可能性。由于这一问题，加上整体缺乏方法对成果进行核实和建立系统绩效评估，因而全系统行动计划很难成为一个系统工具。

105. 全系统行动计划模板的格式并不鼓励协调，因为它注重各单个实体的工作。虽然模板中有注意伙伴关系的部分，但其格式不利于就联合工作或活动提出报告。答卷人还注意到工作队成员与为全系统行动计划提供信息的外地人员之间脱节的问题。

106. 由于这些原因，2008—2009 年全系统行动计划显然没有实现对联合国系统的许多举措进行协调的目标。它已成为一种更好整理各项活动的方式。尽管如此，几乎所有答卷人都赞成保留全系统行动计划。

107. 虽然全系统行动计划没有成功达成其既定目的，但却暴露了联合国系统在努力执行第 1325（2000）号决议方面各自为政。如果没有实施全系统行动计划，并对其进行评估，联合国系统可能没有手段来发现今后的实施工作急需建立一个更一致的框架。因此，全系统行动计划说明联合国有必要制订一个有更全面和一致的战略。

108. 将全系统行动计划转变成为战略规划工具，这需要进行重新设计和广泛协商，以确定相关的投入和模板。同时需要适当的专门知识，以确保解决现行全系统行动计划存在的设计弱点。各实体方面也需要作出承诺，不仅提供有关计划采取的活动的信息，而且也以有关其成果的客观评估更新内容。还应考虑到在规划和制订以往的全系统行动计划过程中已查明的经验教训和最佳做法。

109. 此外，如新的全系统行动计划要在国家一级产生影响，就有必要在计划的设计、方向、目的和内容方面让国家和区域办事处进行更多反复规划和协商。一些实体的规划工作是在国家一级进行的，因此，也许可以通过联合国国家工作队和联合国发展援助框架推行规划和报告工作。答卷人指出，如能切实了解就如何解释和执行第 1325（2000）号决议开展的全球活动和政策方向，将对国家一级工作人员大有裨益。同样，应以国家一级就创新办法、吸取的教训和持续的挑战提出的报告所提供的信息丰富订正计划。

110. 任何新形式的全系统行动计划也应遵循技术性做法，以确定需要在业务和规范上注意的短期和长期目标。应效法一直以来有效的方法和办法。还有必要确定，在未来十年，目前采用的专题领域是否仍有效，并根据一系列商定目标和优先事项对全系统行动计划进行更好的调整。还需将全系统行动计划与有关指标的工作成果密切联系起来，这方面的情况见本报告下一节即第五节的内容。

五 关于执行第1325（2000）号决议方面的指标

背景

111. 安全理事会在2009年举行公开辩论期间通过了关于妇女与和平与安全的第1889（2009）号决议，呼吁制订指标衡量执行第1325（2000）号决议取得的进展。因此秘书长于2010年4月6日向安理会提交了报告（S/2010/173），供其审议。机构间的技术性工作以及会员国与民间社会的协商进程最终促使编写这一报告。秘书长在该报告中提出供全球采用的26项指标，以追踪第1325（2000）号决议的执行情况。

112. 安全理事会在2010年4月27日举行关于妇女与和平与安全的公开辩论期间注意到秘书长报告所载的各项指标，并请他继续与安理会磋商，同时考虑到包括广大会员国在内其他利益攸关方表达的意见，进一步制订指标，并将一整套指标以及根据联合国系统内各项指标及实施这些指标的时间表制订的载有作用和责任的工作方案纳入本报告（见S/PRST/2010/8）。

磋商进程

113. 2010 年 5 月至 7 月，与各区域集团和单个会员国进行数次磋商，以便听取他们的意见，为进一步制订各项指标提供指导。还与安全理事会的专家定期举行磋商。总的来说，会员国的关切和投入涉及这些指标是否适用于非冲突情况的问题；会员国有责任填补指标；有必要解决质量及数量指标的问题；有必要确保第 1325（2000）号决议的所有方面得到解决。此外，许多会员国对一些具体指标表示关切，并要求进一步澄清其概念基础。

114. 第 1325（2000）号决议全球指标问题技术工作组对 26 项指标进行了技术审查和制订，这项工作由两性平等问题和提高妇女地位问题特别顾问办公室和妇发基金进行协调。

全套指标

115. 本报告附件 1 所载的一套指标是技术制订和咨询进程产生的最后一套指标。订正指标更清楚地反映出所涉变量的定义和说明。有些指标的范围已缩小或简化，以提高其可衡量性。

116. 就其适用性而言，虽然多数指标具体涉及武装冲突局势，但许多指标适用于各种情况，可以用来及早发现武装冲突局势中针对性别的关切问题，并指导联合国监测执行第 1325（2000）号决议所取得的进展方面的工作。

117. 已提供随附的说明和特殊考虑因素。此外，附件最后四栏还尝试将这些指标与安全理事会关于妇女与和平与安全的其他决议即 1820（2008）、1888（2009）和 1889（2009）的有关段落挂钩。要解决的特定情况问题列入第四栏。

118. 订正指标中有三分之一是质量方面的，并将以系统报告参数为依据，主要是借鉴现有的公开文件。另有三分之一的指标是数量方面的，以QN表示，主要来自具体的报告（和平进程、区域组织的妇女，还有培训和补偿等具体的方案活动）。其余指标将利用现有系统提供的信息（千年发展目标数据库、有性别标记的财务跟踪系统以及司法和安全部门的妇女）。有两个指标会以调查为依据。

119. 鉴于指标的技术制订工作时间有限，且这一工作相当复杂，因而需进一步注意工作的方方面面，如所有指标需有以下方面：

（a）有待联合国主管实体（单一或众多）制订数据收集和整理的方法；

（b）核查所有数据的手段；

（c）报告模板。这些模板需考虑并处理具体类型的指标（即数量、质量方面）、其信息来源（即公开的文件、现有的数据库、所要求的具体数据）以及在质量指标的情况下分析的具体类别。

120. 至于可能的时间表方面，各项指标的制订需有以下方面：

（a）制订方法、拟订数据收集和分析指南以及商定报告模板的准备期。这一期间预计将持续12至18个月的时间，以便联合国各实体报告各项指标。有两种例外的情况：关于性暴力行为模式的指标1（b），这些模式与目前已在为安全理事会第1888（2009）号决议拟订的报告程序挂钩；关于两性平等问题经费的指标24，与实施性别标记系统挂钩。由会员国报告的指标的准备工作将大约在1年后开始，以便在国家一级进行足够的准备，联合国可根据需要提供援助。一旦启动，预计准备期至少需要12个月。基于调查的指标是例外，需要 36 至 48 个月的较长准备期。

（b）拟订数据收集程序期。将在有过去数据的基础上，为各项指标制订基线。这期间预计可持续大至 24 个月的时间。在此期间，必须视需要向会员国提供支助，并视需要与国家统计局和联合国统计委员会接触。

121. 根据这一实施计划，18 项指标可在 18 个月内备好提出报告。如资源允许，除基于调查的两项指标之外，整套指标可以在 36 个月内全面运作。

作用和责任

122. 有人提议拟议的 20 项指标由联合国系统提出报告。具体实体已承诺收集基线，在技术和人力资源允许的情况下，每年对照这些指标报告有关进展。有人提议其他指标主要由会员国提出报告。

123. 提供数据投入的责任分为以下四组：

联合国实体：

（a）总部一级专门单位的个别报告。各项指标的数据收集／整理方法将各有不同，并可能包括外地办事处提交的报告或现有文件的分析；

（b）集中报告财务跟踪系统中性别标记的实施情况。指标 23 和 24 将以实施性别标记程序的现有财务跟踪系统为依据。各报告实体将在实施现有性别标记系统的基础上界定数据收集的方法；

（c）有关具体外地方案的个别报告或联合报告。这些指标将以联合国各实体管理的方案和项目的资料为依据，特别是在尽早／速效经济复苏、补偿以及解除武装、复员和重返社会程序领域［指标 18 和 26（a）和（b）］。资料既可由国家一级的机构间协调小组联合提出报告，也可由总部一级联合国各实体办事处利用其自己的外地办事处提供的投入提出报告。

会员国：

（d）各特派团会要求会员国自愿提供投入［指标1（a）、5（b）、14、15、16、17、19、20）］。将与会员国协商制定拟议报告和随附指南模板。联合国有关实体将提供技术和财政支助，包括在可能的情况下应要求向会员国提供能力建设。有两项指标需建立调查工具［1（a）和14］，因此需要提供特定技术和财政支助。

124. 显然，将迫切需要有一个协调中心来协调和报告联合国各实体和会员国提供的指标。新设立的联合国促进两性平等和妇女赋权实体（妇女署）无疑会在这方面发挥主要作用。

六 结论和建议

125. 本报告清楚地表明，自第1325（2000）号决议获得通过以来，联合国系统、会员国、民间社会及其他行为体作出显著的努力，在一系列广泛领域大量的活动。

126. 审查特别表明，妇女日益参与决策作用和维持和平行动；大量妇女获任为秘书长特别代表和秘书长副特别代表；性别问题已成为特派团规划、报告和评估的一个更重要的特点；已制订了冲突后规划框架和工具；提高认识更加注重解决武装冲突中的性暴力问题。特别是民间社会组织在将重要问题列入发展议程以及为冲突地区的女性调解人提供直接支持方面发挥关键作用。然而，这些领域取得的进展并不总是一致的。

127. 制约实施的主要因素就是缺乏一个协调一致的办法，有一个具有具体目标和指标的明确框架提供指导，并有一套有意义的指标的支持，跟踪进展情况。虽然已制订一个全系统行动计划，使联合国有关妇女与安全与和平的工作更加协调一致，但全系统行动计划的执行情况并没有达到期望。因此，需建立一个总体框架，以确定全系统的战略优先事项，并确保协调一致。

128. 实施中存在的另一个制约因素涉及安全理事会收到资料和根据资料采取行动的过程。这一过程应该更加系统化，且必须与妇女组织以及在武装冲突局势中各种犯罪和侵犯人权行为的幸存者进行定期协商。

129. 需不断给予关注和支持，以确保妇女在和平进程的所有阶段中进行有意义的参与，并将性别观点纳入司法和安全部门改革、解除武装、复员和重返社会进程和经济复苏。必须消除导致将妇女排斥在建设和平进程之外的普遍成见。

130. 鉴于挑战的紧迫性和需要克服艰难的障碍，安全理事会不妨考虑采取一系列举措和干预措施，以确保更有效地执行第 1325（2000）号决议。

131. 特别是安全理事会不妨：

（a）请秘书长在提交给安理会的下一份年度报告中提供一个由一套商定目标、具体目标和指标组成的单一全面框架，以指导在下一个十年执行该决议。在这方面，安理会可以每隔五年召开一次部长级审查会议或首脑会议：(1)评估全球、区域和国家各级在落实各项目标和实现各项具体目标的进展情况；(2)重申各项承诺；(3)消除执行中出现的各种障碍和制约因素。将在以下基础上建立该框架：本报告所提出的一整套指标、2010 年 4 月 6 日秘书长的报告（S/2010/173）所载各项有关商定目标、秘书长即将提交的关于妇女参与建设和平的报告的七点行动计划以及第1820（2008）和第1888（2009）号决议所包括的其他任何类似工作的产出；

（b）认可本报告附件所载的指标，用作供拟订该框架用的初步清单，并作为全面监测第1325（2000）号决议在全球和国家两级的执行情况的一部分；

（c）请秘书长按照本报告第120段的要求拟定数据收集和分析导则以及报告模板，并在2011年向安理会提交的年度报告中报告这一进程的成果；

（d）通过并开始使用报告所载指标，以作为安理会在全球和国家两级对涉及妇女与和平与安全的问题进行审查、分析和干预的基础；

（e）在以下各项决议涉及的所有问题中发挥领导作用：第1325（2000）号、第1820（2008）号、第1888（2009）号和第1889（2009）号决议，以确保这些问题在安理会的议程中得到充分和一致的反映，并纳入其中；

（f）敦促会员国在定期向安理会报告执行第1325（2000）号决议的进展情况时酌情采用本报告所载各项指标；

（g）呼吁尚未这样做的所有会员国通过有关执行第1325（2000）号决议的国家行动计划或战略，同时利用本报告附件中所载的一套指标；

（h）再次请秘书长确保他提交给安理会的所有国家和专题报告谈及涉及妇女与和平与安全的问题；并要求这些报告酌情采用本报告提出的全套指标；

（i）设立一个专门工作组，根据秘书长的年度报告，审查第1325（2000）号决议的执行进展情况，并就如何解决缺陷和挑战以及加快决议执行进展向安理会提出建议。

132. 请秘书长特别代表们酌情提请非国家行为体注意第 1325（2000）号决议及安理会其他任何有关决定的规定，以便它们采取适当的后续行动。

133. 安全理事会不妨指示，应根据国家法律、国际法和国际人道主义法，对在冲突和冲突后局势中虐待妇女和女童并侵犯她们的人权的人（包括指使者）绳之以法。安理会本身应保持警觉，坚持不懈地对肇事者及其支持者施加压力。

134. 秘书长再次承诺支持加速全面执行第 1325（2000）号决议，特别是要确保包括新设立的联合国促进两性平等和增强妇女权能署（妇女署）在内整个联合国系统，以协调、简练和有效的方式履行其职责和任务，从而实现这一目标。

参考文献

【中文文献】

《安理会2242号决议："妇女、和平与安全"升级版》，http://fj.people.com.cn/fjnql/big5/
n/2015/1027/c3 71218-26935060.html。

《安理会举行公开辩论，潘基文呼吁应对极端暴力团体的大规模性暴力行为》，https://news.
un.org/zh/ story/2016/06/257952。

《安理会通过决议 呼吁发挥妇女在重建和平中作用》，http://www.china.com.cn/news/
txt/2009-10/06/ content_18657610.htm。

《暴力对待妇女行为的全球及区域概况：伴侣暴力和非伴侣性暴力的现状及其健康影响》，
https://apps.who.int/iris/bitstream/handle/10665/85241/WHO_RHR_HRP_13.06_chi.pdf?sequence=4。

《波斯尼亚和黑塞哥维那》，https://www.un.org/sexualviolenceinconflict/countries/bosnia-and-
herzegovina/。

《冲突中的性暴力——秘书长的报告》，https://digitallibrary.un.org/record/768129?ln=zh。

《冲突中的性暴力——秘书长的报告》，https://digitallibrary.un.org/record/790993?ln=zh。

《冲突中的性暴力——秘书长的报告》，https://digitallibrary.un.org/record/745567?ln=zh。

《冲突中的性暴力——秘书长的报告》，https://digitallibrary.un.org/record/3799661?ln=zh。

《促进妇女、和平与安全》，https://peacekeeping.un.org/zh/promoting-women-peace-and-security。

《第三次世界妇女代表大会报告》，https://digitallibrary.un.org/record/113822/files/A_CONF-
116_28_Rev-1-ZH.pdf。

第四次世界妇女大会《北京宣言》与《行动纲领》，https://digitallibrary.un.org/
record/250039/files/A_CONF-177_20_Rev-1-ZH.pdf。

《第一次世界妇女代表大会报告》，https://digitallibrary.un.org/record/586225/files/E_
CONF.66_34-ZH.pdf。

《防止性剥削和性虐待特别措施——秘书长的报告》,https://digitallibrary.un.org/record/1476262?ln=zh。

《妇女、和平与安全》, https://dppa.un.org/zh/women-peace-and-security。

《关于第 1325（2000）号决议执行情况的全球研究》,https://www.peacewomen.org/sites/default/files/UNW-GLOBAL-STUDY-1325-2015%20.pdf, p.30。

《关于和平纲领的秘书长报告》, A/47/277-S/2411, https://undocs.org/zh/A/47/277。

《关于联合国向非联合国安全部队提供支持的人权尽职政策》,https://digitallibrary.un.org/record/745567? ln=zh。

《关于秘书长特别代表办公室》,https://www.un.org/sexualviolenceinconflict/about-us/about-the-office/。

《关于特别代表》, https://www.un.org/sexualviolenceinconflict/about-us/about-the-srsg/。

《90国参与安理会冲突中性暴力问题辩论　性暴力作为战争策略和受害者照顾问题备受关注》, https:// news.un.org/zh/story/2019/04/1032961。

《国际刑事法院罗马规约》,https://www.un.org/chinese/law/icc/index.html。

《和平文化宣言和行动纲领》, A/RES/53/243, https://digitallibrary.un.org/record/285677/files/A_RES_53_243-ZH.pdf。

《和平行动问题高级别独立小组的报告》, A/70/95-S/2015/446, https://www.un.org/en/ga/search/view_doc.asp?symbol=S/2015/446&Lang=C。

《建设和平基金关于性别标记评分的指导说明》, https://www.un.org/peacebuilding/sites/www.un.org.peacebuilding/files/documents/pbf_guidance_note_on_gender_marker_scoring_2019.pdf。

《建设和平架构审查专家咨询小组的报告》, A/69/968-S/2015/490, https://digitallibrary.un.org/record/798480/files/A_69_968_S_2015_490-ZH.pdf。

康焕华：《联合国妇女、和平与安全议程面临的挑战与对策》,《中国妇女报》2018年10月23日第5版。

李东燕：《联合国的安全观与非传统安全》,《世界经济与政治》2004年第8期。

李东燕：《联合国与国际和平与安全的维护》,《世界经济与政治》2015年第4期。

李凌霄、任然：《妇女是促进和平与稳定的关键资源》,《中国妇女报》2016年1月20日第A03版。

李英桃：《安理会1325号决议：应对妇女、和平与安全问题的里程碑》,《中国妇女报》2015年8月25日。

李英桃、金岳嵘:《妇女、和平与安全议程—联合国安理会第1325号决议的发展与执行》,《世界经济与政治》2016年第2期。

李英桃:《在不确定的世界中推进性别平等—联合国妇女地位委员会第63届会议综论》,《妇女研究论丛》2019第3期。

联合国安理会:《第1820（2008）号决议》, S/RES/1820(2008), http://documents-dds-ny.un.org/doc/UNDOC/GEN/N08391141/PDF/N0839144.pdf? OpenElement。

联合国安理会:《第2122（2013）号决议》, S/RES/2122(2013), https://undocs.org/s/res/2122(2013)。

联合国安理会:《第2129（2013）号决议》, S/RES/2129(2013), https://undocs.org/ch/S/RES/2129(2013)。

联合国安理会:《第2178（2014）号决议》, S/RES/2178(2014), https://undocs.org/ch/S/RES/2178(2014)。

联合国安理会:《第2282（2016）号决议》, S/RES/2282, https://digitallibrary.un.org/record/827390/files/S_RES_2282%282016%29-ZH.pdf。

联合国安理会:《第2467（2019）号决议》, S/RES/2467(2019), http://undocs.org/zh/S/RES/2467(*2019)。

联合国安理会:《第1889（2009）号决议》, S/RES/1889(2009), http://documents-dds-ny.un.org/doc/UNDOC/GEN/N09/542/55/PDF/N0954255.pdf? OpenElement。

联合国安理会:《第1325（2000）号决议》, S/RES/1325(2000), http://www.un.org/zh/S/RES/1325(2000)。

联合国安理会:《第1208（1998）号决议》, S/RES/1208(2008), 1998年12月19日, https://digitallibrary.un.org/record/264279/files/S_RES_1208%281998%29-ZH.pdf。

联合国安理会第1325号决议投票结果, https://digitallibrary.un.org/record/426131?ln=en。

联合国安理会:《1960号决议的执行》, https://www.un.org/sexualviolenceinconflict/wp-content/uploads/resolution/resolution-1960-2010/Resolution-1960-2010-zh.pdf。

《联合国安理会呼吁加大妇女在和平进程中的参与度》, https://www.chinacourt.org/article/detail/2019/10/ id/4600171.shtml。

联合国安理会:《秘书长关于冲突结束后立即建设和平的报告》, http://undocs.org/zh/A/63/881。

联合国安理会:《2015年6月29日联合国建设和平架构审查咨询专家组主席给大会主席

和安全理事会主席的同文信》，https://undocs.org/ch/S/2015/490。

《联合国安理会要求加强保护武装冲突地区妇女和儿童》,http://www.dzsm.com/showarticle.asp?id=23622。

《联合国反恐局呼吁让妇女在反恐中发挥更大作用》，https://www.chinanews.com/gj/2015/09-10/7516023.shtml。

联合国妇女署：《和妮可·基德曼一起消除暴力》，https://mp.weixin.qq.com/s/NGcAqRlftAsYIFu3_wqsyg。

《联合国关于协调人在停火及和平协定中处理与冲突有关的性暴力问题指南》，https://peacemaker.un.org/sites/peacemaker.un.org/files/GuidanceAdressingConflictRelatedSexualViolence_UNDPA%28Chinese%29.pdf。

《联合国和平行动的未来：执行和平行动问题高级别独立小组的各项建议》，https://undocs.org/ch/S/2015/682。

《联合国呼吁阿富汗提高女性的选举参与度》，https://www.sohu.com/a/206004192_267106。

联合国：《建设和平委员会第三届会议报告》，https://www.refworld.org.ru/cgi-bin/texis/vtx/rwmain/opendocpdf.pdf?reldoc=y&docid=4ab2081b2。

《联合国警察》，https://peacekeeping.un.org/zh/un-police。

联合国开发计划署：《人类发展报告》，http://hdr.undp.org/sites/default/files/reports/255/hdr_1994_en_complete_nostats.pdf。

联合国开发计划署：《人类发展报告》，http://hdr.undp.org/sites/default/files/reports/222/hdr_1993_en_complete_nostats.pdf。

联合国前南斯拉夫问题国际刑事法庭官方网站（2016），http://www.icty.org/sid/10586。

《联合国全球反恐战略审查》，A/RES/68/276，https://undocs.org/ch/A/RES/68/276。

《联合国为解决与冲突有关的性暴力而采取的主要举措》,https://www.un.org/sexualviolenceinconflict/current-trends-and-emerging-co。

《联合国维持和平行动特别委员会的报告（2010年实质性会议大会正式记录第六十四届会议补编第19号）》（A/64/19）,https://digitallibrary.un.org/record/681936?ln=zh_CN。

《联合国维和——与冲突有关的性暴力》,https://peacekeeping.un.org/zh/conflict-related-sexual-violence。

联合国新闻：《对性剥削和性虐待行为"零容忍" 联合国支持"维和婴儿"寻求身份权益》，https://news.un.org/zh/story/2020/04/1053182。

联合国新闻：《关注新冠疫情下妇女与儿童的福祉—访联合国儿基会项目卫生司负责人吕薇》，https://news.un.org/zh/story/2020/03/1053002。

联合国新闻：《联合国在行动：性暴力幸存者塔蒂亚娜的故事》，http://www.chinadevelopmentbrief.org.cn/news-24425.html。

《联合国政治事务部关于性别平等和包容性调解战略的指南》，https://peacemaker.un.org/sites/peacemaker.un.org/files/DPA_GenderMediation-Guidance_2017%28CH%29.pdf。

刘成：《和平学视域下的性别平等权》，《西南政法大学学报》2018年第4期。

[美] 罗伯特·基欧汉、约瑟夫·奈：《权力与相互依赖》，门洪华译，北京大学出版社，2002。

秘书长冲突中性暴力问题特别代表办公室：《特别代表办公室情况介绍》，https://www.un.org/sexualviolenceinconflict/about-us/about-the-office/。

《秘书长关于妇女参与建设和平的报告》，A/65/354–S/2010/466，https://digitallibrary.un.org/record/691385/files/A_65_354_S_2010_466-ZH.pdf。

《秘书长关于妇女、和平与安全的报告》，S/2018/900，https://digitallibrary.un.org/record/1648965/files/S_2018_900-ZH.pdf。

《秘书长关于妇女、和平与安全的报告》，S/2018/900，https://digitallibrary.un.org/record/1648965/files/S_2018_900-ZH.pdf。

《秘书长关于妇女、和平与安全的报告》，S/2010/498，https://digitallibrary.un.org/record/691952/files/S_2010_498-ZH.pdf。

《秘书长关于妇女、和平与安全的报告》，S/2018/900，https://digitallibrary.un.org/record/1648965/files/S_2018_900-ZH.pdf。

《秘书长关于妇女、和平与安全的报告》，S/2009/465，https://digitallibrary.un.org/record/665996/files/S_2009_465-ZH.pdf。

《秘书长关于妇女、和平与安全的报告》，S/2009/465，https://digitallibrary.un.org/record/665996/files/S_2009_465-ZH.pdf。

《秘书长关于妇女、和平与安全的报告》，S/2002/1154，https://www.un.org/womenwatch/osagi/wps/sg2002.htm#S/2002/1154。

《秘书长关于提高联合国系统中妇女的地位的报告》，A/72/220，https://digitallibrary.un.org/record/1301303/files/A_72_220-ZH.pdf。

《秘书长关于提高秘书处妇女地位的报告》，A/49/587，https://digitallibrary.un.org/

record/168370/files/A_49_587-ZH.pdf。

《秘书长关于武装冲突中保护平民问题给安全理事会的报告》，S/1999/957，https://digitallibrary.un.org/record/279462/files/S_1999_957-ZH.pdf。

okfine资讯：《联合国妇女署将区块链技术用于人道主义援助》，https://liancaijing.com/202469.html。

《普拉米拉·帕滕：冲突中的性暴力问题秘书长特别代表》,https://static.un.org/sg/zh/content/profiles/ pramila-patten。

《全球峰会—终结冲突中性暴力的难得机遇》,https://www.ohchr.org/CH/NewsEvents/Pages/EndSexualViolenceInConflict.aspx。

《全系统性别均等战略》，https://www.un.org/gender/sites/www.un.org.gender/files/system-wide_gender_parity_strategy_c.pdf。

《确保可持续发展议程不落下任何一个与冲突有关的性暴力幸存者》,https://www.un.org/zh/chronicle/ article/20495。

《日内瓦公约》及其《附加议定书》, https://www.icrc.org/zh/document/geneva-conventions-1949-additional-protocols。

《审查联合国全系统性别平等和增强妇女权能行动计划》,https://www.unjiu.org/sites/www.unjiu.org/files/jiu_rep_2019_2_chinese.pdf。

师凤莲：《社会性别视角下当代中国女性政治参与问题研究》，博士学位论文，山东大学，2010。

《世卫组织发布用以帮助各国应对性暴力的工具包》,https://www.who.int/zh/news-room/detail/25-11-2015-who-launches-toolkit-to-help-countries-respond-to-sexual-violence。

谭伟恩：《女性主义视野下的国际安全》，《国际关系学报》2007年第1期。

王可菊：《国际人道主义法及其实施》，社会科学文献出版社，2004 。

王天禹、李英桃：《从承诺到行动：加快推进妇女、和平与安全议程—聚焦联合国安理会第8382次会议》，《中国妇女报》2018年10月30日第5版。

《武器贸易条约草案》, https://digitallibrary.un.org/record/792896?ln=zh。

《消除冲突中性暴力行为国际日》,https://www.un.org/zh/events/elimination-of-sexual-violence-in-conflict/background.shtml。

《消除冲突中性暴力行为国际日：6月19日》,https://www.un.org/zh/events/elimination-of-sexual-violence-in-conflict/un-action.shtml。

"消除冲突中性暴力行为国际日：6月19日"，https://www.un.org/zh/events/elimination-of-sexual-violence-in-conflict/index.shtml。

《消除冲突中性暴力行为：联合国强调以幸存者为本》,https://news.un.org/zh/story/2019/06/1036561。

《消除对妇女的暴力行为宣言》，A/RES/48/104，https://www.un.org/zh/documents/treaty/files/A-RES-48-104.shtml。

《消除对妇女一切形式歧视公约》，A/RES/34/180，https://undocs.org/pdf? symbol=zh/A/RES/34/180. shtml。

[美]亚历山大·温特：《国际政治的社会理论》，秦亚青译，北京大学出版社，2005。

[美]亚历山大·温特：《国际政治的社会理论》，秦亚青译，上海人民出版社，2000。

《以行动促维和》,https://peacekeeping.un.org/zh/action-for-peacekeeping-a4p。

《与冲突有关的性暴力》，https://peacekeeping.un.org/zh/conflict-related-sexual-violence。

《与冲突有关的性暴力：秘书长的报告》,https://digitallibrary.un.org/record/719758。

《预防冲突、转化司法、实现和平：落实联合国安全理事会第1325号决议的全球研究报告》，https://www.peacewomen.org/sites/default/files/UNW-GLOBAL-STUDY-1325-2015%20.pdf, p.143。

《在非常状态和武装冲突中保护妇女和儿童宣言》，A/RES/3318，https://digitallibrary.un.org/record/191406/files/A_RES_3318%28XXIX%29-ZH.pdf。

《在建设和平委员会主持的以"妇女，和平与安全"为主题的大使级别会议，联合国秘书长政策高级顾问Menendez女士的评价》，2019年10月22日，https://www.un.org/peacebuilding/sites/www.un.org.peacebuilding/files/documents/pbc-wps-102119-summary_final.docx。

《在利比里亚抵制性暴力和基于性别的暴力》，https://www.who.int/features/2012/psychosocial_support_liberia/zh/。

《增强妇女经济权能促进建设和平》，https://undocs.org/ch/PBC/7/OC/L.1。

《针对妇女的暴力行为》，https://www.who.int/zh/news-room/fact-sheets/detail/violence-against-women。

《针对妇女的暴力行为：卫生部门的应对措施》,https://apps.who.int/iris/bitstream/handle/10665/82753/WHO_NMH_VIP_PVL_13.1_chi.pdf;jsessionid=64BFEB9BE16F36913656007F6735E83D?sequence=10。

宗洁：《联合国提高妇女地位的宗旨和机制》(下)，《中国妇运》2011年第12期。

【外文文献】

Allison M. Jaggar：《全球化对妇女 "Good" 吗？ 》，https://ptext.nju.edu.cn/ba/c6/c13430a244422/page.htm.

Anne-Marie Goetz, "Sexual Violence in Conflict as a War Tactic – Security Council Resolution 18888: Next Steps," https://www.un.org/en/chronicle/article/sexual-violence-war-tactic-security-council-resolution-1888-next-steps.

"A World Against Violence and Violent Extremism: Resolution Adopted by the General Assembly，" https://digitallibrary.un.org/record/765945?ln=en.

"CTED/UN-Women Research Symposium," https://www.un.org/sc/ctc/wp-content/uploads/2018/08/Summary-report_final.pdf。

Daniela-Anca Deteseanu, "La Protection des Femmes en Temps de Conflits Armés," in La Protection des Personnes Vuln開ables en Temps de Conflit Arm? Bruxelles : édition Bruylant, collection Magna carta, 2010.

DesirInternational Interactions: Empirical and Theoretical Research in International Relations,

"Dpko Department of Peacekeeping Operations," http://peacewomen.org/content/dpko-department-peacekeeping-operations.

Dutch Gender Platform，http://www.wo-man.nl。

Galtung, Johan，"Violence, Peace, and Peace Research，" Journal of Peace Research, Vol. 6,. No 3, 1969.

"Gender Mainstreaming," https://www.unwomen.org/en/how-we-work/un-system-coordination/gender-mainstreaming.

Hill, Felicity, et al., "Nongovernmental Organizations' Role in the Buildup and Implementation of Security Council Resolution 1325," Signs, Vol. 28, No. 4, 2003.

IANWGE Standing Committee on Women, Peace and Security, https://www.un.org/womenwatch/ianwge/task forces/tfwpsecurity.htm.

Implementation of Security Council Resolution 2231(2015), https://www.un.org/securitycouncil/content/reports-submitted-transmitted-secretary-general-security-council-2015，最后访问日期：2020年2月20日。

Karen J.Warren, and Duane L. Cady，"Feminism and Peace: Seeing Connections，" Hypatia, Vol. 9, No. 2, 1994.

"Member States," https://www.peacewomen.org/member-states.

Peacebuilding Commission's Gender Strategy，https://www.un.org/peacebuilding/sites/www. un.org.peacebuilding/files/documents/07092016-_pbc_gender_strategy_final_1.pdf。

"Plan of Action to Prevent Violent Extremism: report of the Secretary-General，" https://digitallibrary.un.org/record/816212?ln=en.

"Preventing Violent Extremism，" https://asiapacific.unwomen.org/en/focus-areas/peace-and-security/preventing-violent-extremism.

"Report of the Secretary-General on the Threat Posed by ISIL（Da'esh）to International Peace and Security and the Range of United Nations Efforts in Support of Member States in Countering the Threat，" https://digitallibrary.un.org/record/818744?ln=en.

"Report of the Secretary-General on Women and Peace and Security 2017，" https://digitallibrary. un.org/record/1310559?ln=en。

"Report of the Secretary-General on Women and Peace and Security 2013，" https://digitallibrary. un.org/record/758633?ln=en.

"Report of the Secretary-General on Women and Peace and Security 2016，" https://digitallibrary. un.org/record/845446?ln=en。

"Report of the Secretary-General on Women and Peace and Security 2015，" https://digitallibrary.un.org/record/806086?ln=en.

"Report of the Secretary-General on Women and Peace and Security 2018，" https://digitallibrary. un.org/record/1648965?ln=en。

Sara E. Davies and Jacqui True, *The oxford handbook of women, peace, and security,* New York: Oxford University Press, 2019.

Secretary-General Peacebuilding Fund's Gender and Youth Promotion Initiative，http://ekois. net/wp-content/uploads/2018/05/PBF-GYPI-2018-Call-for-Applications-and-Guidance-Note_ENGLISH_FINAL_MA....pdf，最后访问日期：2020年4月20日。

Secretary-General Peaceuilding Fund(PBF) Strategic Plan 2017—2019，https://www.un.org/peacebuilding/sites/www.un.org.peacebuilding/files/documents/pbf_sp_2017-19_final_180327. pdf，最后访问日期：2020年4月20日。

"The United Nations Mine Action Strategy 2019-2023," https://mineaction.org/sites/default/ files/publications/un_mine_action_strategy_2019-2023_lr.pdf.

Tia Palermo and Amber Peterman, "Undercounting, Overcounting and the Longevity of Flawed Estimates: Statistics on Sexual Violence in Conflict," Bull World Health Organ, Vol.89, No.12, 2011.

UK Government, "113 Countries Pledge Action to End Sexual Violence in Conflict," https://www. gov.uk/government/news/113-countries-pledge-action-to-end-sexual-violence-in-conflict-timetoact.

UN, "Conflict-Related Sexual Violence: Report of the Secretary-General," https://digitallibrary. un.org/record/719758?ln=zh_CN.

UNDP, Human Development Report 1994, http://hdr.undp.org/en/content/human-development-report-1994, 最后访问日期: 2020年8月18日。

UNDP, Human Development Report 1993, http://hdr.undp.org/en/reports/global/hdr 1993, 最后访问日期: 2020年8月18日。

United States Institute of Peace, "Sexual Violence in Conflict: One Year After UN Resolution 1820," https://www.usip.org/events/sexual-violence-conflict-one-year-after-un-resolution-1820。

UN, "Report of the Secretary-General on the Implementation of Security Council Resolutions 1820（2008）and 1888（2009），" https://digitallibrary.un.org/record/694481?ln=zh_CN.

UN, "Report of the Secretary-General Pursuant to Security Council Resolution 1820（2008），" https://digitallibrary.un.org/record/660913?ln=zh_CN.

UN, "Sexual Violence in Conflict: Report of the Secretary-General," https://digitallibrary.un.org/record/747022?ln=zh_CN.

《冲突中的性暴力——秘书长的报告》, https://digitallibrary.un.org/record/827554?ln=zh。

《冲突中的性暴力——秘书长的报告》, https://digitallibrary.un.org/record/1298526?ln=zh。

《冲突中的性暴力——秘书长的报告》, https://digitallibrary.un.org/record/1482258?ln=zh。

联合国安理会:《第2242（2015）号决议》, S/RES/2242(2015),, https://digitallibrary.un.org/record/807245?ln=en。

联合国安理会:《第2331（2016）号决议》, S/RES/2331(2016), https://undocs.org/ch/S/RES/2331(2016)。

《联合国反对冲突中的性暴力行动》, https://www.un.org/sexualviolenceinconflict/about-us/un-action/。

《2010年联合国秘书长关于妇女参与建设和平的报告》(A/65/354-S/2010/466), https://digitallibrary.un. org/re cord/691385?ln=zh_CN。

索　引

* 以索引项拼音顺序排列。
*外国人名以其汉译姓氏确定索引项。

后　记

妇女是人类文明的开创者、社会进步的推动者，在各行各业做出了不平凡的成就。在本书写作过程中，中国正处于抗击新冠肺炎疫情的关键时刻，中国各地驰援武汉的4万余名医护工作者中，2/3是女性，成千上万的女性在这场没有硝烟的战役中英勇战斗，换来山河无恙。

2020年恰逢纪念北京世界妇女大会召开25周年，在这样的特殊时期，参与李英桃教授主持的"妇女、和平与安全"研究丛书的撰写工作，我感到非常荣幸。本书是北京外国语大学"双一流"建设重大标志性科研项目（项目编号：2020 SYLZDXM033）成果"妇女、和平与安全"研究丛书的联合国卷，由团队合作研究、撰写。具体分工如下。

赵源负责全书的整体框架、导言、第一章、第九章、结论的研究和撰写工作，并负责全书统稿。北京外国语大学国际关系学院研究生周蓓蕾、刘帆、吴钒同学分别提供了第二章至第六章的初稿，国际组织学院张瑞琪提供了第七章和第八章的初稿，刘帆对各章大量的联合国文件进行了整理，刘予希根据各章引用情况整理了参考文献并做出索引项。在她们工作的基础上，赵源对所有内容进行了修订和整合，包括梳理逻辑、调整结构、增减内容、核实注释等。

该研究意义重大，选题具有较强的现实意义，但同样也面临知识专精方面欠缺、时间紧迫等问题。值得庆幸的是，课题组所有成员都有着积极主动的态度，孜孜不倦，科学严谨，克服了重重困难，较好完成了写作任务。

感谢李英桃教授的邀约和充分信任，感谢李教授在学术道路上对我们的诚挚建议和鼓励；感谢中国社会科学院李东燕研究员在开题阶段对研究框架的建议，在审稿阶段提出的诸多宝贵的修改意见；感谢社会科学文献出版社赵怀英对书稿悉心审读；感谢文稿编辑郭瑞萍、刘同辉不辞辛劳，认真编辑；感谢本书所有参与者，是你们让我看到新时代女性的精气神！

我要感谢我的先生，在我们共同成长的道路上，我做独立女性，他给予了最大支持！

谨以此书献给我敬爱的母亲！

赵源

2020年11月11日

图书在版编目（CIP）数据

联合国妇女、和平与安全：文本的追溯／赵源著
. --北京：社会科学文献出版社，2021.6
（"妇女、和平与安全"研究丛书）
ISBN 978 - 7 - 5201 - 8391 - 8

Ⅰ.①联… Ⅱ.①赵… Ⅲ.①妇女儿童权益保护 - 研
究 Ⅳ.①D913

中国版本图书馆 CIP 数据核字（2021）第 089762 号

·"妇女、和平与安全"研究丛书·

联合国妇女、和平与安全：文本的追溯

著　　者／赵　源

出　版　人／王利民
责任编辑／赵怀英
文稿编辑／郭瑞萍　刘同辉

出　　　版／社会科学文献出版社·联合出版中心（010）59366446
　　　　　　地址：北京市北三环中路甲29号院华龙大厦　邮编：100029
　　　　　　网址：www.ssap.com.cn
发　　　行／市场营销中心（010）59367081　59367083
印　　　装／三河市尚艺印装有限公司

规　　　格／开　本：787mm×1092mm　1/16
　　　　　　印　张：21.5　字　数：262千字
版　　　次／2021年6月第1版　2021年6月第1次印刷
书　　　号／ISBN 978 - 7 - 5201 - 8391 - 8
定　　　价／98.00元